贵州省一流课程建设成果
贵州省一流专业建设成果
贵州大学政治学与行政学国家级本科一流专业建设成果

高等院校公共管理系列教材

"筑黔"国际战略、绿色治理与区域国别"教学—科研"互构丛书

政治学导论
政治生活与政治知识

胡赣栋　徐健　等编著

北京大学出版社

图书在版编目(CIP)数据

政治学导论:政治生活与政治知识/胡赣栋等编著. —北京:北京大学出版社,2023.9

高等院校公共管理系列教材

ISBN 978-7-301-34386-9

Ⅰ.①政… Ⅱ.①胡… Ⅲ.①政治学—高等学校—教材 Ⅳ.①D0

中国国家版本馆CIP数据核字(2023)第166183号

书　　　名	政治学导论——政治生活与政治知识 ZHENGZHIXUE DAOLUN ——ZHENGZHI SHENGHUO YU ZHENGZHI ZHISHI
著作责任者	胡赣栋　等编著
责任编辑	朱梅全　吴康文
标准书号	ISBN 978-7-301-34386-9
出版发行	北京大学出版社
地　　　址	北京市海淀区成府路205号　100871
网　　　址	http://www.pup.cn　新浪微博:@北京大学出版社
电子邮箱	zpup@pup.cn
电　　　话	邮购部 010-62752015　发行部 010-62750672 编辑部 021-62071998
印　刷　者	三河市博文印刷有限公司
经　销　者	新华书店
	787毫米×1092毫米　16开本　21.25印张　337千字 2023年9月第1版　2023年9月第1次印刷
定　　　价	68.00元

未经许可,不得以任何方式复制或抄袭本书之部分或全部内容。

版权所有,侵权必究

举报电话:010-62752024　电子邮箱:fd@pup.cn

图书如有印装质量问题,请与出版部联系,电话:010-62756370

前 言

日常的生活经验告诉我们,从出生开始,"我"就离不开家庭、学校、工作单位,乃至国家。在的成长过程中,"我"逐渐懂得了将别人分为家人、朋友、同事、陌生人,以及我们、他们。换言之,"我"不是孤立的,而是处于一个由同类组成的团体之中。① 因此,"我"就得与别人交流、交往、相处。那么,"我"依据什么标准、遵循什么规则、按照什么方式与别人交流、交往?这或许不是一个问题,因为"我"打小就知道,就像空气、水的存在那样自然而然。其实,这一问题是让人们在反思之中明白习俗、制度、法律等人类文明创造物的影响之深、之重,正是它们在不知不觉之中把人塑造成了"这个人""那个人"以及"这种人""那种人"。"这个人""那个人"的人生观、价值观、世界观背后深层次的意识和知识已经隐藏起来,变得理所当然,成为常识了。然而,越是习以为常、理所当然,就越值得认真对待。一般而言,关于团体的常识或知识是人与人交流、交往中最为重要的一种,而团体中最重要的是国家,因此,关于国家的常识或知识,即政治学就显得极为重要了。"当政治知识的复杂性、精深度和自我意识达到一定程度时,人们可以称它为政治学。"②

随着社会的不断发展,政治知识逐渐系统化、理论化而成为科学,发

---

① 荀子说:"力不若牛,走不若马,而牛马为用,何也?曰:人能群,彼不能群也。"(《荀子·王制》)
② 〔美〕格林斯坦、波尔斯比编:《政治学手册精选》(上卷),竺乾威等译,商务印书馆1996年版,第24页。

展成为一门体系庞大的学科。中华人民共和国成立之初，政治学是许多重点大学专门设立的专业，培养出来的政治学专业人才，为社会主义建设发挥了积极作用。改革开放以来，我国逐渐融入世界发展潮流，经济发展、国力强盛、社会和谐、人民幸福。在中华民族伟大复兴和百年未有之大变局的当下，社会越来越需要政治学知识，对政治学知识和智慧的需求越来越迫切。那么，什么是政治学？政治学包含哪些知识？这是本教材想要回答的基本问题。

一般而言，政治学是研究政治现象的科学。那么，什么是政治，也即政治现象的独特性是什么，是政治学学习和研究者首先要回答的问题。正是基于此，对政治现象的独特性解释就成为理解政治学核心概念和理论的基础和前提。我们认为，暴力以及对暴力的垄断现象是政治现象区别于其他人类社会现象的独特之处，故而"权力"这个用来描述暴力与暴力垄断现象的概念就应是政治学的核心概念。需要指出的是，在现代政治理论与实践中，权力概念是不自足的，即权力不能依靠自身得到合法性、正当性的证明。现代政治表明，人民（公民）的权利是第一位的，权力源于权利、服务于权利。也就是说，在现代政治中，权力要以权利为基础才能得到正当性证明。而权利不需要依靠别的政治学概念或理论来加以论证或证明，本身就具有正当性。因此，"权力"与"权利"这对概念共同成为政治学的基础概念，政治学庞大的概念与理论体系都与这对概念息息相关。

以"权力"与"权利"这对概念为基础，本教材涵盖以下主要内容：一是权力与权利的起源、含义与关系。这部分内容主要回答什么是政治、政治学，什么是权力与权利及其何以能够成为政治学理论体系的基础概念。二是与权利相关的政治现象与政治学概念、理论。这部分内容主要涉及公民权利、公民身份、社会组织等。三是与权力相关的政治现象与政治学概念、理论。这部分内容主要涉及国家、政府，包括国家的起源、本质、职能等国家理论，政府权力的配置、职能、行使等政府理论，以及国际政治理论。四是在权力与权利之间的政治现象与政治学概念、理论。这部分内容包括政党、利益集团、政治行为等。五是政治价值与政治意识形态。这部分内容涉及正义、公平、民主等政治价值以及自由主义、社会主义、民族主义等政治意识形态。六是政治学研究方法。这部分内容涉及政治学的学科史、政治学的方法论以及基本方法。

中华人民共和国成立后，人民是国家的主人，人民代表大会制度是我国的根本政治制度。这为我国人民参与政治建立了新的政治形式。改革开放以来，特别是党的十八大以来，中国发展模式为世界发展和稳定注入了新的动能，"中国发展模式的兴起，使西方社会发展模式不再代表普世价值，西方主导的发展机构不再垄断最佳经济发展与政治治理模式的话语权……中国的政治模式在平衡程序、能力与结果三个环节，可以在美国式资本主义与西欧民主社会主义（福利国家）体制以外，开创第三条道路"[①]。这表明，新时代的政治实践需要人民具有相应的政治素养，新时代的政治实践也为政治学研究者提出了新要求，即要求政治学研究者基于中国实践、中国经验发展出具有"中国特色、中国风格、中国气派"的政治学理论。

然而，与此形成鲜明对照的是，现代政治学在我国的社会普及度并不高。社会大众中能准确理解政治学的不多，政治学专业的大学新生中有不少人对政治学的理解还停留在与"官"相关或中学政治课上教授的知识的层次。因此，我们需要通过课堂向学生，进而向社会普及更多、更准确的政治学知识，提升社会大众的政治素养，也为政治学学科发展做出一定贡献。掌握基本政治知识、拥有政治常识是现代公民的基本内涵之一，基于此，大众才能更好地参与现代政治过程，才能在政治过程中将经验上升为知识，并用政治知识指引政治实践，同时政治学研究者也应基于新的实践进行新的理论建构和理论解释，这样政治学学科才能持续发展。

[①] 朱云汉：《突破与超越：21 世纪的中国政治学》，载《经济导刊》2019 年第 11 期。

目　录

第一篇
核心概念与
基础理论

第一章　政治与政治学　　　　　　　　005
　第一节　政治是什么？政治为什么重要？　005
　第二节　理解政治现象：政治学　　　　013
　第三节　政治学研究方法　　　　　　　017

第二章　权力与权利：政治学的轴心概念　023
　第一节　权力现象与权力概念　　　　　023
　第二节　权利现象与权利概念　　　　　029
　第三节　政治学的基本概念　　　　　　034

第三章　公民权利　　　　　　　　　　042
　第一节　古典的自然正当　　　　　　　043
　第二节　现代的自然权利　　　　　　　045
　第三节　公民权利与现代政治秩序　　　048

第四章　国家与社会　　　　　　　　　054
　第一节　需求、团体和社会　　　　　　055
　第二节　国家的职能和手段　　　　　　059
　第三节　国家和社会的关系　　　　　　063

第五章　政治价值与意识形态　068
第一节　政治价值与意识形态概览　068
第二节　政治价值　077
第三节　政治意识形态　083

第二篇
政治制度与
政治组织

第六章　国家　095
第一节　国家形式　095
第二节　政权组织形式　099
第三节　国家结构形式　107

第七章　立法制度　115
第一节　人民主权、民意与立法权　115
第二节　立法机关　123
第三节　立法程序　129

第八章　行政制度　134
第一节　行政权　134
第二节　政府机构　141
第三节　政府职能与日常生活　151

第九章　司法制度　157
第一节　司法与个人权利　157
第二节　司法制度与结构　165

第十章　监察制度　175
第一节　监察制度概况　175
第二节　现代监察制度：中国共产党人的
　　　　探索、发展与完善　177
第三节　监察与权力监督　185

第十一章　政党与组织　188
　　第一节　政党与现代政治　188
　　第二节　政党制度　192
　　第三节　政党与选举　196
　　第四节　政治性组织　203

第三篇　政治行为

第十二章　公民参与　210
　　第一节　公民参与的内涵和类型　213
　　第二节　公民参与的途径和影响因素　215
　　第三节　公民参与的影响与作用　223

第十三章　公共政策与政策过程　227
　　第一节　公共政策的基本概念、特点和途径　227
　　第二节　政策制定过程中的难题　231
　　第三节　政策执行过程中的情形　235
　　第四节　政策评估过程与具体方法运用　241

第四篇　政治发展

第十四章　政治文化和政治社会化　253
　　第一节　政治文化　253
　　第二节　政治文化的类型　256
　　第三节　政治社会化　263

第十五章　政治稳定与政治发展　268
　　第一节　政治稳定　268
　　第二节　关于政治稳定的理论阐释　271
　　第三节　政治发展理论　275
　　第四节　政治发展的动力　280
　　第五节　政治发展和政治稳定实现的途径　284

第五篇
国际政治

第十六章　国际政治的运行规律　290
　　第一节　基本思想与理论　291
　　第二节　国际体系与国际格局　296
　　第三节　国际行为体　298
　　第四节　发展动力　300
　　第五节　互动形式　303

第十七章　中国的国际政治思想与实践　307
　　第一节　中国的国际政治思想理论　307
　　第二节　中国对外政策的基本原则　316
　　第三节　新时代中国特色大国外交　320

后　记　328

第一篇

核心概念与基础理论

概念是理论的基本要素，理论是一个专业和学科的基础。政治学作为一个专业和学科，其中的核心概念和基础理论规定了政治学的特征与范畴，是政治学区别于其他专业和学科的标志。

权力是一种强制他人行动的力量；权利则是个人做某事的正当资格。权力与权利是现代政治学理论的核心概念，这对概念是现代政治学理论的奠基之石，在政治实践中被称为现代国家的两大支柱。在形式上，权力与权利演化、延展为现代国家的制度框架；在内容上，权力与权利演化、转变为现代国家的政治内容。

公民权利是现代政治的基本内容之一，在现代政治框架内，公民权利是政治权利、公民权利（民事权利）和社会权利的统一。《中华人民共和国宪法》（以下简称《宪法》）规定与列举了中华人民共和国公民享有的各种权利。《宪法》第34条规定："中华人民共和国年满十八周岁的公民，不分民族、种族、性别、职业、家庭出身、宗教信仰、教育程度、财产状况、居住期限，都有选举权和被选举权；但是依照法律被剥夺政治权利的人除外。"第35条规定："中华人民共和国公民有言论、出版、集会、结社、游行、示威的自由。"第43条第1款规定："中华人民共和国劳动者有休息的权利。"

权力与权利这对概念还应放到具体情境里理解。国家与社会是权力与权利主要的情境结构。国家是权力与权利的制度情境，而社会则是权力与权利的关系情境。国家是一个权力集装器，国家依凭权力在社会中履行其职能。恩格斯指出："国家是社会在一定发展阶段上的产物；国家是承认：这个社会陷入了不可解决的自我矛盾，分裂为不可调和的对立面而又无力摆脱这些对立面。而为了使这些对立面，这些经济利益互相冲突的阶级，不致在无谓的斗争中把自己和社会消灭,就需要有一种表面上凌驾于社会之上的力量,这种力量应当缓和冲突,把冲突保持在'秩序'的范围以内;这种从社会中产生但又自居于社会之上并且日益同社会相异化的力量,就是国家。"①

国家与社会的关系非常复杂多样。社会分工的大发展使国家职能在社会中的执行受到越来越多的挑战。经济发展,特别是市场经济的发展要求必须改变国家权力在社会中的运行逻辑。另外,社会在支持国家运行的同时也起到制约国家权力的作用。在现代政治中,国家与社会需各司其职,良性互动。

在政治实践中,人们除了关注权力与权利的现实运行,还需要寻求权力与权利的道德正当性和价值的光辉。政治价值和政治意识形态在现代政治中的影响重大,其中正义、自由、平等和民主等是现代政治的主要价值,自由主义、社会主义、保守主义和民族主义等是影响人类命运的意识形态。

---

① 《马克思恩格斯选集》第4卷,人民出版社2012年版,第186—187页。

第一章
政治与政治学

任何一本涉及政治学基本理论的教材或通识性著作，都需要首先回答以下一些问题，即什么是政治、人类为什么要有政治生活、什么是政治学、政治与政治学之间究竟是什么关系？只有在对这些问题作出解释之后，才能为读者理解人类的政治生活，进而把握政治学的基本研究对象、方法和理论提供基础。因此，本书首先阐述对这些问题的理解，为政治生活的关心者和政治学的学习者提供认知基础。

第一节 政治是什么？政治为什么重要？

> 至高而广涵的社会团体就是所谓"城邦"，即政治社团（城市社团）。
> ——亚里士多德[①]

有人说选举活动就是政治；有人说参与政党或者政府决策就是政治；有人说处理国家关系就是政治；甚至有人将政治视为太极，认为"太极生两仪，两仪生四象，四象生八卦"是对政治现象的经典诠释。这些认识具有片面性，但不都是错误的，它们或多或少把握了政治现象的某些特征。为了便于大家更好地理解政治，我们先来看一个例子。

---

① 〔古希腊〕亚里士多德：《政治学》，吴寿彭译，商务印书馆1965年版，第3页。

案例：东欧剧变与苏联解体

东欧剧变发生于20世纪80年代末90年代初，主要是指东欧各社会主义国家的政治经济制度发生根本性的改变，从实行社会主义制度演变为实行资本主义制度。众所周知，第二次世界大战（以下简称"二战"）结束以后，形成了以美国和苏联两个超级大国为首的政治军事同盟，即北大西洋公约组织（简称"北约"）和华沙条约组织（简称"华约"）。华约的加盟国家大多效仿苏联模式，确立了社会主义制度。当时苏联是世界上土地面积最大的国家，势力范围覆盖了东欧的大部分地区以及几乎整个中、北亚地区。但经过几十年的发展，东欧各社会主义国家在经济上大多发展缓慢，改革成效并不明显，与西欧国家的差距日渐拉大，经济困难使得经济危机和民族矛盾滋生，民众的不满情绪逐渐增加。与此同时，苏联领导人戈尔巴乔夫放松了对东欧社会主义国家的控制，西方国家采取"和平演变"战略，通过各种手段不断地向东欧国家渗透意识形态。在此背景下，1989年6月举行的波兰大选中，统一工人党失利，团结工会获胜，开始重组政府，并更改国名和国徽。同年，匈牙利、德意志民主共和国等也相继发生政局变化。20世纪90年代初，更多的国家出现政局变化。随着东欧剧变，苏联国内也发生了一系列的变化，直至1991年12月25日，苏联正式解体，主体由俄罗斯联邦继承，政治制度也发生了历史性的转变，解体后的各个国家均放弃了原有的社会主义制度，确立了资本主义制度。

东欧剧变与苏联解体案例中存在着很多的政治现象或者说政治活动，而何为政治便是对这些政治现象与政治活动的一种概括性总结。比如，东欧各社会主义国家由社会主义制度转变为资本主义制度，这便是国家政治制度的一种变更，国家政治制度显然属于政治内容的范畴。西方国家对东欧社会主义国家实行"和平演变"战略，通过各种手段不断地渗透意识形态是国家外交战略的一种选择，外交也属于政治内容的范畴。苏联是否应当解体以及如何解体等问题是苏联领导人和人民群众对于整个国家未来发展的选择，国家法律赋予了国家领导人和人民群众选择国家未来发展的权力，权力配置也是政治内容的范畴。相信在这个案例中，大家都对政治有了一些自己的看法。

政治是多面向的。一方面，政治可能遥不可及，是社会中一部分人玩弄权术的平台与媒介，长期以来被视为精英们的事情，与普通群众关系不大。因为它总是与权力、统治和管理公共事务等活动联系在一起，这便是精英政治论的主流观点，也是中国传统政治中所说的"肉食者谋之"。另一方面，与精英政治论相对的大众政治论则"试图以大众为中心构筑一个反帝国"①。作为大众政治提倡者之一的安东尼奥·耐格里认为："大众是相对于现在主权体系中的人群概念而言的，即人民和群众这两个概念，大众是个体的复合，它不能找到一种代表性的整体；大众概念更多是政治上的，我们把大众看成一种政治力量，新的政治力量必须根据它来界定。"②这些都属于从主体层面出发对政治的理解，并非是对政治的系统性和权威性界定。经过整理，当前学术界对于政治较为权威性的理解主要可以归纳为以下五类：

- 作为政府行为的政治
- 作为伦理道德的政治
- 作为公共领域的政治
- 作为协商和民主的政治
- 作为要素配给的政治

作为政府行为的政治

政治与管理相同，不仅是一门科学，也是一门艺术，科学意味着政治存有一定的规律，艺术则常常伴随着不确定性，而无论是规律性还是不确定性均与"国家事务"相关联，国家事务则指向了政府，因此政治是对政府治理国家事务行为的概括与总结。具体来说，政府是通过政策来调控社会行为的，而同一政策作用于不同部门或者不同群体会出现不同的反应，

> **关键概念：政治**
> 政治，作为概念，它有丰富而复杂的内涵，并有多样的表象。因此，关于政治的概念界定多种多样。最为常见的定义主要有：
> （1）政治是用公共权力分配利益的过程和活动；
> （2）政治是追逐、保持和行使国家权力的活动。

---

① 陶文昭：《〈帝国〉的大众政治评析》，载《政治学研究》2005年第3期。
② 黄晓武：《帝国与大众（下）——耐格里论全球化的新秩序》，载《国外理论动态》2004年第1期。

难以找到"放之四海而皆准"的政府行为，从此角度看，政府行为具有一定的艺术性；而从政府行为中，又可以提炼出一些基本的常识性知识或者说概念体系，如政府需要对民众负责等类似政府责任的专业性术语，这种术语放之四海而皆准，政府需要积极承担和履行责任，才能给民众带来福祉，这是政府产生的重要原因，民众将管理国家的权力委托给政府正是为了通过组织形式来更好地实现和维护自身利益，因此，政府行为也具有科学性。

这种将政治视为与国家有关的事务的观念是政治学学科的传统认识。在这种理念引导下的政治研究实质上就是研究政府，如研究政府工作人员是否尽职尽责、研究政府公共财政的花销与结余、研究政府政策制定的过程与政策实施效果等。虽然这种理解存在其合理的一面，但它无疑在一定程度上限缩了政治的范围。在这一理解下，绝大多数的民众、社会机构和社会活动等都被"政治"边缘化了。因为它似乎只认可政府这个主体的活动，非政府主体的行为都不在此概念的范畴内。然而，现代政治情景与此并不完全吻合。正如杨光斌教授所言："经典的政治参与是公民通过一定的方式直接或间接地影响政府的决定或与政府决定相关的公共政治生活的政治行为。"[①] 这说明公民等其他主体也应纳入政治概念的范畴，不能被忽视。此外，如果完全把政治视为国家领土范围内的事情，全球事务或者跨域事务则有被忽视的嫌疑。政治的对象中明显也包括全球事务与跨域事务。国际关系作为政治学的下属分支便是最好的说明。国际关系牵涉着不同的国家或地区，是建立在国家与国家相互作用、相互联系基础之上的。国际关系可能是国家之间因良好合作而形成的朋友关系，也可能是国家之间因利益冲突而产生的敌对关系，国际关系总是跟随国家利益的变化而变化。

▶ 作为伦理道德的政治

将政治等同于伦理道德，这种主张无论是在中国还是在西方都曾甚为

---

① 杨光斌：《公民参与和当下中国的治道变革》，载《社会科学研究》2009年第1期。

流行。古希腊思想家柏拉图、亚里士多德便是此观点的典型代表。柏拉图畅想的"理想国"在本质上就是"公道或正义之国",而"正义是心灵的德性"①,它不仅是个人的道德,而且是国家的道德,要求国家和个人都应遵循一定的道义行事,将道义作为治国理政的依据。柏拉图借苏格拉底之口指出,政治意义上的善应当是"哲人王担任城邦统治者,战士阶层辅助统治者进行统治,从事农、工、商等领域的生产阶层为城邦提供物质供给"②。这就是他心目中的公道,即每个人在社会中按其本性去做分内事情,不必纠结分外的事情。因此,国家的正义就是保证社会成员各守其位,人类最理想的生活就是公道的生活,这便是政治的最高目的。亚里士多德认为国家应当以善为目的,是人们为了实现善而进行的道德性整合。他指出,"一切社会团体的建立,其目的总是为了完成某种善业。既然一切社会团体都是以善业为目的的,那么,政治团体(城邦或国家),作为社会团体中最高而包含最广的一种,其所追求的善业也一定是最高最广的"③,"以最高的善为对象的科学就是政治学"④。中国的儒家思想也是道德政治的典型代表,强调"礼治""德政",要求国家活动按照礼法进行,并希望统治者能够以身作则,具备良好的道德素质。只有如此,才能更好地进行统治,如孔子常言:"政者,正也。子帅以正,孰敢不正?"(《论语·颜渊》)

在现代社会,道德政治观或者说美德政治观仍然保持着一定的影响力。然而,这种认为"良好的政治必须以积极的公民美德为根基的政治观"⑤也受到了不少学者的抨击,休谟对此进行了系统的批判,明确指出用道德政治来约束人性的贪欲根本不现实,它在应对现实冲突时显得软弱

---

① 〔古希腊〕柏拉图:《理想国》,郭斌和、张竹明译,商务印书馆1986年版,第42页。
② 转引自刘玮主编:《西方政治哲学史:从古希腊到宗教改革》(第一卷),中国人民大学出版社2017年版,第103—104页。
③ 〔古希腊〕亚里士多德:《政治学》,吴寿彭译,商务印书馆1965年版,第3页。
④ 〔古希腊〕亚里士多德:《尼各马可伦理学》,廖申白译注,商务印书馆2003年版,第3页。
⑤ 徐志国:《休谟对"道德政治"思想的反思与批判》,载《天府新论》2012年第4期。

无力，也根本无法与商业社会的运作模式相适应。但需要指出的是，休谟对道德政治的系列批判并非表明他认为伦理道德对于政治不重要，政治不需要伦理道德来进行约束。他的本意是反对那种过于依赖道德而忽视制度建设的政治观。

▶ 作为公共领域的政治

政治和非政治的划分，与基本的公共生活领域和私人生活领域的划分完全重合，因此，政治也可以理解为公共领域的行为。正如亚里士多德声称"人是天生的政治动物"，唯有处在政治共同体之内，人类才有指望过上美好的生活。但问题接踵而至，何为公共？何为私人？公共领域与私人领域的划分似乎从来都不明朗，也很难找到一个准则准确地区分公共领域和私人领域。从传统来看，公共领域相当于国家事务，私人领域相当于个人的日常生活。从经费来源看，国家机构被视为公共的，因为其经费完全来源于税收，而家庭、私人企业、俱乐部、社区团体等则被视为私人的，它们由个体公民出资所建立。基于此逻辑，政治限定于国家自身活动和公共机构所能恰当履行的职责范围内，个人能够并确实属于自我管理的生活领域则归属于"非政治"范畴。

追溯到亚里士多德，政治因具有公共品格，被大家视为一种高尚且文明的活动，这无疑是对政治具有公共性较为权威的界定。后来，卢梭、约翰·密尔和汉娜·阿伦特等都对此持正面评价。卢梭指出，只有所有的公民能够直接且不间断地参与政治生活，国家才可以真正地服务于公益。但也有观点认为将政治作为一种公共活动缺乏必要性，私人生活是自主选择、个人自由和个体责任的领域，很多事情能够在私人领域内得到有效解决。倘若引入政治，反而会阻碍人们按照自主的选择行事。当人们把管理国家的权力让渡给政府之后，就很难对政府行为进行制约。另外，政府也是理性经济人，会极力维护自身利益。当自身利益和人民利益产生冲突的时候，政府可能会把自身利益放在首位，侵害人民利益，这即是政府自主性的问题。以缴纳养老金时间的长短为例，公民肯定希望缴纳养老金的时间越短越好，因为这样他们可以挪出更多的金钱用于改善生活质量。但是，政府则希望公民缴纳更长时间的养老金，因为这样政府能够获得更多的收入，以抵御养老金缴纳不足而产生的风险。不过，政府在这一问题中掌握了话语权。从世界范围来看，各国公民缴纳养老金的时间普遍较长，很少有公民缴纳几个月或者不缴纳养老金就能获得养老费用的国家。

▶ 作为协商和民主的政治

妥协政治或共识政治的观念是人类政治生活走出"你死我活"境地的标志。非零和博弈是现代政治的特征之一。从这个角度来看，政治是不同利益群体相互妥协、最终形成共识的手段，而不同利益群体相互妥协的过程就是协商，不同利益群体形成共识的过程就是民主。究其原因，妥协和共识总是存在于政治活动过程中，试想，倘若要满足所有人或者所有组织的意愿才能制定一项政策，这项政策的出台往往是遥遥无期的，这显然不符合政策制定者的初衷，也不利于政策对实践活动的指导。尤其是在应对公共危机事件时，由于公共危机事件具有发生的偶然性、应对的及时性等要求，需要政府在短时间内便作出决策，而要想找到令所有利益相关方都满意的方案非常难，这时就必须进行一定的妥协。因为公民或者说个体组成的组织所扮演的角色不尽相同，不同社会角色看待同一事件的看法必然存在差异，他们更多出于自身的利益考虑进行决策，所以，他们在参与政治活动上的出发点也会存在差异，这难免会造成分歧。而要在这些分歧中产生政策，彼此之间的妥协无可避免。既然政治是妥协的产物，那么共识则是相对的共识，因此可以说政治是一个协商和民主的过程，妥协在协商中完成，共识在民主中实现。换句话说，共识容许某些重点事项或者细节方面的分歧。

将政治视为协商和民主有一个积极的正面效应。即协商和民主均是通过对话、谈判等来解决问题，相较于杀戮和暴力等其他选择更为温和，协商意味着各方都需要作出适当的让步，没有哪一方能够完全满意。但是，政治的协商和民主过程并不总是一帆风顺，政治行为者究竟应当作出何种让步以便既能满足多方要求又不太损害自身的根本利益，看似简单，实则困难重重。有时妥协难以达成，使得当事者试图寻找其他解决方式，此举显然容易脱离政治的初衷。

▶ 作为要素配给的政治

政治是一个复杂的过程。从过程论看，它主要是一个要素配给的过程，其中涉及社会生活过程中资源的生产、分配和使用。而资源属于政治的作用对象，政治主体主要通过权力实现对资源要素的配给，可以说政治就是政治主体通过权力对资源要素展开生产、分配和使用的过程。要素配给伴随着政治全过程，而权力是要素配给的实现方式，公权力为要素配给提供保障，确保了要素配给的秩序性。因为无论是社会资源还是自然资源都具有稀缺性特征，而人的需求和欲望是无限的，这两者之间必然存在一定的抵牾，人们在追逐要素和资源过程中时常会出现冲突。这便需要政治的介入，通过政治行为为要素配给制定规则，以强制力作为保障让民众在制度范围内使用资源要素，从而实现自身利益，保障国家的正常运转。而在要素配给中强调权力的观点受到诸多人士支持，如马克思认为政治权力"是一个阶级用以压迫另一个阶级的有组织的暴力"[①]，凯特·米利特将政治理解为"人类某一集团用来支配另一集团的那些具有权力结构的关系和组合"[②]。

作为政治作用对象的要素是一个广义范畴，涉及方方面面，既可以是国家用于生产的铁、铜、煤炭等矿产资源，也可以是与居民日常生活高度相关的住房、医疗、教育等，这些要素均属于政治的作用对象，国家则通过权力对这些要素进行配给，从而实现对经济发展、社会生活的调控、影响。

▶ 政治的重要性

众所周知，社会契约论为现代国家的诞生提供了一种解释路径。依照社会契约论的逻辑，现代国家之所以诞生主要是因为人们想更好地维护自身的利益。个人的力量是有限的，而组织是个人的集合体，相对于个人，组织的力量更大，在应对一些事情的时候更具有优势。现代国家便是一种

---

① 《马克思恩格斯选集》第 1 卷，人民出版社 2012 年版，第 422 页。
② 〔美〕凯特·米利特：《性的政治》，钟良明译，社会科学文献出版社 1999 年版，第 36 页。

最强有力的组织类型。正如洛克所言："独立社会的一切统治者，无论他们是否同别人联合。因为并非每一个契约都起终止人们之间的自然状态的作用，而只有彼此相约加入同一社会，从而构成一个国家的契约才起这一作用；人类可以相互订立其他协议和合约，而仍然处在自然状态中。"①政治活动的主体是国家，换言之，国家主体的一系列活动都可以称为政治活动。国家通过权力对国内外的各种力量进行平衡、制约，以寻求国家利益的最大化。从理论上讲，国家应当代表生活在其地域内所有公民的利益，政治活动也应有利于所有公民。然而，现实情况往往是那些能够影响国家决策的公民或者群体的利益能在政治上得到更多的彰显，欧美国家的利益集团正是基于这样的事实应运而生的。因此，想要在国家活动中谋取更多的利益，人们必须积极地参与国家活动，即政治活动。

政治总是环绕在每个公民的身边，即便你对它不感兴趣，但依然会受到它的影响。比如，当国家发生战争的时候，你很可能会被送到海外战场；当国家针对某些社团或者企业减免税费的时候，你可能会为这笔减免的税负买单；当国家在社会保障、生育和延迟退休等这些与公民日常生活密切相关领域调整政策的时候，因为你选择了沉默，你也只会是那个被动接受政策调整的人。政治离我们每个人并不遥远，它就在日常生活中。

第二节 理解政治现象：政治学

> 政治学主要在讨论政治、国家、政府、政策、府、权威及权力等用词所引出的事件。
>
> ——Dwight Waldo②

政治学实乃研究人类社会政治现象的学科。政治现象可以理解为围绕

---

① 〔英〕洛克：《政府论》（下篇），叶启芳、瞿菊农译，商务印书馆1964年版，第11页。

② 〔美〕Fred I. Greenstein、Nelson W. Polsby 主编：《政治学——范围与理论》，幼狮文化事业公司1983年版，第1页。

着争夺和掌握国家政权而展开的一系列活动①，自上而下进行的改革与自下而上进行的革命等都是政治现象。但是，政治活动的参与主体之间存在着不同的政治理念和价值原则，在处理具体事务上也会有所差异。英国、日本、泰国等国家实行的是君主立宪制政体，而美国、德国等国家实行的是民主共和制政体，这说明民族国家在政体选择上存在着差异。其实，差异不仅仅体现在政体选择上，还体现在社会生活的方方面面。因而，阶级分析是一种非常有效的理解政治现象的视角。总而言之，与其说政治学是一种对人类社会的政治活动规律进行简单归纳的实证科学，不如说是一门具有鲜明的阶级性和意识形态色彩的学科。

德国思想家卡西尔曾说，人是一种符号的动物，人类社会现象是人与人之间相互联系、相互活动所形成的，因此人类社会现象表现为一种语言符号现象。② 政治学作为研究政治现象的学问、学科，也需要借助语言符号来描写、解释人类的政治现象。下文将从形式和实质两个层面对何为政治学进行论述，形式与实质的划分主要对应着政治的外在表象与内容意蕴。

▶ 形式上的政治学

从形式上讲，政治学是一套语言符号系统，包含独特的专门术语。当然，每个学科都可以被视为一套语言符号系统。政治学之所以和其他学科有着本质区别，关键在于专门术语的差异性。正如权利与义务是法学的专门术语，细胞、克隆是生物学的专门术语那样，权力、主权、国家类型、国家形式、国家机构、政党和政党制度等词汇都是政治学的专门术语。这在一定程度上决定了学科的边界。但是，学科边界并不是绝对的，有些学科间的界限并不清晰，甚至有相互重合之处，如政治学与行政学，两者的专业术语便存在着共用现象。1887年，威尔逊在《政

---

① 参见王惠岩主编：《政治学原理》（第二版），高等教育出版社2006年版，第2页。
② 〔德〕恩斯特·卡西尔：《人论》，李琛译，光明日报出版社2009年版，第33—35、48—50页。

治学季刊》发表文章，提出政治与行政应分离为两种不同的、独立的学科和研究领域。古德诺也认为，政治是国家意志的表现，而行政是国家意志的执行。

实质上的政治学

政治学既然是一门学科，那么就需要有自己的研究对象。我们可以简单地将政治学的研究对象理解为政治，即政治学是关于政治现象的科学。但从实质上讲，政治学以由暴力以及对暴力的控制（权力）产生的现象为研究对象。[①] 我们认为，将政治视为权力和资源分配更能说明政治的本性，因为政治离不开权力，很难想象没有权力的政治将何去何从。而权力的获得往往要建立在暴力基础上，权力的运行也要以暴力作为保障，但作为权力保障的暴力不是随心所欲地施行。在文明国家，尤其是现代文明国家，暴力是需要被控制的，它必须被限定在一定的游戏规则内。

综上，政治学是一门包含独特专业术语的语言符号系统，以由暴力以及对暴力的控制（权力）产生的现象为研究对象的学科。

政治学的研究范围

政治学的研究范围大致包括政治学基础理论、政治思想史、中国政治、比较政治、公共政策、行政管理和国际政治七个领域。

（1）政治学基础理论。政治学基础理论是学科的核心，它是建立政治制度，指导国家活动的基本原理。该领域包括马克思主义政治学原理、政治学方法论和当代政治学理论以及政治哲学等。

（2）政治思想史。政治思想史以历史上出现的政治思想为研究对象，

---

① 马克思、恩格斯在《共产党宣言》中指出，"原来意义上的政治权力，是一个阶级用以压迫另一阶级的有组织的暴力"。参见《马克思恩格斯选集》第1卷，人民出版社2012年版，第442页。乔万尼·萨托利也从政治现实主义的角度分析过政治学的暴力面向。参见〔美〕乔万尼·萨托利：《民主新论》，冯克利、阎克文译，上海人民出版社2009年版，第52—56页。

兼具政治学和历史学的双重性质，属于政治学和历史学的交叉领域。它的主要作用是以史为鉴，对政治学的发展提供理论支持、分析视角等，其重要性不言而喻。

（3）中国政治。这是中国政治学研究的主要内容之一。它的研究对象较为宽泛，主要包括当代中国政治制度、党的领导与建设、中国政治思想史、地方政府、民族区域自治、"一带一路"建设，以及当代中国政治参与和决策的过程、政治文化的现代化、网络政治等一系列问题。

（4）比较政治。比较政治建立在对各国政治制度进行比较的基础上，试图通过纵向的历史比较研究和横向的现实比较研究，深入了解各个国家的政治传统，找出各个国家之间的差异，吸取教训，并借鉴其他国家的先进经验。此领域大致包括各国的政治制度、政治过程、政治文化、政治发展以及地区政治研究和国别政治研究等。

（5）公共政策。现代政治学将公共政策纳入研究范畴，对政府制定与执行政策的过程进行系统研究。虽然公共政策诞生的时间比较早，但其被政治学者所关注则是近代以后的事情，是实证科学方法进入政治学领域之后才出现的一个新的研究领域。它主要包括决策科学、政策过程分析和各类不同政策的专题研究等。

（6）行政管理。虽然威尔逊、古德诺等人提出了政治与行政二分法，但政治与行政之间似乎并不能够划分得那么清晰，政治学与行政学的研究对象存在重合之处，行政管理便是重合度较高的一个领域。这个领域主要包括行政学原理、公共部门人力资源管理与开发、行政法学、市政学和城市管理等。

（7）国际政治。国际政治是国家之间相对复杂的一种政治现象，它在本质上是国际社会中各种力量为了维护自身利益，实现自身利益最大化而产生的分化组合、博弈。国际政治主要涉及国家的独立、主权，国家与国家之间的平等、和平共处、友好合作，以及与此相对应的国家间的渗透、颠覆、战争等。

第三节 政治学研究方法

> 定量研究坚实而可靠……定性研究深刻而丰富。
>
> ——布里曼①
>
> 定性与定量方法的区别远不止于研究战略和资料收集程序上的不同。这些路径代表着根本不同的认识论框架,它们决定了如何将人类认识、社会现实和理解这些现象的程序概念化。
>
> ——费尔斯特德②

研究方法是人们在长期对自然和自我的认知过程中发明和创造的认知工具,目的在于帮助我们客观真实地认识我们的物理、心理和伦理世界。方法使用得当,会帮助我们更完整和准确地认识世界。③ 古人云:"工欲善其事,必先利其器。"当代的科学研究没有好的工具,或者说没有用对研究方法,就难以做出优质的成果。政治学也不例外,政治学研究中也需要使用科学的研究方法,才能更好地促进学科的发展。

随着国内学术界的发展,研究方法越来越受到重视,越来越强调社会科学的实证研究。在国内政治学界,对研究方法的重视逐渐跟上了经济学和社会学的步伐。但是,政治学界仍然需要增强方法意识,提升研究方法素养。近代科学和学科的发展同时也是研究方法,特别是实证主义研究方法的发展。这一点在社会科学领域内亦是如此。在社会科学领域,实证主义研究方法的发展分为两个方向,一种是质性研究,一种是量化研究。本书主要从质性研究和量化研究两个方面对政治学研究方法展开论述。

---

① Alan Bryman, *Quantity and Quality in Social Research*, Routledge, 1988, p. 103.

② W. J. Filstead, Qualitative Methods: A Needed Perspective in Evaluation Research, in T. D. Cook and C. S. Reichardt (eds.), *Qualitative and Quantitative Methods in Evaluation Research*, Sage Publications, 1979, p. 45.

③ 蓝志勇:《也谈公共管理研究方法》,载《中国行政管理》2014 年第 1 期。

■ 知识栏：什么是实证研究

实证研究

我们的实证研究基本上应该归结为在一切方面对存在物作系统评价，并放弃探求其最早来源和终极目的，不仅如此，而且还应该领会到，这种对现象的研究，不能成为任何绝对的东西，而应该始终与我们的身体结构、我们的状况息息相关。真正的实证精神主要在于为了预测而观察，根据自然规律不变的普遍信念，研究现状以推断未来。

——奥古斯特·孔德①

量化研究和质性研究

量化研究通常被认为是以社会调查和实验观察为手段获得资料的研究方法，质性研究通常是以参与式观察、非结构化和深度访谈等方式获取资料的研究方法。

量化研究和质性研究不只是资料搜集方式上的差异，它们的区别更体现在两者关于社会科学研究的性质和目的的不同主张。

——布里曼②

质性研究

质性研究是研究处于自然状态下（指无人为因素干扰）的人、情况、现象、社会环境和过程的新兴的、感性的、有解释力的和自然主义的研究方法，目的是用描述性的术语揭示人与其所处的经验世界之间的联系。③

---

① 〔法〕奥古斯特·孔德：《论实证精神》，黄建华译，译林出版社 2011 年版，第 10—12 页。
② Alan Bryman, *Quantity and Quality in Social Research*, Routledge, 1988, pp. 1-3.
③ Kaya Yilmaz, Comparison of Quantitative and Qualitative Research Traditions: Epistemological, Theoretical, and Methodological Difference, 48 *European Journal of Education* 311 (2013).

质性研究之所以受到政治学者的青睐，缘于它最适合用来研究、理解和解释政治生活的复杂性。本质上，政治涉及群体内部或群体之间的活动。根据戈夫曼的理论，质性研究使研究焦点得以从个人转向群体，并且使研究者关注意义是如何在成员互动中达成的，以及其中涉及的群体动力。此外，质性研究的优势还在于它可以通过深度的访谈和实际观察，探寻和认识个人与群体的潜在价值，并在此基础上归纳总结出理论，践行"透过对象的眼睛看世界"原则。再者，质性研究具有非数据性的特征，不存在因技术工具选择带来的误差。这是量化研究所缺乏的，也是量化研究所极力避免的。

质性研究也受到质疑。批评者们认为质性研究所收集的资料往往带有主观色彩，大多是轶事性的或者说是夸大其词的。研究者们会过分夸张地描述问题，突显出问题的严重性，以期引起公众的关注。研究者很容易情绪化，即与被研究对象长期相处，过度认同被研究对象的际遇。质性研究会遭遇"研究者漂移"的问题，即由于学识、见闻等带来的刻板效应，研究者在收集素材的过程中会产生偏差。这种偏差常常会变为既成常规，从而不能客观公正地还原既有事实，使得资料和研究发现都是极不可靠的，在此基础上得出的研究结论势必值得商榷。马克斯·韦伯提倡的价值中立即是排斥社会科学研究中的上述偏差。

质性研究的拥护者对这些质疑观点完全持否定态度，坚决拥护质性研究的合理性与科学性。他们认为质性研究并非社会科学的"软性"选项，质性研究在智识上其实是严谨的，并且要求很高。质性研究并非批评者们认为的一无是处。像批评者列举的那些问题，质性研究者早就留意到了，他们在收集资料的过程中会尽量避免上述情形的发生，以求获得最真实可靠的资料，从而展开后续探究。总而言之，质性研究有能力提供高质量的资料和发现，以及对各种政治现象进行深刻而富有意义的洞察。

量化研究

量化研究是用大量的数据来解释现象的研究方法，这些数据得到以数理为基础的方法的分析，尤其是统计分析方法。量化研究的最大优势是它能够作为理性的、合乎逻辑的、有计划的和系统的方法而获得各界普遍接受,如研究机构、新闻媒体。量化研究无论采用多么复杂的统计方法,都被认定为是直截了当地提供事实,很少带有或者说根本不带有感情色彩,总是能客观地反映事情。此方法通常选择采用很大的样本量,以反映和代表被研究的总体。量化研究中常用的数据收集方式是问卷调查,研究者率先设计好问卷,然后开展问卷调查,保证样本中的每一个成员都以同样的方式被问到同样的问题,最后利用计算机和其他新技术处理问卷。此外,量化研究的资料可以被复查、重审、再分析,并且整个过程是公开的,以此将研究者的主观意识压制到最低。因为其他研究者只要获得资料,便可以检验实证结论的正确与否,这无疑是对研究者的一种监督。官方和研究机构系统搜集的数据也是研究者进行量化研究的常用资源,如国家统计局的人口普查数据和国际社会调查项目(ISSP)搜集的关于各种社会议题的调查数据等。

量化研究虽然日益受到重视,越来越多的人推崇以量化研究取代质性研究,但量化研究也存在着一些问题。其一,将实证主义的基本原则运用到经验世界存在着争议,因为经验世界远比自然世界复杂得多;其二,社会科学量化方法的使用无法达到自然科学的高标准;其三,用可衡量的指标体系来表达政治学的相关概念根本不现实,如怎么衡量"权力"?另外,与官方有关的真实的数据资料很难获得,对外公布的资料数据往往都是经过"处理"的,以此为基础进行的量化研究较难反映真实的现实问题;其四,对观察的依赖会限制研究的深度和广度,无法超越可衡量和能观察的界限。

量化研究的拥护者寻找各种理由为自己辩护,如量化研究完全可以依靠样本的设计和统计分析的应用在一定限度内获得有效的发现,并且可以在问卷设计中加入足够的检查和控制机制去发现设计者和答卷者的一些成见,而大多数的概念能够用可衡量的指标进行表示,不能用一个事例推翻量化研究对概念操作化的实效。归根结底,量化研究是具体且可靠的,它把政治学"引入科学",从而创造了政治科学,应将量化研究广泛地运用到实际研究中。

综上所述,质性研究和量化研究都有各自的优势和不足之处,两种研究方法短期内不存在谁取代谁的可能。究竟哪一种研究方法更适合政治学研究，取决于研究者的立意，只要研究过程中将研究方法用好了，能够为其研究工作服务，做到有的放矢，那么就是好的研究方法。

▶ 基本研究方法

政治学是一门古老的学科，它既保留了以往一些行之有效的研究方法，又随时吸收当代科学方法的新成果。政治学的基本研究方法主要有以下几类：

（1）比较分析法。比较分析法主要是通过对不同事物或者同一事物在不同阶段的情况等进行比较，从中寻找到共同点、本质和规律性的东西。政治学领域中的一个分支就是运用比较分析法建立起来的，即比较政治，它要求研究者对同一国家不同阶段或者不同国家的各类政治制度进行纵向、横向的比较，寻找其中一般的、普遍的理论与原理，丰富政治学的理论及方法理论体系。对各国的政治制度进行比较是比较政治的主要内容，它涉及国家政体、权力划分等各个领域，只有从比较中才能够更好地认清自己与他国的差异，理解他国的历史文化、风土人情，做到"取其精华，去其糟粕"。

（2）案例分析法。案例分析法主要是指研究者尽可能从客观公正的观察者视角对已经发生的政治事件进行描述或整合，从而展现事件的整个过程，并对案例进行解释、批判等。这种方法强调人际关系、政治等因素对案例事件发展态势的影响，并非抽象推理和对案例细节的刻画、把握。

（3）系统分析法。系统分析法是一种根据客观事物所具有的系统特征，从事物的整体出发，着眼于整体与部分、整体与层次、整体与结构、整体与功能、整体与环境等的相互联系和相互作用，求得优化的整体目标的现代科学方法。[①] 政治学使用系统分析法的目的是帮助人们理解政治系统及其与其他事物的关系，鼓励对政治活动的各个组成部分进行研究。系统分析法主要包括层次分析、结构分析、相关分析、环境分析、整体分析等。

[①] 陈振明主编：《公共政策分析》，中国人民大学出版社2002年版，第25—26页。

（4）问卷调查法。问卷调查法也是政治学领域收集资料的常用方法。问卷调查法通过向研究对象系统询问与政治有关的背景、态度和行为，发现政治现象和过程的原因或影响因素。问卷调查可以划分为全面调查与抽样调查，其步骤大致如下：确定调查总体、选择抽样方案、设计调查问卷、实施调查、汇总和录入数据、分析数据等。

（5）历史分析法。历史分析法是指研究者从历史发展的轨迹或因果链中或者通过对不同历史事件的比较发现政治事件发生的真正原因等。历史分析法的理论基础是：政治事件的发生并非偶然的、自发的，而是连续的、受某种力量影响或支配的。如纵观中国历史，可以发现一些政治事件具有共通之处。对这些事件进行研究分析，总结其中的经验与教训，有助于作出正确的决策。

第二章
权力与权利：政治学的轴心概念

本章主要介绍政治学的轴心概念，即何为权力、何为权利。权力和权利虽然只有一字之差，但两者的适用主体、意蕴和目的截然不同。此外，本章还会剖析政治学领域中的一些基本概念，如国家、政府与合法性。

第一节 权力现象与权力概念

> 一项政治政策要么是寻求保持权力，要么是增加权力，要么是展示权力。
>
> ——摩根索①

案例：伊拉克战争

西亚（中东）是世界石油储量最为丰富的地区，围绕着资源、宗教、族群之争，此地区频繁地爆发局部冲突。近半个世纪以来，伊拉克是该地区发生冲突最多的国家，人民长期处于战争状态，可谓民不聊生。21世纪初，美国怀疑伊拉克藏有大规模杀伤性武器并暗中支持恐怖分子，绕过联合国安理会，单方面地对伊拉克实施军事打击。美国的

---

① 〔美〕汉斯·摩根索：《国家间政治——寻求权力与和平的斗争》，徐昕等译，中国人民公安大学出版社1990年版，第59页。

> 整个宣战程序大致如下：美国总统向国会提议对伊拉克发动军事打击，经国会投票通过之后，美国军队正式进入战争状态。2003年3月20日，英美联军开始对伊拉克发动军事行动。2010年8月，美国政府决定撤出伊拉克。2011年12月，美军全部撤离伊拉克。但直到战争结束，美国军队也没有发现伊拉克藏有大规模杀伤性武器，意外收获的是萨达姆政权侵犯人权的大量资料，如其对民众进行屠杀、实施暴政等。

虽然伊拉克战争的性质存在争议，毕竟美国没有获得联合国安理会的授权，从程序上讲有违程序正义原则。但这里面始终贯穿着权力的使用，无论是美国对伊拉克发动战争，还是整个战争过程中军队上级对下级下达命令，政府要求民众参军入伍等都体现了这一点。以战争权为例，战争权是指国家、组织对外发动战争或决定对外宣战、参战的一种权力。发动战争是使用战争权的现实表征，美国总统向国会提议对伊拉克发动军事打击，经国会投票通过之后，美国军队正式进入战争状态。这说明美国总统只具有发动战争的提案权，而国会才掌握着发动战争的决定权，即只要国会同意总统的提案，那么战争则蓄势待发。反之，国会不同意总统的提案，那么战争则无法开启。权力与政治相伴相生，发动战争实则是国家在政治领域展示权力的一种具体表现。因此，离开权力则难以准确地理解和认识政治。要指出的是，这里的权力不仅指抽象意义上的国家权力，而且包括政治活动过程中清晰可见的具体的权力形式。

马克斯·韦伯关注作为权力特殊形态的合法性权力（权威），开辟了现实主义的新道路。他认为："'权力'就是在一种社会关系内部某个行动者将会处在一个能够不顾他人的反对去贯彻自身意志的地位上的概率，不管这种概率的基础是什么。"① 此外，韦伯从权力视角出发对国家进行了界定："一种政治性'经营机构'，如果而且唯有当此机构和管理干部成功宣称：其对于为了施行秩序而使用暴力的'正当性'有独占的权利，

---

① 〔德〕马克斯·韦伯：《经济与社会》（第一卷），阎克文译，上海人民出版社2010年版，第147页。

则称之为'国家'。"①

▶ 政治权力的含义

在政治学理论中,对于权力究竟是什么,学术界存在多种解释。有观点认为权力是决定"谁得到什么"的力量,故偏好将权力理解为决策,或者说权力是参与决策过程,其结果将直接决定谁能得到什么,谁不能得到什么。② 有观点认为权力就是一个人让另一个人去做某件事的能力,即 A 让 B 按照 A 的意愿去做事。换言之,权力是通过一个或者更多行动者的需要、愿望、倾向、意图影响另一个或者其他更多行动者的行动或行动倾向。③ 其实,不管如何解释权力,都无法脱离强制性、作用和结果这三个层面。因此可以说,政治权力就是政治关系中权力主体依靠一定的政治强制力,为实现某种利益而作用于权力客体的一种政治力量。④

首先,权力是政治关系的维系纽带,换言之,没有权力就不能构成政治关系。通常情形下,政治关系包括权力主体、权力客体和政治作用三大要素。

权力主体是指行使权力或者拥有权力的个人或者组织,如政府、政党、政治社团以及政治个人,但拥有权力和行使权力的主体可能并不一致,代表制使得权力的占有与行使相分离成为可能。

权力客体是指接受权力作用的个人或者群体。权力主体和权力客体之间是一对相对关系,它们的角色可能会发生调换,如三权分立体制下行政机关、立法机关和司法机关的关系。这三大主体都占有和行使着不同的权力,但这些权力之间又是彼此制约的。当立法机关对总统极其不信任而决定弹劾总统的时候,立法机关则是行使弹劾权的权力主体,总统则是弹劾权作用的权力客体;相反,当立法机关向总统递送法律文本等待总统批复

---

① 〔德〕马克斯·韦伯:《韦伯作品集Ⅶ:社会学的基本概念》,顾忠华译,广西师范大学出版社 2005 年版,第 74 页。

② 同上。

③ 〔美〕W. 菲利普斯·夏夫利:《权力与选择:政治科学导论》,孟维瞻译,世界图书出版公司 2015 年版,第 7 页。

④ 杨光斌主编:《政治学导论》(第四版),中国人民大学出版社 2011 年版,第 39 页。

的时候，总统则是行使批复权的权力主体，立法机关是批复权作用的权力客体。

政治作用是指权力主体运用政治力量作用于权力客体产生或预期产生的效果，主要是政治强制力。强制力是指在不顾及施加对象是否情愿的情况下强迫其服从一定意志的力量。通过强制力导致的服从是一种被迫的服从。① 强制力也包括半强制力和非强制力，当前流行的协商民主便是非强制力作用的典型形式。协商民主是自由而平等的公民通过讨论参与公共政策形成的制度安排②，它并非自上而下的单向度的政策制定，而是将自上而下和自下而上有机地结合在一起。政治权力在本质上包含着各种不同的因素，既有生物的、经济的，也有心理的、文化的。生物方面的因素透视出人们追求权力的天性来自对物质的需求；经济方面的因素决定了人们把追求权力作为分配资源的一种手段；心理方面的因素决定了人的服从和合群的一些特性；文化方面的因素决定了人们对待权力的态度。这些因素共同决定着权力作用的过程并非简单的强制力形式，也说明了政治权力与其他权力之间是一种相互交错的关系。

其次，获取政治权力的主要目的是获取利益。人谋取利益是为了满足自身需求，马克思在《德意志意识形态》中指出，"在现实世界中，个人有许多需要"，"他们的需要即他们的本性"。政治权力仅是人们实现自我需要的一种手段。利益在本质上属于社会关系的范畴，即人们通过一定社会关系表现出来的需要，按其本性来说具有客观的性质。③ 利益是复杂多元的，既有物质层面的（如金钱），也有精神层面的（如被人敬仰），或是二者兼有。美国实行的"人权外交"策略，在传播一定的意识形态的同时，也有对物质利益的谋求。例如，2020年以来，美国不断炒作"新疆人权问题"中就夹杂着"棉花""多晶硅"等产品的市场禁入单边霸权要

---

① 周光辉：《论公共权力的强制力》，载《吉林大学社会科学学报》1995年第5期。
② 马德普：《协商民主是选举民主的补充吗》，载《政治学研究》2014年第4期。
③ 李淮春主编：《马克思主义哲学全书》，中国人民大学出版社1996年版，第17页。

求。美国政府经常拿他国人权问题大做文章，美国国内一些媒体也对相关内容进行大肆渲染。每个国家的国情不同，不能用美国所谓的人权标准来衡量世界上所有国家的人权问题。彼此尊重，求同存异才是现代国家处理国际关系的合理选择。为保证权力主体的利益可以永久地延续下去，权力主体必然会通过各种方式和手段将某种政治格局或者既定权力关系长期地固定下来，使之合法化甚至神圣化，为人们建立一种秩序感。此外，权力关系并非一成不变，随着各种力量的此起彼伏，新的权力关系总是在不断地取代着原有的权力关系。

最后，权力主体能否实现自身利益取决于政治力量之间的对比。作为力量的政治权力是可以被计量的。这里并非说可以精确地测量出权力主体的权力大小，而是说可以较为明确地区分出谁的权力相对大，谁的权力相对小。在单一制国家里，中央政府的权力通常就比地方政府的权力大，上级政府的权力就比下级政府的权力大。在某段具体的政治关系中，谁的力量大，谁就有能力控制、统治、命令和影响权力客体，如执政党和在野党的权力影响力明显不同。整体上看，执政党的权力相较于在野党更大，它可以将党内意志上升为国家意志。当然，权力客体并非会完全按照权力主体的意志行事，它会对权力的作用产生反作用力。权力客体的反作用力会对权力作用的方向和强度造成影响，使之发生改变，从而形成复杂的政治格局。在现实政治中，权力的实现一般表现为权力客体的行为大体上符合权力主体的意志，完全符合的情况是极为少见的。① 另外，权力的大小还与权力主体内部意志的统一度密切相关。换言之，权力主体内部的向心力或者离心力程度决定了政治权力的实现力，倘若权力主体内部的向心力大，政治权力实现力就会较强；倘若权力主体内部的离心力大，政治权力实现力就相对较弱。

▶ 政治权力的类型

权力可从政治、经济、社会等不同视角予以理解。政治视角下的权力正如法国思想家福柯所言："在经典的法权理论中，权力被视为一种权利，

---

① 李景鹏：《试论政治权力的特征和结构》，载《政治学研究》1987年第4期。

人民像拥有财产一样拥有它，因此可以全部或部分地通过法律行为或建立法律的行为来转移和让渡，这属于占有或契约的范畴……权力具体地是每个人拥有的，他将它全部或部分让渡出来从而建立一个政治权力，政治统治权。政治权力建立在这个系列之中，在这个我作为参照的理论整体中，按照契约转让范畴的法律运作模式来进行。"① 政治语境下的权力可以被划分为多种类型，不同划分依据下权力的具体表述存在差异。这里主要介绍几种常见的权力划分方式以及不同划分方式下权力的具体类型。

（1）倘以政治权力运行的方式对权力加以区分，可以把政治权力划分为强制性权力、操纵性权力、人格型权力、功利性权力以及合法性权力。其中，强制性权力是指从制度层面确立的以国家强制力为保障后盾的权力；人格型权力是指以人格魅力影响他人行为的能力等；操纵性权力是指权力主体以政治社会化等巧妙的方式全部或部分地改变权力客体的价值观，从而实现权力主体意图的政治权力；功利性权力是指权力主体通过承诺给予权力客体某种好处而实现意图的政治权力；合法性权力是指权力主体的权力行为获得了权力客体的心理认同的政治权力。在现代政治中，合法性权力主要体现为权力主体依制度、法律等规范行使权力而获得权力客体的心理认同。②

（2）倘以政治权力主体的性质对权力加以区分，可以把政治权力划分为原始社会的政治权力、奴隶主阶级的政治权力、封建主阶级的政治权力、资产阶级的政治权力和无产阶级的政治权力③，这是与社会性质相对应的，什么社会则对应什么样的权力。

（3）倘以政治权力主体的层次级别对权力加以区分，可以把政治权力划分为上级权力和下级权力、中央权力和地方权力等。上下级权力的划分主要以行政级别高低为依据，行政级别越高，权力则越大，行政级别越低，权力则越小；而中央与地方权力的划分与国家政体密不可分。

---

① 〔法〕米歇尔·福柯：《必须保卫社会》，钱翰译，上海人民出版社2010年版，第12页。
② 参见杨光斌主编：《政治学导论》（第四版），中国人民大学出版社2011年版，第41—48页。
③ 王浦劬主编：《政治学基础》，北京大学出版社1995年版，第85页。

第二节　权利现象与权利概念

> 没有一个伟大的人物不具备美德，没有一个伟大的民族（几乎可以进一步说，没有一个社会）不尊重权利。
>
> ——托克维尔[①]

案例：美国大选

美国大选是美国政治生活的重要内容，是美国投票率最高的选举，它在一定程度上决定着美国的政治方向，甚至影响着世界的未来。以2008年的总统选举为例，此次选举可以说是美国历史上较为特殊的一次选举，因为它不仅是1952年以来没有在职总统和副总统寻求继续任职的选举，而且是1928年以来没有在职总统和副总统寻求提名的选举。在此背景下，贝拉克·奥巴马与约翰·麦凯恩展开了激烈的竞选角逐。奥巴马是民主党总统候选人，非洲裔美国人；麦凯恩是共和党总统候选人，曾被《时代》杂志评为"美国最具影响力的25人"之一。本次大选参与人数众多，超过1.3亿选民参加了投票，投票率高达64%。起初，两党呈现出势均力敌之态，谁也不敢断言哪个政党能够在大选中获胜。但经过2个月的角逐，奥巴马渐渐处于弱势，2008年9月初，他仅获得39%的独立选民的支持，而麦凯恩的支持率高达49%。当大家都认为共和党将获得成功的时候，到选举投票前一周，结果出现了戏剧性的反转，奥巴马的支持率飙升到了50%左右，并维持着一个稳定状态，而麦凯恩的支持率降到了41%左右，还有10%左右的选民尚处徘徊阶段，没有作出最终选择。11月5日的投票结果显示，奥巴马赢得了52.7%的选民票和365张选举人票，麦凯恩赢得了46%的选民票和162张选举人票。两者的差距显而易见，整个选举活动最终以奥巴马的胜出告终。

[①] 〔法〕托克维尔：《论美国的民主》，董果良译，商务印书馆1988年版，第272页。

通过对美国大选的介绍可知，总统的产生由选民的投票结果来间接决定。哪个总统候选人获得的选举人票多，他就能当选总统，而其所在的政党也将成为执政党。选民为什么可以决定总统的产生？这源于权利，美国法律赋予了选民选举权，他们的投票行为获得了国家法律保护，结果具有合法性。事实上，"权利"一词历史悠久，东西方社会对其最初的理解稍有不同。在中国，"权利"最早出现在《荀子·君道》中："接之以声色、权利、忿怒、患险，而观其能无离守也。"《史记》也明确使用过权利，如谓灌夫"家累数千万，食客日数十百人。陂池田园，宗族宾客为权利，横于颍川。"这些语境下的"权利"主要指权势和财物。西方社会中的权利主要拥有两层含义，一层指资格；另一层意为正确的、正当的。因此，英语语境下的"权利"主要是指具有正当的资格。古希腊哲学家亚里士多德也曾从正义角度对权利给出了自己的理解，即"正义的观念是同国家的观点相关的，因为作为正义标准的权利，是调解政治交往的准绳"[①]。随着对权利研究的不断深入，权利的内涵也不断丰富。当前关于权利概念的界定主要存有以下几种比较有代表性的观点：

（1）权利天赋说。即权利是人与生俱来的一种天赋，只要是人就天然地具有权利，因而权利是人本性的重要内容。

（2）权利利益说。即权利是受到法律保护的利益，只要法律将某种利益作为义务进行促进，那么此利益就成为人的权利。[②]

（3）权利力量。即权利是国家法律赋予权利主体的一种强制力量，因而权利是一种法律规范。

（4）权利平等说。即权利是政府对公民的平等关心和尊重。

（5）权利自由说。即权利是法律允许范围内人们所拥有的自由，亦即公民作为和不作为的自由。

---

① 转引自〔苏联〕涅尔谢相茨：《古希腊政治学说》，蔡拓译，商务印书馆1991年版，第192页。

② 这是权利存在的条件。在法律框架内，人们需要履行保护、促进权利享有者利益的相关义务。相关义务是指在权利关系结构内，一个人对另一个人承担相应的责任，特别是保护、促进权利享有者利益的责任。See Tom Campbell, *Rights: A Critical Introduction*, Routledge, 2011, p.45.

(6) 权利社会说。即权利是"社会的产物,是社会的产儿,而不是自然的、个人的产物"①。

事实上,这些对权利的理解具有一定的合理性,同时也存在着一定的局限性。例如,权利天赋说有利于保护每个公民的权利,只要是人,就拥有权利,避免统治阶级站在本位立场上剥夺被统治阶级与生俱来的权利。但是,该学说未能揭示出权利的本质所在。

可以从权利社会说的视角来解释权利概念。所谓社会,就是人与人关系的总和。因此,权利不过是人们之间利益关系的一种体现。在现代国家,权利需要政治权力的确认和保障。因为与政治权力形成于共同利益基础上的共同力量不同,权利来源于不同利益基础上的不同力量在政治权力或者说政治关系格局形成以后,处于社会关系中的单个成员以及以共同利益为基础形成的社会力量会依据需要主张个人和群体的利益,并要求政治权力对他们的这些需求进行合法性确认。政治权力对社会成员和社会力量所主张利益的确认和保障,便形成了利益主张者在社会生活中的法定资格,这就是权利。如同马克思探讨资产阶级获得政治统治时所言,它们必然要"使这种政治统治在宪法和法律中表现出来"②。

因此,权利就是在特定的经济社会关系及其体现的利益关系基础上,由社会公共权力确认和保障的社会成员和特定社会力量主张其利益的法定资格。③ 权利的内容主要是指对利益实现和分配的主张。这里面既包括对公共利益和个人利益之间的实现,也包括对公共利益和个人利益、个人利益和个人利益的分配,以社会成员和那些特定的社会力量在社会生活中的法定资格为形式,以权利范围内的作为和不作为为权利表现。在此意义上,可以把权利定义为社会利益关系的法律体现,是政治权力和各种利益在不同社会成员和社会力量的社会资格上的一种凝结,是政治权力确认和保障的社会成员和特定社会力量主张其利益的受法律保护的资格。

---

① 《马克思恩格斯全集》第 1 卷,人民出版社 1995 年版,第 377 页。
② 《马克思恩格斯全集》第 16 卷,人民出版社 2016 年版,第 85 页。
③ 王浦劬主编:《政治学基础》,北京大学出版社 1995 年版,第 104 页。

政治权利的含义

社会学家马歇尔最早提出"公民身份"的概念，而权利和公民身份紧密相关。政治权力存在的终极目标不是其自身，而是为了保护和实现治理辖域内公民的基本权利。马歇尔将公民权利、政治权利和社会权利作为"公民身份"概念的构成要素。公民权利亦可称为民事权利，它主要是指自由、财产等个人生活所需的基础性权利，自由处理合法的私有财产权便属于公民权利的范畴。政治权利主要是指公民作为政治权力实体的成员或者这个实体的选举者参与行使政治权力的权利。社会权利主要是指公民享有的经济福利、社会安全等系列权利。这三种权利是分阶段实现的，并不是一蹴而就的。[①] 这也从侧面说明权利具有较多的审视维度，是个集合概念，不同维度下权利的具体形态是不一致的，而政治权利仅仅是众多权利中的一类。

可以说，社会成员和社会群体对共同利益的主张是政治权利的主要内容。共同利益（共同需要）推动了政治权力和政治权利的形成，只不过政治权力以共同力量为特点，而政治权利则以不同力量为主体，以社会关系为基础。社会成员和社会力量在政治生活中的法定资格是政治权利的形式，这种资格性规定表明，"这种权利的内容就是参加共同体，确切地说，就是参加政治共同体，参加国家"[②]。这里需要明确，获得政治权利仅仅是社会成员和社会力量实现共同利益的起点，即社会成员和社会力量拥有和实现了政治权利并不意味着已经实现了共同利益的主张。

政治权利的特性与基本内容

政治权利最根本的特性是平等。政治权利的平等特性是指一个国家的成员在一定条件下拥有相同的机会参与公共政治生活。政治权利的另一根本特征是阶级性。因为只要是阶级社会，社会共同利益和政治权力就会具

---

① 〔英〕安德鲁·海伍德：《政治学》（第3版），中国人民大学出版社2014年版，第193—206页。
② 《马克思恩格斯全集》第3卷，人民出版社2002年版，第436页。

有强烈的阶级性，它们决定了政治权利的阶级性。此外，利益关系中共同利益的特性和政治权力的特性也会转化形成政治权利的其他特性：

（1）政治权利主体是自主的。政治权利主体有在法定范围内自由地从事政治活动的政治资格。

（2）政治权利是法定规范的。政治权利的规范是由政治权力予以保障的，源于政治权利主体所处利益关系中共同利益的非市场实现性，它通过政治权力的强制约束性转化而来，因此它是一种强制性规范，与道德规范存在着实质性区别。

（3）政治权利是权利和义务的统一。马克思曾深刻地指出："没有无义务的权利，也没有无权利的义务"①，政治权利也不例外。首先，政治权利和政治义务之间不可分割，对应存在，因为政治资格一旦确认，就意味着政治权利和政治义务同时产生。其次，政治权利和政治义务之间互为条件，即政治权利是履行政治义务的前提，而政治义务是实现政治权利的基础。再次，政治权利和政治义务具有量的等同性，换言之，享有多大的政治权利就应承担多大的政治义务，承担了多大的政治义务则应享有相对应的政治权利。最后，政治权利和政治义务的安排都奔着能实现共同利益的目标。

（4）政治权利主体是相对个体性的。相对个体性是指政治权利通常属于共同利益意义上的社会个体的政治权利，而政治权利的实现归根到底是共同利益意义上的社会个体的权利实现。

在不同的国家及同一国家不同的社会历史发展阶段中，政治权利的基本内容存在着一定的差异。纵观资本主义国家和社会主义国家公民政治权利现状，可把当前公民政治权利的基本内容概括为以下几类：

（1）自由权。自由权主要是指人身自由，以及言论、出版、集会、结社、游行、示威、宗教信仰和通信的自由。

（2）选举权和被选举权。选举权和被选举权主要是指公民达到一定的年龄，只要未被剥夺政治权利，就享有选举国家代议机关代表或国家公职人员的权利，也享有被选举为国家代议机关代表或国家公职人员的

---

① 《马克思恩格斯选集》第 3 卷，人民出版社 2012 年版，第 12 页。

权利。

（3）监督权和罢免权。监督权主要是指公民享有监督国家机关及其工作人员的权利；罢免权主要是指公民依照法定程序可对不合格的代表进行罢免。

（4）诉愿权。诉愿权主要是指公民对国家机关及其工作人员有批评建议、控告、提起诉讼和要求赔偿的权利。

第三节　政治学的基本概念

概念实际上是构建人类知识大厦的基石。

——安德鲁·海伍德①

权力和权利是政治学的轴心概念。除轴心概念之外，政治学还包括国家、政府与合法性等一系列基本概念，它们都建立在权力和权利这组轴心概念的基础之上。

国家

国家一直是政治学研究的重要对象，以至于关于国家的定义丰富多彩，主要有以下五种代表性的观点：

- 社会共同体说

　　国家是许多家族及村落的联合体，它是为了达到完美的和自治的生活而组织的。

——亚里士多德②

　　国家是由许多社会团体，基于共同的权利意识及利益互享的观念

---

① 〔英〕安德鲁·海伍德：《政治学核心概念》，吴勇译，中国人民大学出版社2012年版，第2页。

② 〔古希腊〕亚里士多德：《政治学》，吴寿彭译，商务印书馆1965年版，第140页。

而结合成的组织体。

——西塞罗①

● 管理劳动说

　　治水国家是一个真正的管理者的国家……单一中心的治水社会国家是一种名副其实的"工具"国家。

——卡尔·A. 魏特夫②

　　在埃及、西亚和中国文化演进中，灌溉是具有关键性的问题。治水问题解决了官僚阶级的存在、依附阶级强制性劳役以及从属阶级对帝王的官僚集团职能的依附。

——马克斯·韦伯③

● 国家契约说

　　在人们进入自然生活之前，曾有过一个自然状态；在自然状态下，人是自私的和有理性的；由于理性，人们受到自然法的调整；在自然状态下，人们享有自然权利；但是，为了获得更大的利益，人们理性地、自愿地作出了建立国家的选择。

——约翰·洛克④

● 国家要素说

　　国家是由很多人民组成的社会；永久占一块一定的领土；不受外来的统治；有一个为人民在习惯上所服从的有组织的政府。

——迦纳⑤

---

① 〔苏联〕莫基切夫主编：《政治学说史》，中国社会科学院法学研究所编译室译，中国社会科学出版社1979年版，第77页。
② 〔美〕卡尔·A. 魏特夫：《东方专制主义：对于极权力量的比较研究》，徐式谷等译，中国社会科学出版社1989年版，第42—43页。
③ 〔德〕马克斯·维贝尔（马克斯·韦伯）：《世界经济通史》，姚曾廙译，上海译文出版社1981年版，第272页。
④ 〔英〕洛克：《政府论》（下篇），叶启芳、瞿菊农译，商务印书馆1964年版，第5—8页。
⑤ 〔美〕迦纳：《政治科学与政府》，孙寒冰译，上海社会科学院出版社2016年版，第92页。

>夫国家者何物也？有土地有人民，以居于其上之人民，而治其所居土地之事，自制法律而守之。有主权，有服从，人人皆有主权者，人人皆服从者，夫如是斯谓之完全成立之国家。
>
>——梁启超①

- 国家阶级统治工具说

>国家无非是一个阶级镇压另一个阶级的机器。
>
>——恩格斯②

>国家是维护一个阶级对另一个阶级的统治的机器。
>
>——列宁③

形形色色、角度各异的国家学说大都只涉及国家的表面现象，只有马克思主义揭示出了国家的本质问题。④ 现代国家的形成和治理离不开民族和阶级。阶级因素在国家的形成过程中发挥着重要作用，同时，从阶级视角来理解国家也更易回答国家的本质问题。

马克思主义经典作家对国家的起源进行了详细考证，认为国家是私有制出现后阶级矛盾不可调和的产物。恩格斯在《家庭、私有制和国家的起源》中提出了关于国家认识的著名论断："国家是社会在一定发展阶段上的产物；国家是承认：这个社会陷入了不可解决的自我矛盾，分裂为不可调和的对立面而又无力摆脱这些对立面。而为了使这些对立面，这些经济利益互相冲突的阶级，不致在无谓的斗争中把自己和社会消灭，就需要有一种表面上凌驾于社会之上的力量，这种力量应当缓和冲突，把冲突保持在'秩序'的范围以内；这种从社会中产生但又自居于社会之上并且日益同社会相异化的力量，就是国家。"⑤ 因此，国家在实质上无非就是阶级专政，具体可以从以下三个方面来理解：

首先，国家的产生完全基于统治阶级的意志。统治阶级为更好地巩固自身地位才选择了成立国家。这样一来，他们可以凭借"国家"的名义对

---

① 梁启超：《饮冰室文集》（上），上海广智书局1907年版，第203页。
② 《马克思恩格斯选集》第2卷，人民出版社2012年版，第336页。
③ 《列宁全集》第37卷，人民出版社1986年版，第66页。
④ 关于国家的更多论述，可参阅本书第4章和第6章。
⑤ 《马克思恩格斯选集》第4卷，人民出版社2012年版，第186—187页。

被统治阶级进行管控，继而更好地实现对被统治阶级的剥削和打压，从而维护本阶级的利益。

其次，国家政权始终掌握在统治阶级手里。国家既然是统治阶级为了维护自身利益而发明的机器，是依照统治阶级的意志建立起来的，那么国家权力就必然掌握在统治阶级的手里，只有这样，才能更好地服务于统治阶级。当然，随着人类社会文明程度的提升，统治阶级的统治手段或者说"治理工具"不仅更加健全了，而且更加文明了。很多国家都实现了由独裁制向民主制的转变，让更多的公民有政治参与的机会。但是，国家政权依然牢牢地把控在统治阶级手里。

最后，国家权力始终服务于统治阶级利益。这是统治阶级成立国家的真实目的。只要国家没有改变它的剥削性质，那么其目的就不会像统治阶级所声称的那样都是为了全体公民的幸福。当然，统治阶级也不会毫无遮掩地标榜自己的目的就是为了维护本阶级的利益，或者说其执掌政权就是为了服务于本阶级。因为此举容易激化阶级之间的矛盾，影响社会稳定，从而对统治地位造成冲击，这显然违背了统治阶级的初衷。统治阶级经常采用的举措是将自己的行为合法化，即把本阶级的利益上升为国家利益或公共利益，以维护国家利益或公共利益的名义实现自己的利益。

总之，国家的本质就是凭借暴力作为后盾的阶级专政，是统治阶级维护自身利益和塑造社会秩序的机器。无论是古代国家、近代国家，还是现代国家，只要其为阶级服务的性质没有发生改变，那么我们都可以认为它是一个阶级对另一个阶级的专政，如奴隶制国家就是奴隶主阶级对奴隶阶级实施专政的暴力机器，资本主义国家就是资产阶级对无产阶级实施专政的暴力机器。正如列宁断言："不管一个共和国用什么形式掩饰起来，就算它是最民主的共和国吧，如果它是资产阶级共和国……那么这个国家还是一部分人压迫另一部分人的机器。"[①]

▶ 政府

关于国家与政府的关系，有两种较有代表性的观点。一种是将国家与政府混为一谈，将它们放在一种语境下进行讨论，即国家就是政府，政府

---

① 《列宁选集》第4卷，人民出版社2012年版，第39页。

也就是国家,不对国家和政府进行任何区分。另一种是政府仅仅是国家的一个有机组成部分,国家除了政府之外,还包括其他事物。当然,国家除政府之外,还包括国家元首、立法机关、司法机关以及其他一些公共机构。因此,这里将政府认定为行政机关最为合适,它是贯彻国家政策决策、管理各类公共事务和各种行政职能部门的机关。

通常情形下,政府可以被划分为中央政府和地方政府。中央政府在不同的国家所拥有的职责和权力也不尽相同。

(1) 内阁制的中央政府

内阁制源自英国[①],是当今西方国家主要的政府制度之一,德国、日本、意大利等国家都是内阁制政府模式的典型代表。

内阁制政府的核心是内阁,它的主要特点是行政权和立法权的融合,凡入阁的重要阁员必须是议会议员。内阁政府首脑是首相或总理,拥有任免内阁成员和所有政府高级官员的权力,几乎决定着内阁的一切重要活动。内阁对议会负责,接受议会的监督,须定期向议会报告工作。如内阁得不到议会信任,其阁员必须集体辞职,或由内阁提请国家元首解散议会,重新举行议会大选。

(2) 总统制的中央政府

总统制[②]国家中,行政权力高度集中在总统一人身上。总统既是国家元首,又是国家行政机关的首脑。美国可以说是最为典型的总统制国家,也是最早实行总统制的国家。美国总统制完全按照三权分立原则来处理国家机关之间的关系。

在美国,总统与国会、联邦最高法院之间的关系(见图2-1)大致可以描述成:总统有权力签署或者否决国会通过的法案,有权力提名联邦最高法院大法官、联邦法院法官;国会可以批准总统对官员的提名,并以"委员会制度"制约行政部门的决定;法院有权力审查总统和国会的行为是否有违宪法及其他法律的规定。虽然三权分立体制对总统及其领导的行政部门的约束较多,但不可否认的是总统依然是美国政治制度中最为核心的人物,他不仅是最高行政首脑,而且是国防和外交政策的首脑。

---

① 内阁制在英国的发展,详见本书第六章第二节。
② 总统制的制度变迁,详见本书第六章第二节。

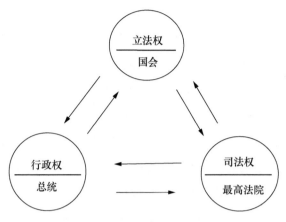

图 2-1 美国三权分立及制衡图

(3) 混合制的中央政府

相较于前两者，混合型的议会制—总统制下的行政权力配置更为复杂。法国是当今实行混合型政府体制的典型国家。这种体制亦称为半总统制①，总统和总理权力配置的特点是两者具有相互否决的权力。

法国宪法赋予总统任免总理、组织政府的权力，但关于免去总理职务，必须以总理提出辞职为前提，如果说总理得到了议会多数派的支持，还可以凭借辞职手段对总统进行威胁；总统为军队的最高统帅，主持最高国防会议和国防委员会，但总理可通过拒绝附署签名的方式对总统的决定进行阻扰，且重要的谈判需要总统和总理同时参加，缺一不可；总统可以任命文武百官，但在部长的任免上，只能任命总理建议的部长人选，不能任命总理没有提名的部长人选。

(4) 中国的中央政府

国务院是中国最高国家行政机关，由总理、副总理、国务委员、各部部长、各委员会主任、审计长和秘书长组成，它承担着制定国家行政决策、领导各级地方行政机关、审定各类机构编制以及执行立法机关授予的其他职权等职责。

▶ 合法性

"合法性"是政治学的基本概念之一，是指社会秩序和政治权威被自

---

① 半总统制在法国的发展历程，详见本书第六章第二节。

觉认可和服从的性质和状态,它是善治的基本要素。只有那些在一定范围内被人们内心所承认的权威和秩序,才具有政治学中所说的合法性。[1]

合法性的最初含义是指国王或者女王能够即位是因为他们拥有"合法"的出身。欧洲中世纪时期,合法性不再只是指"统治的合法权利",而更多地偏向于"统治的心理权利"。现今,合法性主要指人们内心的一种态度。这种态度在有的国家较强,在有的国家较弱。"通俗地讲,合法性是对被统治者与统治者关系的评价……是对统治权力的认可,这种认可是建立在一系列条件基础之上的,而这些条件主要与认同、价值观及同一性和法律有关。"[2] 具体来看,合法性存有三个要求,即被统治者的首肯、涉及社会价值观念与社会认同以及与法律的性质和作用相关联。

关于被统治者的首肯,法律的社会属性使这一点更加明确。个人的权利和义务实则是一种相互的约束。这种约束需要建立在个人看法和行动一致的基础之上。倘若权利和义务不被受众所承认,那么它在实质上是无效的。因此,法律,尤其是以分配权力为主导的法律,很大程度上必须建立在个人一致看法的基础上。被统治者的首肯是合法性的基础性要求和内容。通俗地讲,被统治者的首肯即是统治者的统治需要被统治者的同意。统治者的统治,或者说统治者的统治权利都会也都要在一定程度上得到被统治者的同意。在规模或数量上,统治者的统治获得被统治者的同意越多,其统治的稳定性就越高。马克斯·韦伯认为合法性主要有三种类型:法理型、传统型和魅力型。法理型合法性是指"基于对已制定的规则之合法性的信仰,以及对享有权威根据这些规则发号施令者之权利(合法权威)的信仰";传统型合法性是指"基于对悠久的神圣性以及根据这些传统行使权威的正当性(传统权威)的牢固信仰";魅力型合法性是指"基于对某个个人的罕见神性、英雄品质或者典范特性以及他所启示或创立的

---

[1] 俞可平:《论国家治理现代化》(修订版),社会科学文献出版社2015年版,第29页。
[2] 〔法〕让-马克·夸克:《合法性与政治》,佟心平、王远飞译,中央编译出版社2002年版,第1页。

规范模式或秩序（超凡魅力型权威）的忠诚"。①

在政治实践中，统治的合法性来源往往是混合的。一般而言，一个政治体（国家）的合法性越源自法理型，它就越能获得被统治者的同意。现代政治中，随着政治制度化程度的提高，法理型合法性来源越来越成为主流。具体而言，现代政治中法理型合法性常见的表现形式有：选举过程中的选票数量和民意调查中的支持度或施政满意度。

关于社会价值理念与社会认同，合法性视角下价值观念的认同主要缘于价值观的社会作用。"价值观念属于社会现实，它综合了两种品质。首先是现实中的描述的品质，它解释了人们把价值观念跟自己联系起来的原因。"② 另外，法律对合法性具有重要作用。法律是现代社会的基本规则体系，法律公正与否对合法性的形成和维持影响巨大，法律的内在要求是由一个国家的价值观塑造的，因此，需要对价值观和法律之间的关系进行澄清。这也提出了合法性的第三个要求，即它与法律的性质和作用相关联。澄清两者的关系必须承认价值观是法律的实质这样一个事实，法律是包含在世界观中的价值观，是等级观念的载体和组织工具。③

一个政府获得合法性的方式和路径多种多样。首先，它需要提供安全的保障。一个没有安全保障的国家，当权者很难获得较高的合法性，如西亚的很多国家长期陷于内战之中，人们整天担心温饱问题甚至是生命问题，何谈对国家政权的高度支持。其次，它可以从良好的政绩中获得。促进经济的稳定增长，使人民安居乐业，有助于增强政府合法性。再次，政府的组成结构与政府能否获得合法性有关。在人民是国家的主人，人民能够管理国家事务的政府组织结构中，人民往往更愿意服从。最后，它也可以通过操纵国家象征来增进其合法性。国旗、历史纪念碑甚至是充满感染力的演说等都可以让人们相信政府是具有合法性的，他们应当服从于政府管理。

---

① 〔德〕马克斯·韦伯：《经济与社会》（第1卷），阎克文译，上海人民出版社2010年版，第322页。
② 〔法〕让-马克·夸克：《合法性与政治》，佟心平、王远飞译，中央编译出版社2002年版，第2页。
③ 同上。

第三章 公民权利

什么是宪法？宪法就是一张写着人民权利的纸。

——列宁[①]

> **案例：《世界人权宣言》的制定**
>
> 二战期间，纳粹屠杀数百万犹太人，日本侵略军在中国土地上肆意烧杀抢掠。为了增进并激励对全体人类之人权和基本自由的普遍尊重和遵行，1948年，联合国大会通过了《世界人权宣言》。尽管它背后并没有实际的制裁权力，但它确立了政府不应任意剥夺公民的基本权利原则。这些权利包括生存权、言论自由、信仰自由、结社自由、游行示威自由和政治参与自由等。

政府权力与公民权利之间是一种什么样的关系？政府的权力从何而来，并通过何种方式转化为权威？权威究竟是内在地植根于统治者自身还是来源于被统治者？这些是每一个现代公民必须主动思考的问题。基于不同的信念，会产生不同的国家形态、权威类型以及权力—权利关系。"公民权利"作为一个重要的政治学概念，深入地理解它，对于我们思考上述问题有着重要的意义。可以说，理解公民权利是我们理解现代人、现代社会、现代国家以及现代世界的重要工具，因此，对公民权利概念的起源、

---

① 《列宁全集》第12卷，人民出版社1987年版，第50页。

发展以及作用进行研究极为必要。

第一节 古典的自然正当

> 城邦出于自然的演化，而人类在本性上也正是一个政治动物。凡人由于本性或由于偶然而不归属于任何城邦的，他如果不是一个鄙夫，那就是一位超人。
>
> ——亚里士多德①

要真正认识公民权利，必须回到早期现代的"自然权利"概念上来。这是因为，公民权利本质上来源于自然权利，或者说它乃是自然权利逻辑上的延伸。现代世界中的权利话语本身乃是早期现代的产物。当然，这并不意味我们有理由选择性忽视早期现代以前的历史，相反，要理解自然权利，就要对"权利"观念进行追本溯源，即追溯到古典的自然正当。了解从古典到现代的变迁对于我们理解现代政治秩序的生成与发展、现代政治的基础具有重要的意义。

从古典自然正当（自然法）到现代自然权利的转变，一直被视为西方政治哲学史上的重大转变，而这种转变本身与"权利"的词源有关。在西方文化中，"权利"对应的英文词是"right"，后者来源于拉丁文"*jus*"。right 本身有两层含义，一是正当（正义）、正确，二是某种资格。前者具有客观的意义，后者是一种主观的意义。其中，客观性体现在它是某种超然的、独立的规范性秩序，能为个人行为与社会实践提供一种范导性的标准，简单来讲就是告诉人们做什么是自然正确的、自然正当的。

这种自然正当一直被从古典时代到中世纪后期的自然法传统所强调。自然法是一种原则和规范，它规定着什么是好的、什么是正当的以及什么是应当做的、什么是不应当做的。而判断事物正当与否的一个重要标准就是：事物是否符合事物自身的自然秩序，即是否与事物的自然本性相符

---

① 〔古希腊〕亚里士多德：《政治学》，吴寿彭译，商务印书馆1965年版，第7页。

合。这种自然本性规定着事物的目的，即事物应当达到的状态。对于人而言，人的自然本性规定着人应该过一种良善的生活，而"要判定对人而言何者本于自然就是善的，或者是自然的对人而言的善，就必须判定人的天性或者人的自然构成是什么，正是人的自然构成的等级秩序为古典派所理解的自然权利提供了基础"①。善的生活就是符合人的自然本性的生活，"就是与人的存在的自然秩序相一致的生活，是由秩序良好的或健康的灵魂所流溢出来的生活……合于自然的生活是人类的优异性或美德的生活，是一个'高等人'的生活，而不是为快乐而快乐的生活"②。这种良善（符合自然本性）生活被自然法所规定，自然法规定着何为正当、何为符合自然的生活，它指向一个"人应该如何生活"的问题。

既然自然法规定着人应该过一种良善生活，那么如何实现这种良善生活就成为古典政治哲学家们思考的重要问题。对于这个问题，古典政治哲学家首先对人作了"人在天性上是政治动物"的人性规定，这意味着人必然地需要过一种政治生活，城邦或国家是"最高而最广的善"③。这样一来，如何实现一种良善生活的问题便转化为何为最佳政制的问题了。"当古典派们主要关心的是不同制度，尤其是最好的制度时，他们的意思是说，最重要的社会现象，或者说只有自然现象才比之更为根本的社会现象，乃是制度。"④城邦规定着人们的生活方式，不同政制的选择就是不同生活方式的选择，因此，实现最佳政制就是要使个人臻达完满的状态。

在古典自然法传统中，自然的、合乎本性的就是合法的、正当的。这种基于自然正当从而具有某种资格拥有某些东西的问题，构成了古典自然权利的基础。这种古典自然权利是基于自然正当或自然正义的，亦即表明，在权利之前存在着一种客观的、自然的道德秩序。权利、资格是由这

---

① 〔美〕列奥·施特劳斯：《自然权利与历史》，彭刚译，生活·读书·新知三联书店2016年版，第128页。
② 同上。
③ 〔古希腊〕亚里士多德：《政治学》，吴寿彭译，商务印书馆1965年版，第3—8页。
④ 〔美〕列奥·施特劳斯：《自然权利与历史》，彭刚译，生活·读书·新知三联书店2016年版，第139页。

个客观、自然的道德秩序派生出来的。

第二节 现代的自然权利

> 在没有一个共同权力使大家慑服的时候，人们便处在所谓的战争状态之下。
>
> ——霍布斯①

▶ 从自然正当转向自然权利

到了早期近代，这一基于自然的、客观的道德秩序的权利观念传统被完全颠倒过来了。现代的自然权利先于自然秩序，取代了古典的自然法传统的自然正当。"政治秩序被认为是（应当是）建立在自然权利的基础之上的，是应当受自然权利约束的。"②现代自然权利不再像古典自然权利那样诉诸某种自然正当或客观正当，也不再依赖某种先在的道德与政治秩序，它是一种依据主体自身就具有的权利："现代自然权利观念的一个明显区别在于，它认为人有一些不必依赖这类具体的关系或行为的权利，它们是人作为主体本身就拥有的。早期现代以来谈论的'自然权利'，其根本含义之一就在于此。"③

显然，权利意涵经历了从客观正当到主体性自然权利观念的转变。但这种观念的转变是何时开始的，学界存在着争议。一些观念史学者认为，早在罗马法中就已经有了权利的概念，中世纪的自然法理论中也包含着这种观念。但我们研究的关键不是权利是何时产生的，而是权利背后的观念是何时转变的。因为，即便是基于客观正当的观念，某种基于客观秩序而具有对某些东西的资格的权利也是可以产生的。但现代自然权利却先于这

---

① 〔英〕霍布斯：《利维坦》，黎思复、黎廷弼译，商务印书馆1985年版，第93页。

② 谭安奎：《自然权利的遗产：福利问题与现代政治秩序》，商务印书馆2018年版，第59页。

③ 同上书，第58页。

种客观正当的观念出现，它规定着应该建立何种秩序。

这种主体性权利观念在12世纪以后，尤其是在14世纪得到了突破性的发展，从帕多瓦的马西利乌斯（Marsilius of Padua，又译为"马尔西利奥"或"马西略"）到奥卡姆（Ockham）和吉尔松（Jean Gerson），再到17世纪初的苏亚雷斯（Suarez），主体性权利观念在理论上决定性地确立起来了。① 吉尔松在《论灵魂的精神生活》一书中对权利概念进行了分析："权利是一种处分性的权力或能力，属于某人并符合正当理性的命令……这个定义包括了'权力或能力（facultas）'，因为很多事物都符合正当理性但是不能称作拥有它们的那些人的权利（iura）。"② 这是第一次用能力来解释权利，从而祛除了权利的宗教和道德特征。由此，吉尔松就将权利和自由统一起来了。他在《道德神学术语的定义》一书中提出：

> 权利是一种人所具有的能力或者权力并符合正当理性的命令。自由是凭借理性和意志选择无论何种可能性的能力……法律（lex）是实际而正当的理性。③

这种主体性自然权利主要基于人的能力，从而使权利摆脱了对客观秩序的依赖，这意味着人对自己的世界具有某种支配、控制权。这种主体性自然权利构成了现代政治秩序的基础，政治秩序都需要（应当要）建立在自然权利的基础之上，权利优先于秩序，秩序由权利所派生。

▶ 自然权利的内涵

早期现代以降，主体性自然权利构成了现代道德—政治秩序的基础。此时的自然权利是超政治的，是一种先在于秩序的权利。因此，它并不能等同于公民权利，因为公民权利首先是基于公民身份的，而公民身份又是一个政治概念，它是在某个特定的政治共同体中被规定的。但公民权利是

---

① 李猛：《自然社会：自然法与现代道德世界的形成》，生活·读书·新知三联书店2015年版，第241—249页。
② 转引自〔美〕理查德·塔克：《自然权利诸理论：起源与发展》，杨利敏、朱圣刚译，吉林出版集团有限责任公司2014年版，第36页。
③ 同上书，第38页。

自然权利逻辑上的延伸，是自然权利在政治共同体中的表现。所以，自然权利构成了现代政治秩序与公民权利的共同基础。可以说，对自然权利内涵的进一步梳理对于我们理解现代政治秩序和公民权利至关重要。

格劳秀斯是现代自然权利学说奠基人。在格劳秀斯之前，阿奎那就指出，自然法包含了各种与"自然习性之命令"相一致的戒律。人性显示出三种这类习性。第一，根据自然，人类和所有物质共有一种追求利益的习性。就是说根据物质的本性，所有物质都寻求保全自我的生命。因此，自我保全便是自然法的第一层习性。第二，人的习性中也包括"自然教给所有动物的……那些事物，比如性交、教育后人，等等"。也就是说，人倾向的不仅仅是个体的保存，还有族类的繁衍和延续。第三，最后一层习性乃是"理性"。"因此，人具有知晓上帝真相和生活在社会中的自然习性。在这方面，所有属于这一习性的事物都属于自然法，比如，避免无知，避免冒犯与我们生活在一起的其他人和关于上述习性的其他这类事物。"①格劳秀斯的权利学说是建立在阿奎那自然法的第三层习性（并且是第三层习性的有关社会生活方面）之上的。在《论战争法权与和平法权》中，他指出：

> 权利一词有另一个意义……它是直接与个人有关的，在此意义上，权利一词是指个人所具有的一种道德品性，正是由于这种品性，正好使得他可以拥有某些特殊的权利，或者有权做出某种特定的行为……当这一道德德性完满时，我们将之称为能力（faculty）；当它不完满时，我们将之称为天资（apptitude）：当我们谈论自然物时，前者相应于行动，后者相应于力量。②

虽然格劳秀斯的权利学说与主体性的能力开始联系在一起，但很显然，这种权利学说跟主体性的自然权利还有一定的距离。对格劳秀斯来说，社会性以及社会生活中对他人的义务构成了权利的基础，这种先于权

---

① 转引自〔美〕迈克尔·扎科特：《自然权利与新共和主义》，王崟兴译，吉林出版集团有限责任公司2008年版，第190页。

② 〔荷〕胡果·格劳秀斯：《战争与和平法》，何勤华等译，上海人民出版社2017年版，第21—22页。

> **霍布斯**：自然权利
> ＝自我保存的权利
>
> **洛　克**：自然权利
> ＝舒适生活的权利

利的义务显然是主体性自然权利所极力反对的。

可以说，霍布斯是现代主体性自然权利学说的真正创立者。霍布斯将自然权利建立在人类或所有存在物共有的普遍习性之上，这种自然权利不必承担任何对他人的义务。在他那里，自然权利就是：

> 每一个人按照自己所愿意的方式运用自己的力量保全自己的天性——也就是保全自己的生命——的自由。因此，这种自由就是用他自己的判断和理性认为最适合的手段去做任何事情的自由。①

这种自然权利指向个人的"自我保存"，因此，一切被自我保存所需的东西都在这种权利的要求范围之内。在霍布斯之后，洛克是自然权利论者中最为重要的政治思想家，他是"所有现代自然权利论的导师中，最为著名和影响最大的"②。在洛克那里，财产权被视为一项最为根本的自然权利。这里的财产权是一种广泛意义上的财产权，它包括生命、自由与财产等权利。

> **公民权利**
> 是指国家通过实证法规定的自然权利

第三节　公民权利与现代政治秩序

> 行政权力的受任者绝不是人民的主人，而只是人民的官吏。
>
> ——卢梭③

公民权利是特定政治共同体之下的公民基于公民身份拥有的权利。早期现代以降，自然权利被视为现代政治秩序的基础，政治共同体是在自然权利的基础上建构起来的。因此，要理解公民权利就需要理解现代政治，要理解现代政治则需要理解现代政治何以从自然权利的基础上建立起来，从而在自然权利—现代政治秩序—公民权利三者之间具有逻辑上的连

---

① 〔英〕霍布斯：《利维坦》，黎思复、黎廷弼译，商务印书馆1985年版，第97页。
② 〔美〕列奥·施特劳斯：《自然权利与历史》，彭刚译，生活·读书·新知三联书店2016年版，第168页。
③ 〔法〕卢梭：《社会契约论》，何兆武译，商务印书馆1980年版，第127页。

贯性。

既然在前政治状态（自然状态）之下，自然权利便已然存在，那么，人们为何以及如何走出前政治状态，建立政治秩序，从而在特定的政治秩序之下获得基于公民身份的公民权利呢？政治秩序下的公民权利具体包括哪些？为此，我们主要借助霍布斯和洛克的政治思想来考察这些问题，正是他们开启了现代国家的大门，奠定了现代政治秩序的基础。

▶ 霍布斯：利维坦与生命权

霍布斯的国家建构理论遵循着一条"自然状态→人性论→社会契约→国家"的基本线索。"自然状态"在霍布斯的国家学说中扮演着重要的角色，它与其说是人类生活的一个实际性阶段，不如说它是霍布斯为分析人性而专门设计的一个思想试验场。霍布斯将自然状态描述为"没有一个共同权力使大家慑服"的状况。①从这一表述可以看出，政治社会与自然状态的根本区别在于是否有"公共权力"的存在，自然状态下不存在只有在政治社会之下才能建立起来的人为制度和公共权力。在霍布斯那里，身处自然状态的人是"自然平等"的且拥有完全的"自然权利"，之所以说是"完全或充分"的自然权利，是因为每个人都拥有对一切人与物的自然权利。

在自然状态下的人性界定问题上，霍布斯将"自然平等"作为理解人性的出发点。他指出："自然使人在身心两方面的能力都十分相等。"②这一自然平等并不仅仅是一般意义上的能力平等，最为重要的是人在面对死亡时的"自然平等"：

> 有时候某人的体力虽则显然比另一个人强，或是脑力比另一个人敏捷；但这一切总加在一起，也不会使人与人之间的差别大到使这个人能够要求获得人家不能像他一样要求的任何利益，因为就体力而论，最弱的人运用密谋或者与其他处在同一种危险下的人联合起来，

---

① 〔英〕霍布斯：《利维坦》，黎思复、黎廷弼译，商务印书馆1985年版，第94页。
② 同上书，第92页。

就能具有足够的力量来杀死最强的人。①

这表明,任何一个强者在仅仅依靠自然能力的情况下,并不能足以保证自己始终处于安全状态。人性的自然平等不可避免地会带来"安全状态"的缺失,这也是自然状态的根本缺陷。正是通过这种面对死亡的自然平等,霍布斯否定了古典政治学对人生所规定的目标或目的——至善。人生变成了一场永无止境的赛跑,"幸福就是欲望从一个目标到另一个目标不断地发展,达到前一个目标不过是为后一个目标铺平道路"②。在这场竞赛中,任何人都无法确信当前所拥有的是否足以保全自己,他们只好着眼于未来,而未来具有很强的不确定性。正是在这种极度不安与焦虑以及充满不确定性的自然状态下,人的普遍倾向表现为"得其一思其二、死而后已、永无休止的权势欲"③。

自然状态下人的另一个特点是拥有自然权利。从霍布斯关于自然权利的定义可以看出,第一,在自然状态中,每个人都有"自我保存"的权利;第二,每个人都可为实现这一目的而采取所有必要的手段;第三,对于手段的选择以及何种手段是最合适的,完全依靠个人的判断;第四,只要经过个人判断并认为对自我保存是必须的,则每个人都有权利去做或占有相应东西。从自我保存到"对一切东西的权利"的这一过程中,"使用手段权"与"私人判断权"成为两个关键的步骤,经过这两个步骤,自然必然性意义上的自我保存就转变为一种自由法权意义上的自我保存。自然状态由于"公共权威"不存在,因而就不存在"是非以及公正与不公正的观念"。所谓的"正当理性"不过是私人根据自己理性的判断尺度,而不是事物自然本性提供的公共尺度。④

私人判断权作为一种"正当理性",无可避免地会带来一个理性权衡的困境。每个人的私人判断权都是具有某种道德正当性的权利,当私人判断之间发生冲突时,该如何取舍?在私人判断权之下,个人是目的,个人

---

① 〔英〕霍布斯:《利维坦》,黎思复、黎廷弼译,商务印书馆1985年版,第94页。
② 同上书,第72页。
③ 同上书,第92页。
④ 同上书,第95—97页。

之外的一切（包括其他人）只是实现个人自我保存目的的手段而已。在这种情况之下，自然社会必然是一个一切人反对一切人的战争状态：生活于自然状态中的人类"不断处于暴力死亡的恐惧与危险中，人的生活孤独、贫困、卑污、残忍而短寿"①。正是自然状态存在诸多不便和缺陷驱使着人们走出自然状态，进入政治社会状态："对霍布斯而言，政治与其说是一种关于好坏的审慎抉择，不如说是一种事关生死的生存决断。"②

霍布斯希望从人性最深处找到现代政治的基石，因为人的情感或激情的力量往往比理性的力量更强、更直接、更具持续性。因此，霍布斯试图从人的激情中寻找走出自然状态的动力。

霍布斯指出："人的本性之中，可以想象得到的只有两种助力足以加强语词的力量：一种是对食言所产生的后果的恐惧，另一种是因表现得无须食言所感到的光荣或骄傲。"③"恐惧"与"骄傲"是人性中具有强大力量的激情，在选择何者作为人类走出自然状态的动力时，霍布斯选择了前者。因为在他看来，骄傲是危险的，它极易引起冲突与战争。霍布斯把利维坦称为"骄傲之王"，目的就是为了制服人性中的骄傲。他将恐惧视为人性中最正义的激情，甚至可能是唯一正义的激情。"在所有的激情中，最不易使人犯罪的是畏惧。不仅如此，当破坏法律看来可以获得利益和快乐时，（除开某些天性宽宏的人外）畏惧便是唯一能使人守法的激情。"④对霍布斯而言，恐惧不仅是正义的激情，也是最有利于共同体的激情，并且是人们走出自然状态的最大动力。

然而，仅仅依靠恐惧，人类是无法走出自然状态建立政治秩序的，还需要理性的帮助。但理性并不是任何时候都陪在人们身边的，它是被恐惧唤醒的。正如施米特所言："自然状态的恐惧驱使充满恐惧的个体聚集在

---

① 〔英〕霍布斯：《利维坦》，黎思复、黎廷弼译，商务印书馆1985年版，第94—97页；〔德〕施米特：《霍布斯国家学说中的利维坦》，应星、朱雁冰译，华东师范大学出版社2008年版，第130页。
② 〔美〕史蒂芬·B. 史密斯：《政治哲学》，贺晴川译，北京联合出版公司2015年版，第166页。
③ 〔英〕霍布斯：《利维坦》，黎思复、黎廷弼译，商务印书馆1985年版，第107页。
④ 同上书，第232页。

一起；他们的恐惧上升到了一个极点；此时，一道理性之光一闪；于是，一个新的上帝突然就站在我们面前。"①正是由恐惧唤醒的理性发现了"自然法"，这些自然法"禁止人们去做损坏自己的生命或剥夺保全自己生命的手段的事情，并禁止人们不去做自己认为最有利生命保全的事情"②。霍布斯将这些自然法分为"根本自然法"与"其他自然法"两类。根本自然法规定了个人应该通过放弃自然权利、制定契约的方式实现和平，主要包括两条：第一自然法，"每个人只要有获得和平的希望时，就应当力求和平"；第二自然法，"当一个人为了和平与自卫的目的认为必要时，会自愿放弃这种对一切事物的权利，而在对他人的自由权方面满足于相当于自己让他人对自己所具有的自由权利"。③总结起来就是：寻求和平，放弃权利。

出于自我保存的目的，自然状态下人们基于"对暴死的恐惧是人们最大的激情"，唤醒了沉睡在人性深处的理性，理性发现了自然法。这时就有了社会契约论这一"无中生有"的"创世"技艺，最终，人们走出自然状态成为可能。根据理性，人们相互间订立契约，放弃各自的权利，将它交由某一个人或一个由多人组成的集体，这个个人或集体把大家的意志转化为一个人的意志，把大家的人格转化为一个人的人格。大家服从他的意志，服从他的判断，这样一来，伟大的利维坦就诞生了。在霍布斯的"创世"技艺中，上帝被换成了"人民"，人民不仅是利维坦的质料，更是利维坦的创造者。霍布斯将利维坦称作"有朽的上帝"，它以保障人的生命权为目的。

▶ 洛克：有限政府与财产权

洛克接受了霍布斯的自然权利观念，坚持权利的优先性。人出于自然就有一种自我保存的欲望，人们的一切行为都是为这一自然目的服务的。只是洛克排除了霍布斯自然状态下的非理性要素（权势欲），仅仅保留了理性的部分（自我保存）。这样一来，洛克的自然状态看起来就充满了和平的味道。但这种和平的境况很快就变成了一种人人为己的霍布斯的境

---

① 〔德〕施米特：《霍布斯国家学说中的利维坦》，应星、朱雁冰译，华东师范大学出版社 2008 年版，第 130 页。
② 〔英〕霍布斯：《利维坦》，黎思复、黎廷弼译，商务印书馆 1985 年版，第 98 页。
③ 同上书，第 98—99 页。

况。由于自然状态下没有一个公共权威，自然法也没有一个监督其应用的人或公共机构，每个人都是自然法的裁判和执行者，即"自然状态下人人都有执行自然法的权利"①。然而，人们具有自私的性格和报复的心理。洛克写道："根据自我保存的权利，受害者拥有将罪犯的物品或劳役占为己用的权利，正如每个人基于他的保卫一切人并为此做出一切合理行动的权利，人人拥有惩罚罪犯，并防止此类犯罪行为再次发生的权利。"②

在洛克那里，财产权（生命、自由与财产）是一个最为核心的问题，财产权是人们实现自我保存的自然权利的基础。洛克认为，在自然状态的一开始，世界为全人类所共有。但自然物品若要为人类所利用，就必然需要被拨归私用。而在他看来，正是人的劳动使得共有财产转变成了私有财产。因为，一个人对自己的人身享有一种排他的自然所有权，其双手劳作的成果自然就属于他，"劳动是劳动者的无可争议的所有物"③。不过，每个自然人都是自然法的执行者这点势必会对人的自我保存以及作为自我保存之基础的财产权造成不便。为了克服这种不便，自然人才相互订约，交出且仅仅交出自然法的执行权，以设立政府作为一个共同的法官来施行共同裁判权。这个政府是基于人们的"同意"建立起来的，而且以保护公民的财产权为"重大的和主要的目的"④。但财产权有时也被洛克视为生命、自由与财产这些权利的集合。那么也可以说，国家的目的就在于保护人们的生命、自由与财产。而到了美国国父们那里，国家的目的被修正成保护人们的生命、自由与追求幸福的公民权利。

通过对权利进行思想史的追本溯源，可以发现，公民权利本质上是自然权利逻辑上的延伸，是自然权利制度化、规范化的体现。它是以自然权利为基础建立起来的现代政治秩序之下的公民身份为前提的，其具体的内容包括一些与自然权利本质内涵相一致的具体权利。

---

① 〔英〕洛克：《政府论》（下篇），叶启芳、瞿菊农译，商务印书馆1964年版，第8页。
② 同上书，第7页。
③ 同上书，第17—22页。
④ 同上书，第77—78页。

第四章
国家与社会

> 人的本质不是单个人所固有的抽象物，在其现实性上，它是一切社会关系的总和。
>
> ——马克思①

古希腊哲学家亚里士多德有句名言，"人在天性上是政治动物"②。后来，中世纪经院哲学家阿奎那对其作了意味深长的扩充，提出"人在天性上是社会的和政治的动物"③。根据亚里士多德的思想传统，人性规定着人类必须过一种社会生活和政治生活。因为人一旦踏出社会和政治的边界就无法完善自我的德性，即不能提升自己的理性和道德。这就好比说，当一个人像梭罗那样隐居在山间湖畔时，他就不能在德性上塑造自己，而顶多变得如孩童般单纯、善良。因为对于始终处于孤独状态的人而言，任何文明的产物既是不必要的，也是不可获取的。④ 由于人对德性有着自然的欲求，所以人就得生活在一种最能成就德性的共同体之中。人的需求决定

---

① 《马克思恩格斯选集》第1卷，人民出版社2012年版，第135页。
② 〔古希腊〕亚里士多德：《政治学》，吴寿彭译，商务印书馆1965年版，第7页。
③ 〔意〕阿奎那：《阿奎那政治著作选》，马清槐译，商务印书馆1963年版，第44页。
④ 关于19世纪美国作家梭罗的隐居生活，参见〔美〕亨利·戴维·梭罗：《瓦尔登湖》，苏福忠译，人民文学出版社2004年版。卢梭区分了善良和道德，前者为自然人或野蛮人所有，后者为文明人所有。参见〔法〕卢梭：《人类不平等的起源和基础》，李常山译，商务印书馆2012年版。

着国家和社会的品格和目标。

然而，在马基雅维利看来，无论是基督教还是古典作家，都对人性有着不可宽恕的误解。按照他的理解，"上帝国"和"理想国"源自人的伦理幻想，是人们不敢正视自己以及自己原本所处的真实境况的必然结果。实际上，人类原初生活在无序的、恐怖的状态中，这就决定了人最根本最迫切的需求不是德性而是安全。①马基雅维利的这一重要论断构成了整个现代政治理论的核心基础。一旦我们如此看待人性，国家和社会就会将关注点从公民的灵魂（无论是雅典式的还是耶路撒冷式的），移向公民的身体，尤其是身体的安全，即霍布斯所说的个人的自我保存。

第一节 需求、团体和社会

> 社会的目的在于尽可能地给它自己每个成员以必要的福利，保证每个成员能够满足自己真正的需要，而每个成员对社会应尽的义务则是为大众福利贡献自己的全部能力，以报答自己所获得的福利。
>
> ——皮佑②

▶ 需求的演变：从"勉强生存"到"舒适生活"

霍布斯被誉为现代政治思想体系的真正开创者。在《利维坦》中，他用阴郁的笔调描绘了一种前国家的状态——"自然状态"（the state of nature）。身处这种状态中的人们永不止息地受到求利、求安全和求名誉的自然激情或欲望的驱使，但又没有令他们慑服的公共仲裁者，最终他们必将陷入"每个人对每个人的战争状态"③。

---

① 〔美〕利奥·施特劳斯：《关于马基雅维里的思考》，申彤译，译林出版社2003年版，第66—114页。
② 〔法〕皮佑：《皮佑选集》，陈太先译，商务印书馆1963年版，第32页。
③ 〔英〕霍布斯：《利维坦》，黎思复、黎廷弼译，商务印书馆1985年版，第94页。

在这种状况下，产业是无法存在的，因为其成果不稳定。这样一来，举凡土地的栽培、航海、外洋进口商品的运用、舒适的建筑、移动与卸除需费巨大力量的物体的工具、地貌的知识、时间的记载、文艺、文学、社会等等都将不存在。最糟糕的是人们不断处于暴力死亡的恐惧和危险中，人的生活孤独、贫困、卑污、残忍而短寿。①

霍布斯以当时的美洲"野蛮人"即印第安人部落和各独立国家间的国际关系来说明这种人类状态的真实性。但更重要的是，他以自己的切肤之痛，即当时他的祖国英国正饱受保皇派和议会派的内战之苦，向我们深刻地揭示了人之为人的真实天性。人，最重要的激情就是对暴力死亡的恐惧，从而首要的需求就是保全自己的生命。②因此，基本的食物、衣物和居所等就构成了人类第一层次的需求，这就是所谓的生存权和发展权。

然而，日常经验也告诉我们，自我保存本身最终并不会真的令人满足。因为，人类欲望的膨胀永无止境。可以说，从勉强生存过渡到舒适生活也是人性使然。③洛克在《政府论》中开创性地论证了私有财产权的天赋性或自然性，从而为各种舒适的生活方式奠定了重要的经济基础。洛克也预设了一种自然状态，认为在这种状态的一开始，世界为全人类所共有。但自然物品若要为人类所利用，就必然需要被拨归私用。而在洛克看来，正是人的劳动使得共有财产转变成了私有财产。因为，一个人对自己的人身享有一种排他的自然所有权，其双手劳作的成果自然就属于他，"劳动是劳动者的无可争议的所有物"④。事实上，劳动不仅确立了天赋财产权，还鼓励个人不断地积累财富，"劳动的改进作用创造了绝大部分价值"⑤。洛克相信，人类对自然的利用和改进有益于生活条件的改善，"一个拥有广大肥沃土地的美洲部落酋长在生活的享受上还比不上英国的一个

---

① 〔英〕霍布斯：《利维坦》，黎思复、黎廷弼译，商务印书馆1985年版，第94—95页。
② 同上书，第97页。
③ 〔美〕列奥·施特劳斯：《现代性的三次浪潮》，载刘小枫编：《苏格拉底问题与现代性——施特劳斯讲演与论文集：卷二》，华夏出版社2008年版，第38—39页。
④ 〔英〕洛克：《政府论》（下篇），叶启芳、瞿菊农译，商务印书馆1964年版，第17—22页。
⑤ 同上书，第21—27页。

日工"①。

舒适生活的合理性得到了哲学上的证明，人类的需求就名正言顺地从第一层次拓展到更高级的层次。食物已不再只是果腹止渴的东西，它们日趋多样而复杂，我们不仅可以自由选择吃什么喝什么，还能够自由选择进餐的时间、地点和环境。衣服也不再单纯是为了裹体、避寒和保暖，而是更多地以舒适度和时尚感来衡量它的价值。住宅也不只是用来遮风挡雨的粗陋建筑，它变得美观别致，甚至还要具有艺术风格和建筑学意义。总之，随着现代文明的推进，人类需求的演变从客观到主观，从简单到复杂，从粗糙到精细。

❯ 多样的团体：不同需求的满足

那么，一个人如何有效地满足自己多种多样的需求呢？霍布斯指出，每个人都是在追求自身利益的最大化。也就是说，人与人之间的关系首先是一种竞争关系。但当任何人都不择手段地寻求自我的利益和优势以压倒一切构成妨碍的竞争对手时，人类就注定会陷入相互敌视乃至自我毁灭的境地。因此，需要对竞争作出限制，并在此基础之上学会合作。②唯有某种程度上的合作，方能更好地实现个人的欲求。同时，既然人们的需求如此多样，那么人们的合作形式也势必会非常丰富，这就是我们会身属许多团体的原因。

在人生的初期，我们因为出生或血缘而自然地属于家庭这个团体。家庭需要养活和照顾其每一个成员，为此往往还需要有意无意地确立一些规则来确保其日常运转和伦理秩序。在国家和社会中，家庭作为一种初始团体，它的一些功能会在不同程度上转让给其他团体，尤其是生产功能和教育功能。例如，某个人在达到法定学龄以后，会去不同层级和性质的学校接受社会性教育，以满足自己对知识或技术的需求；而在经历这一阶段后，这个人可能会在某个企业从事某项工作，以便谋取个人财富或实现人

---

① 〔英〕洛克：《政府论》（下篇），叶启芳、瞿菊农译，商务印书馆1964年版，第27—28页。
② 〔英〕霍布斯：《利维坦》，黎思复、黎廷弼译，商务印书馆1985年版，第97—108页。

生价值。在这一过程中，此人有可能会成为宗教信徒或社会组织成员，通常还会选择结婚以组建新的家庭。总而言之，一个人在一生中可能会加入的团体主要包括：家庭团体、教育团体、经济团体、社会组织团体、宗教团体以及国家团体。①其中，随着现代市场经济的推广和深入，每个人都自觉或不自觉地被卷入到经济活动中，因此经济团体在我们的生活中所占比重日趋增大，在生产、分配和消费的全过程发挥巨大的作用。可见，我们每个人都隶属于一些团体，任何一个团体都不可能覆盖所有个人利益。

▶ 社会的诞生：吸纳不同的团体利益

既然一个人的诸多需求之间时常会发生冲突，那么不同团体之间出现矛盾和碰撞也在所难免。西塞罗举过一个非常经典的例子：

"若是父亲抢劫庙宇，或者挖地道通向国库，儿子应该向官员告发此事吗？"这无疑是犯罪行为，不过如果父亲受到控告，儿子仍然应该为父亲辩护。"这就是说，在履行各种义务时，国家并不处于优先地位？"国家无疑应该处于优先地位，但是孝敬父母于国家有利。"什么？如果父亲企图篡夺王位，企图出卖国家，儿子也要保持沉默？"他应该恳求父亲，要他不这样做；如果恳求达不到效果，那他应该指责父亲，甚至威胁父亲；最后如果事情关系到国家安危，那他就应该把国家的安全置于父亲的安全之上。②

可以说，家与国之间的内在张力是所有团体性冲突之中最为根本的，因为血缘关系不能由我们选择，同时也是我们最难以割舍的东西。当然，我们还可以举出很多其他方面的例子。比如，一个企业竭尽所能地追求利润，但这样做的时候可能会与环保组织所奉行的原则背道而驰；一个人信奉某种宗教教义，但他所受的教育可能会期望他对这种教义保持理性的反思。每个团体都要求其成员忠诚，但人的需求复杂多样，这些忠诚必然会

---

① 〔美〕莱斯利·里普森：《政治学的重大问题——政治学导论》（第10版），刘晓等译，华夏出版社2001年版，第34—37页。
② 〔古罗马〕西塞罗：《西塞罗文集（政治学卷）》，王焕生译，中央编译出版社2010年版，第466页。

是片面的，有时候甚至是对立的。

如何解决团体冲突问题？只有找到一种能够包容全部较小的、有限的团体的大联合体，让它以更高的利益来吸纳所有部分或次要的利益，才有告别冲突、走向统一的可能。①这一大联合体就是所谓的社会，它包含并超越所有团体及其相互关系。社会并非各个团体的总和，正如每个团体并非其单个成员的简单汇总。正是因为社会代表着某种更高的或共同的善和目标，多元化的、竞争性的团体才有可能不相互损害，从而才有可能被整合进同一种秩序之中。总之，看似对立的多元原则与一元原则在这一意义上并非不可调和。

第二节　国家的职能和手段

> 权力与财富，甚至德行本身，其所以被人爱重，也都是因为它们能够增进我们的幸福。
>
> ——洛克②

▶ 国家的第一项基本职能：保障公共安全

社会的有效运转离不开国家，因为只有国家才是冲突或分歧的最终仲裁者。③古希腊历史学家希罗多德就曾讲过古米底王国的故事：

> 那时米底人是分散居住在各个村落里的，没有任何中央权力，结果米底全境都处于一种无法无天的状态。当时在本村落中已经是知名人士的代奥凯斯，比以前更加忠实地、热心地努力在他的同胞中执行正义。他相信，正义和非正义永远是相互斗争的。因此，他在开始这

---

① 〔美〕莱斯利·里普森：《政治学的重大问题——政治学导论》（第10版），刘晓等译，华夏出版社2001年版，第40页。
② 〔英〕洛克：《教育漫话》，傅任敢译，人民教育出版社1985年版，第127—128页。
③ 〔英〕洛克：《政府论》（下篇），叶启芳、瞿菊农译，商务印书馆1964年版，第59—60页。

样做之后，同村社的人们看到他的正直行为，很快就推举他作为一切争端的仲裁者。代奥凯斯一心想获得统治权，处处展示自己是一个诚实而正直的仲裁者。他采用这些办法，不仅赢得了本村落同胞的信任，甚至引起了生活在周围其他村落的人们的关注。他们长期以来遭受着不公的和强制性的审判的折磨。于是，他们听说唯有代奥凯斯才是正直无私的，只有他能作出公正审判的时候，他们很愿意到代奥凯斯这里来，请求他裁决他们的各种争端和诉讼。最后，人们只相信代奥凯斯一个人，不再相信其他任何人。

于是来到他这里倾诉的人日益增多，因为人们听说由他裁决的讼案，最终结果都符合事实。当时代奥凯斯觉得自己已经赢得了众人的普遍信任，于是就宣称，他不想再继续听取众人的倾诉了，也不想过多地出现于他经常坐的那个位置上来执行正义了。他说："我一天到晚都在调解别人的事务，而顾不上自己的事情，我个人付出劳动，却一无所获。"因此，在米底人各个村落，劫掠和不法行为重新出现，甚至比此前还要猖獗了。米底人为此从各地聚集到一起，来讨论当前的局势。我认为，讲话的主要是代奥凯斯的朋友们。他们说："如果情况再这样下去，我们就无法在这个地方继续生活了。让我们给我们自己推举一个国王吧，这样这个地方才能得到良好治理，这样我们自己才能各安其业，不致因无秩序的混乱状态而被弄得家破人亡了。"米底民众大会觉得这些意见在理，他们便决定推举一个国王。

随后他们马上就要确定选谁来担任国王。大家众口一词，愿意推举和拥戴代奥凯斯。于是，他们很快就一致同意由他来担任国王了。①

当个人或团体之间发生冲突的时候，就需要一个公认的裁决者通过一套公认的规则和程序来化解人们的分歧。这个裁决者就是国家，或者是作为国家意志执行者的政府。换句话说，国家或政府的一项职能就是保障公共安全。另外，既然人的需求首先是保存生命和财产，那么保障公共安全应当是国家或政府的首要或最必不可少的职能。若是没有代奥凯斯作为中

---

① 〔古希腊〕希罗多德：《历史》，徐松岩译注，上海人民出版社2018年版，第115—116页。

立的仲裁者，古米底人必定难逃"战争状态"的困境。正是他们的理性告诉他们，个人或群体单靠自身的力量无法真正有效地抵御那些危及人身或财产的伤害，只有诉诸联合，选举出某个公共机构，并首先赋予它以维护人民安全的职能，才不至于出现家破人亡、事业难持的糟糕境况。事实上，无论是在远古的以狩猎和畜牧为生的早期人类史中，还是在文明的以农耕为生的定居生活中，抑或是在现代人的工商业生活中，都反映出上述国家的第一职能。①要知道，"politics"（"政治"或"政治学"）一词源于古希腊词"polis"（"城邦"或"城邦国家"），后者原是指为一群聚众提供安全保障的堡垒或卫城。

国家的第二项基本职能：施行正义

无论是身体上的安全还是财产上的安全，都需要一套政治秩序来加以保障。麻烦的地方在于，能够实现这一功能的政治秩序并非一定合乎德性。有时候，纯粹"经济性"的措施在这方面似乎更管用。但我们绝不会因为希特勒在极短的时间内大幅度地改善了德国在第一次世界大战后萎靡的经济状况，就放弃对纳粹的人道主义批判。换言之，政治在根本上不同于经济，它不能被效率所统摄。因此，即便马基雅维利呼吁从灵魂向身体转变，但我们在寻求秩序的时候，仍然会像清醒后的米底人那样有着对正义的自然憧憬：自古以来，正义都是国家最重要的德性和品质。②所以，国家或政府要实现的第二项基本职能便是提供正义。

> 没有了正义，国家不过是一大群强盗。而强盗不过是一个小王国。团伙是人组成的，听首领的号令，通过盟约组织起来，根据共同认定的法律分赃。它如果不断招降纳叛，坏事日益增多，划定地盘、建立据点、攻占城池、统治人民，就越来越可以公然有国王之名。这个名字不是在去掉贪欲后才能获得，而是只要不受惩处就能得到。亚

---

① 〔美〕莱斯利·里普森：《政治学的重大问题——政治学导论》（第10版），刘晓等译，华夏出版社2001年版，第45—50页。
② 〔古希腊〕柏拉图：《理想国》，顾寿观译，岳麓书社2010年版，第73—74页。

历山大大帝俘虏的海盗就是这样回答他的，精彩而真实。国王审问他为什么要占领海面，海盗毫不屈服，说：你自己要抢夺整个地球，但是因为我的战船太小，所以你叫我强盗；因为你有巨大的战船，所以称为统帅。①

奥古斯丁这段经常被引用的绝妙文字清晰地说明，正义是国家的核心标志和基本功能。即便一个国家能够不择手段地保证公民的安全，但不择手段本身便表明这样的国家并非真正的国家，而与能够实现同样效果的抢劫集团无异，因为目的并不能证明手段的正当性。同时，从长远来看，国家只有施行正义才能真正地、持久地确保人民的利益，从而才能巩固自身的合法性基础，强盗终究时刻面临着遭受惩处的危机。这也是为什么西塞罗这位伟大的政治家在罗马共和国即将瓦解之际，要竭力为自己的国家寻找正义的根基的原因。②

▶ 治国手段：合法地垄断武力

如果说安全和正义是国家或政府的两项循序渐进且相互促进的目标，那么目标的有效达成需采取的手段是什么？手段必须与目的相匹配，国家若要为人民提供能够带来安全和正义的秩序，就得拥有可供其支配和使用的合法武力，准确地讲是国家能够合法地垄断武力。

> 国家者，就是一个在固定疆界内肯定了自身对武力之正当使用的垄断权利的人类共同体。就现代来说，特别的乃是：只有在国家所允许的范围内，其他一切团体或个人，才有使用武力的权利。因此，国家乃是使用武力的"权利"的唯一来源。③

对一国公民的财产或生命的伤害既可能来自国家内部，也可能来自国

国家的两种基本形式：
传统国家：城邦、帝国
现代国家：民族国家

民族国家的基本要素：
领土、主权、人民、国家统治体系

---

① 〔古罗马〕奥古斯丁：《上帝之城：驳异教徒》（上），吴飞译，上海三联书店2007年版，第137—138页。
② 参见〔古罗马〕西塞罗：《西塞罗文集（政治学卷）》，王焕生译，中央编译出版社2010年版；〔古希腊〕普鲁塔克：《希腊罗马名人传》（上册），陆永庭等译，商务印书馆1990年版，第370—372页。
③ 〔德〕马克斯·韦伯：《韦伯作品集Ⅰ：学术与政治》，钱永祥等译，广西师范大学出版社2004年版，第197页。

家外部。无论哪种情形,国家都必须拥有对危害公共秩序者施以武力的权利,为此它会设置警察、法庭、军队等组织或机构。武力虽说不是国家唯一的治理手段,但却是最必不可少、最本质性的治理手段。不仅如此,国家还必须垄断武力,而其他团体或个人使用武力的权利必须得到国家的承认。因为,不为国家所控的任何武力都会限制国家职能的履行,甚至会形成抵抗政府的不法势力。①不论是罗马共和国晚期频繁出现的军事首领夺权,还是当代中东、拉丁美洲和东南亚一些国家的军事政变,乃至在全球猖獗肆虐的恐怖主义活动,无不揭示出国家掌控一切武力的必要性。

不过,国家对武力的垄断必须是合法的或正当的。在现代政治语境下,这是指这种垄断需要基于人民的同意或契约,既可以采用明确的形式,也可以是默示的形式。每个人通过契约或同意,将自身的一部分权力或力量交给社会,进而转让给政府或国家,以便公共秩序和个人权益得到有效维护。②只有当国家以正确的方式,且为了正确的目的行事,才可以掌握并支配一切权力,从而才享有人民赋予的权威。倘若一个国家背离人民的初衷,将手段视为目的,从而不合法地使用暴力,那么它就不可避免地蜕变成专制国家。

第三节 国家和社会的关系

> 黑格尔把市民社会和政治社会的分离看作是一种矛盾,这是他比较深刻的地方。
>
> ——马克思③

国家和社会的区分始于中世纪,而在之前的时代,西方世界通常并不会对政治活动的范围进行限制。在古希腊,城邦既涵盖国家(state)也涵

---

① 〔英〕霍布斯:《利维坦》,黎思复、黎廷弼译,商务印书馆1985年版,第98页。
② 〔英〕洛克:《政府论》(下篇),叶启芳、瞿菊农译,商务印书馆1964年版,第54页。
③ 《马克思恩格斯全集》第3卷,人民出版社2002年版,第94页。

盖社会（society）。城邦规定并监管着个人的经济、宗教等领域的一切生活，这主要是为了培育公民德性。①而那些想要远离公共生活而享受私人生活的人会被称作"idiotēs"，即英文中的"idiot"（"白痴"）。但随着伯罗奔尼撒战争的爆发，马其顿帝国和罗马帝国相继崛起，城邦的时代让位给了帝国的时代。在新的时代里，个人与政治的关系逐渐淡化，这就需要一种新的哲学来为人们在混乱无序的转型期的安身立命奠定基础，而承担起这项使命的主要是廊下派和伊壁鸠鲁派。在这两个学派看来，人类的幸福在本质上并不取决于政治，而只与个人宁静的生活尤其是宁静的心灵有关。这种观点使得个人从原本统摄一切的政治生活中解放了出来，从而为政治设限提供了可能。②

▶ 宗教：中世纪的教权与政权

如果说廊下派和伊壁鸠鲁派是以心灵哲学来应对社会无序的问题，那么后来在精神气质乃至教义上与廊下派多有关联的基督教则以启示宗教来整合失序的人心。基督教通过罗马"大熔炉式的"文化政策而逐渐取得优势地位，直到君士坦丁大帝改信基督教时，罗马帝国进入了教会—国家的二元化时代。在西罗马帝国灭亡之后，这种基本的二元格局主导了西欧一千多年的政治历史发展。由于教会的存在，国家权力失去了垄断地位，政权与教权的分野和冲突构成了威胁政治秩序的主要因素。但也正是因为这样，政治行为的界限与社会活动的领域之间不再那么纠缠不清。

贯穿着整个基督教政治理论的是这样一句著名的论断："凯撒的物当归给凯撒，神的物当归给神"。事实上，奥古斯丁关于"上帝之城"和"地上之城"的区分也反映了这句名言的要旨。根据基督教传统，有朽的身体属于世俗或物质世界，而不朽的灵魂则可以通过上帝的救赎而进入天堂。这种传统的价值观念一旦付诸实践，势必会导致教权与政权的分离问

---

① 〔古希腊〕柏拉图：《理想国》，顾寿观译，岳麓书社2010年版，第222—247页；〔古希腊〕亚里士多德：《政治学》，吴寿彭译，商务印书馆1965年版，第3—42页。

② 〔德〕黑格尔：《哲学史讲演录》（第3卷），贺麟、王太庆译，商务印书馆1959年版，第3—47页。

题。因为，教会最初被视为天国的尘世代表，负责拯救灵魂并使人获得永恒的来世；而国家则承担此世的和身体的事务。为此，早期罗马教皇格拉希乌斯一世提出了著名的"双剑论"：教会手握的灵性之剑与国家握有的世俗之剑相分离，正如个人的灵魂与肉体相分离，两把剑不能合二为一，为同一个机构掌握。总之，教会限制了政治权力，将人的精神领域从世俗生活中分离出来。不过，中世纪史表明，两把剑始终纠缠在一起，无论是国王还是教皇，都想要让另一把剑臣服于自己手中的剑，或者直接手握两把剑。可见，中世纪时期的政治理论无法为国家与社会的划分提供充分的基础。

▶ 宗教：新教革命后的个人信仰与国家权力

13世纪至17世纪，西欧爆发了异端运动和新教改革运动。在运动中，天主教会的权威地位遭到了否定，英国国教、路德教以及其他新教教派都坚称自己掌握了天国密钥，个人在精神事务上再也没有统一的权威了。那么，天主教与新教之间、各个新教教派之间能彼此宽容共存吗？国家是应该扶持某个派别的宗教作为唯一正统的宗教而支持迫害其他教派，还是应该在面对分化的宗教局面时保持中立？

1689年，洛克匿名出版了《论宗教宽容》。在这本书中，他将启示宗教降格为公民宗教或公民道德，反对各种宗教迫害、政教不分的观念和实践，提出了政教分离和宗教宽容的主张。①事实上，孟德斯鸠也持有类似的观点。在他看来，"不管你信奉什么宗教，遵守法律、热爱人类、孝顺父母从来都是首要的宗教行为""信奉宽容宗教的人，通常比信奉占统治地位的人，对祖国更为有用"，国家应当包容不同的宗教，即实现政权与教权的彼此分离。②在经历血腥而野蛮的斗争之后，人们逐步将这些宗教原则付诸国家建构和制度建设之中。英国在光荣革命之后尤其是在1820年以后，逐渐容忍宗教上的不同立场和意见，国家不能插手基于个人选择的信

---

① 参见〔英〕洛克：《论宗教宽容·致友人的一封信》，吴云贵译，商务印书馆1982年版。
② 〔法〕孟德斯鸠：《波斯人信札》，梁守锵译，商务印书馆2010年版，第77、161页。

仰领域。而在美国，自最初的宪制设计开始，就把保护信仰的自由和禁止设立国教作为立国基础之一，正如美国《宪法》第一修正案开篇所规定的，国会不得制定关于确立宗教或禁止自由从事宗教活动的法律。①

▶ 经济：现代市场与国家权力

基于个人主义的宗教最终限制了国家的权能，而建立在同样基础之上的经济生活也在限制国家权能方面做出了关键的贡献。洛克、孟德斯鸠在自己的政治学说中大力提倡商业共和国，努力以经济来约束政治，甚至政府的目标就在于"保护私有财产"，因为贸易与自由息息相关。②差不多同一时期的法国重农学派在反对重商主义时，也将国家权力限定在一定范围之内，而把经济留给了公民的自由领域。1776 年，古典经济学家斯密出版了具有划时代意义的《国民财富的性质和原因的研究》（又称《国富论》）。书中断言，每个人都自然地追求个人利益或物质财富的最大化，并且能够盘算出实现这一愿景的最优途径，当人人为己而相互竞争的时候，市场或经济活动像是被一只"看不见的手"或自发的秩序所支配，最终将导向整个社会的繁荣与和谐。③这幅思想图景尽管有些夸张甚至不乏谬误，但被后来的一些思想家所继承和发展，乃至成为一种主流的思想模式。

> 在所有较为文明的社会，政府插手做的绝大多数事情，还是不如由或者让具有最大利害关系的个人来做得那么好。其所以如此的原因，在一句人们常说的话中相当精确地道了出来：个人要比政府更了解自己的事情和利益，并能更好地照顾自己的事情和利益……例如，政府是经营不好工商业的……总之，一般应实行自由放任原则，除非

---

① 〔美〕莱斯利·里普森：《政治学的重大问题——政治学导论》（第 10 版），刘晓等译，华夏出版社 2001 年版，第 146 页。
② 〔英〕洛克：《政府论》（下篇），叶启芳、瞿菊农译，商务印书馆 1964 年版，第 25—31 页；〔法〕孟德斯鸠：《论法的精神》（下册），张雁深译，商务印书馆 1963 年版，第 4—11 页。
③ 〔英〕亚当·斯密：《国民财富的性质和原因的研究》（上卷），郭大力、王亚南译，商务印书馆 1972 年版，第 27 页。

某种巨大利益要求违背这一原则，否则，违背这一原则必然会带来弊害。①

经济领域中的各种因素及其相互关系纷繁复杂，国家的干预容易破坏和扰乱该领域中的微妙平衡，总之应该在一定程度上扩大经济法则的运作范围。随着工业革命的爆发，经济学的思考被广泛应用到社会实践当中。新的技术发明和生产方式改变了先前的工业进程，并创建了新的经济结构。传统的手工作坊被机器大生产所取代，工人只能受雇于雇主，去工厂工作，而商业公司是整合个人资产的重要途径。英国经过1832年的议会改革、1846年废除《谷物法》和1849年废除大部分航海法案，确立了自由贸易政策。这种经济自由化取向不仅作用于对外贸易，也支配着国内贸易。而在美国，南北战争之后，特别是在19世纪的西部大开发中，自由放任政策得以大规模地施展，勘探者、冒险家、商人等群体意识到应该更多地依赖自己而非公权力。

经济力量的扩张给人们提供了舒适与便利，实现了高水平的物质生活，但也容易吞没社会中的其他团体，这就造成了社会的逆向运动。工会、环保组织、国家等团体希望经济回归到"嵌入"社会的状态，以求创造出一种新的平衡局面。不过，无论如何，经济与政治之间基本的二元格局并没有遭到彻底的否定，也就是说，经济对国家权限始终保持着制约作用，只是随着国内国际情势的变化，制约的程度会有所不同。

就这样，宗教和经济，基于个人主义诉求，分别从精神性层面和物质性层面对国家或政府的权能作出了最重要的限定。因此，国家与社会之间的界限并非完全模糊，而是具有基本的轮廓。社会正是在与国家的互动中成就了自身，反过来，国家也在这一过程中与社会实现了一种更加和谐、均衡的关系。

---

① 〔英〕约翰·穆勒：《政治经济学原理及其在社会哲学上的若干应用》（下卷），胡企林、朱泱等译，商务印书馆1991年版，第536、539—540页。

第五章
政治价值与意识形态

本章首先对政治价值和意识形态进行整体性把握,继而从正义、自由、平等、民主视角审视政治价值的具体内容,从自由主义、社会主义、保守主义、民族主义出发引介政治意识形态,以帮助读者全方位地了解政治价值和意识形态,并初步建立关于政治价值和意识形态的认知框架。

第一节 政治价值与意识形态概览

> 在政治上,如同在宗教上一样,要想用火与剑迫使人们改变信仰,是同样荒谬的。
>
> ——汉密尔顿[1]

案例:民营化与逆民营化的争论

西方公用事业的民营化浪潮发生在二十世纪八九十年代,其中英国、新西兰、澳大利亚等国家实施得最为彻底。以英国航空业为例,受到国家政治干预等诸多因素的影响,英国航空国有化时期长期处于亏损状态。为改变航空运输业规模小的尴尬局面,英国政府将9家航空公司合并成为英航,但合并结果却与政府初衷截然相反,合并后的英航并未

---

[1] 〔美〕汉密尔顿、杰伊、麦迪逊:《联邦党人文集》,程逢如等译,商务印书馆1980年版,第5页。

实现预期效益，相反，其内部人员冗杂、机构臃肿，企业效率低下，1974年和1975的增长率均为负值，分别是-1.1%、-0.7%。撒切尔夫人上台后，力争将英航从政治工具转变为商业化组织，因而将营利这条企业生命线作为英航改革的首要目标，即英航需要追求利润。此时，优胜劣汰的市场竞争机制发生作用，英航开始寻找各类企业家资源，允许资本进入航空领域，并大规模地裁减人员、采用新技术和新的管理方式，进行了一场以顾客为中心的市场开发活动。经过多方努力，1983—1986年，英航营运收入增长了49.4%，营运开支仅增长了38.3%，全员的劳动生产率增长了40%。

随着公用事业民营化实践不断推进，这股浪潮越来越大，但问题也接踵而至。部分理论界和实务界人士开始批判民营化，主张进行逆民营化改革，即政府开始回购或回收被民营化的公用事业。逆民营化改革率先发生在美国和西班牙。以美国机场安全人员的回转为例，为顺应西方世界民营化浪潮，美国曾经一度将机场安全人员全部转包给了私人承包商。此举不仅可以节约政府成本，减轻政府压力，而且可以提升安检的效率，既有益于政府也有益于民众，是一种双赢行为。但震惊世界的"9·11"恐怖袭击事件，暴露出了私人承包商在处理机场安全工作方面的系列问题。倘若私人承包商在安检过程中对恐怖分子进行了有效拦截，那么便不会出现这次恐怖袭击事件，也不会造成恶劣的影响。这对美国民众的心理影响不可估量，美国民众的安全感被严重地削弱了。基于此，美国联邦政府决定将28000名机场安全人员由私人承包商处全部转到联邦系统，这便是逆民营化改革的现实举措。

英国的民营化案例和美国的逆民营化案例展现出政府对待公用事业的不同态度。为什么会出现这种差异？政治价值和意识形态在其中发挥了重大作用。民营化改革体现了效率价值在政府行为中的主导地位，而逆民营化改革则是政府出于公平、正义等价值的考量。此外，这也与执政党信奉的意识形态有关。民营化改革更多地体现出自由主义的味道，而逆民营化改革则彰显了保守主义的意蕴。那么什么是政治价值与意识形态？什么又是政治追求的正义、效率以及自由主义和保守主义？这些都是本章要探讨的内容。

政治价值与意识形态本身就是政治，它们对其他政治生活的影响总是无处不在。比如在公共政策制定过程中，掌权者秉承正义价值还是效率价值，或者说掌权者信奉自由主义还是保守主义等对公共政策的选择都会发挥影响作用，这便是政治价值与政治意识形态的奇妙之处。现实中，一些国家还会通过对别国进行和平演变、同化，将自身的意识形态和政治价值推广到这些国家。

倘若在正义价值的引领下，公民理应在任何情形下都被平等地对待，共同享有均等化的公共服务。当然这是一种正义观的极限追求，现实生活中很难做到。倘若在效率价值指导下，公民则会被划分为不同的群体，遵循"物竞天择、适者生存"的原理，如"允许一部分人先富起来，再由先富者带动后富者，最终实现共同富裕"。"允许一部人先富起来"就是对效率价值的践行，而"由先富者带动后富者，最终实现公共富裕"便更多地体现出正义价值。因此，政治价值也是在不断变化的，并且试图在变化中保持一种动态的平衡。

同理，信奉自由主义和保守主义的掌权者在选择公共政策时也会存在差异。古典自由主义（即今天美国人所称的"保守主义"）主张社会理应从政府干预中摆脱出来，因为政府干预会阻碍社会尤其是经济的发展。只有把政府排除在经济领域之外，让经济自行运转，才能真正地实现繁荣。正如托马斯·杰斐逊所言，"管得最少的政府就是最好的政府"[①]。在此种意识形态主导下，提倡政府干预市场行为的主张都是不被待见的，也难以获得掌权者的认可，执行起来也会遇到各种阻力。但现代自由主义者意识到，通过亚当·斯密所设想的完全依靠"市场这只看不见的手"来对经济进行调控其实是不可靠的。因为市场中存在着两极分化的趋势，一是容易滋生垄断；二是处于可怕的贫困境地的下层民众会越来越贫困，这会影响

---

① 据考证，这句话是后人假托杰斐逊名义所作，其实是后人对杰斐逊关于政府性质思想的概括。参见秦晖：《权力、责任与宪政——关于政府"大小"问题的理论与历史考查》，载《社会科学论坛》2005年第2期。

到社会秩序，激化阶级矛盾，最终影响政治安全。因此现代自由主义者主张对经济领域进行一定的干预，比如立法保障最低工资和工作时间、改善民众接受教育的机会等。

▶ 政治价值概览

> 从事自然科学的人不涉及价值，质子和分子无所谓好坏之分；然而社会科学家却要涉及价值，因为人是道德的存在，所以社会科学家不可避免地要潜心于价值问题，政治科学尤其如此。
>
> ——阿兰·艾萨克①

政治是集现实逻辑和价值于一体的产物，它既要讲逻辑，又要讲价值。早在春秋战国时期，中国的政治中便有价值因素存在，所谓"政者，正也"，便是政治价值的一种体现。可以说，"政治价值既为政治权力的运行设置价值目标和原则要求，也使得政治权力的存续存在一定正当性，从而成为政治得以稳固发展的必不可少的因素"②。

想要弄清政治价值的内涵须从认识"价值"开始。从事哲学价值研究的学者们普遍认为，价值主要是用来表示主客体关系的概念，即客体对主体的满足度。李德顺提出，"所谓价值，是特指主客体关系的一种内容，这种内容就是：客体是否满足主体的需要，是否同主体相一致、为主体服务"③。它与经济学语境下的价值存在着明显差异，经济学把价值视为商品的基本属性，即凝结在商品中的一般的、无差别的人类劳动。因此，对"价值"的界定应当至少包含三层含义：其一，从主客体关系来看，价值是客体对主体的一种满足；其二，从价值形成视角看，价值是主体力量的一种对象化；其三，从价值形成后对人的意义来看，价值有助于客体实现人的自由解放。

基于对价值的理解，我们把政治价值界定为表示政治主客体关系的一

---

① 〔美〕阿兰·艾萨克：《政治学的视野与方法》，张继武、段小光译，南京大学出版社1988年版，第80页。

② 胡水君：《开拓政治价值：政治德性与政治理性》，载《政治学研究》2014年第3期。

③ 李德顺：《价值新论》，中国青年出版社1993年版，第34页。

个范畴，它指的是政治客体对政治主体需要的满足程度，即包括政治个体和政治组织在内的政治人或政治主体对政治生活的需求。换言之，政治价值就是政治客体对政治主体所具有的意义。[①]

政治价值其实只存在于政治的主体和客体之间，是对政治主客体关系的一种反映。它在政治主体利用制度设计和政治宣传等手段表达对政治客体的认同、排斥、支持、反对的活动中体现出来，主要凝聚在政治理论和政治制度两个层面。政治理论，尤其是意识形态属于政治生活的精神、观念层面，需要以理性思维和价值导向来把握政治主客体之间的关系。人们可以在国家法律允许范围内探讨政治主客体关系究竟应当如何选择更好，实然的政治主客体关系与应然的政治主客体关系之间究竟存在哪些差距，如何才能缩小这些差距。政治制度是政治生活的物质、执行层面。它以明文方式规定了政治主客体之间的关系，受到国家强制力的保护。

政治价值与价值一样，也具有自身的一些特征。

1. 效用性

政治价值的首要特征是能满足一些群体的需要，这便是效用性。政治价值是政治主体为了维护自身利益而构建的一套理论体系，因此政治价值要满足政治主体的需要。倘若政治主体不需要政治价值的话，那么政治价值也就没有存在的必要了。应然状态下，政治价值与政治主客体之间是和谐的、匹配的。"政治乃是国家与政府以最大的集体合作的努力与活动谋求人民的生存、安全、和平、快乐、享受与发展的各种服务和措施，期以增进人民的最大福利。"[②] 但实然状态下，建构和谐的政治秩序一直存在各种挑战。毕竟政治价值也带有一定的阶级性，是统治阶级对被统治阶级实施统治的一种手段和工具，统治阶级与被统治阶级之间很难实现利益的平衡。

2. 多样性

政治价值的多样性是指政治价值的内容丰富多彩，并非一元化或者一成不变。政治主体的需求是多样化的，因而政治价值也会表现出多样性。

---

① 丁志刚：《政治价值研究论纲》，载《政治学研究》2004年第3期。
② 张金鉴：《政治学概论》，三民书局1979年版，第8页。

这些多样性的政治价值往往会形成一个系统，以整体形式出现在人们面前，从而满足政治主体的需要。如政治主体既有追求安全、秩序、稳定、和平的需求，也有追求正义、自由、民主、平等的需求，这些需求共同嵌入到政治价值中，成为政治价值的有机组成部分。需要说明的是，随着统治阶级的变更，即政治主体发生变化，政治价值可能会发生巨大的变化。当然，人类社会也存在一些共同的政治价值，这些政治价值成为人类社会的基本价值，如公平、正义等是任何统治阶级都应当树立的政治价值。

3. 客观性

政治价值是客观存在的，是对政治主客体关系的一种客观反映。究其原因：（1）政治主体的需要是一种客观存在，受到社会历史条件的制约；（2）政治客体是客观的；（3）作为体现政治价值内容的政治制度和政治理论也是客观的。这里有必要对政治价值和政治价值观的客观性与主观性进行说明。政治价值是客观的，政治价值观却是主观的，两者虽然只有一字之差，但属于不同的范畴。政治价值是政治哲学中的一个概念，而政治价值观是政治文化或政治思想中的一个概念。

4. 社会历史性

社会历史性是指任何的政治价值都是在特定的历史条件下形成的，也只有在特定的历史条件下才具有一定的现实意义。由于事物总是处于运动变化中，政治主体的需求当然也会随着社会的变化而发生变化，这时政治主客体之间的关系必然会进行调整，它若在政治价值中体现出来，就是政治价值的变化。而政治价值的变化根植于社会生产方式中，正如马克思所言："一切社会变迁和政治变革的终极原因，不应当到人们的头脑中，到人们对永恒的真理和正义的日益增进的认识中去寻找，而应当到生产方式和交换方式的变更中去寻找；不应当到有关时代的哲学中去寻找，而应当到有关时代的经济中去寻找。"①

> **意识形态概览**

政治意识形态根本不是政治活动半神圣的父亲，而是它尘世的继

---

① 《马克思恩格斯选集》第 3 卷，人民出版社 2012 年版，第 654—655 页。

子。它不是独立的预先策划的有待追求的目的性规划，而是从人们惯常从事参加的社会活动中抽象出来的观念体系。一切政治意识形态的谱系都表明，它不是由政治活动之前的预先策划所创造，而是由对政治样式的思考所创造。

——迈克尔·欧克肖特①

意识形态作为一个概念是由法国哲学家德·特拉西创造的，指向人们揭示观念的成见和偏见的根源性的"观念科学"。它带有强烈的政治色彩，时常成为政治攻讦的工具和目标。

关于何为意识形态，学术界的理解可谓丰富多彩，主要有以下几种代表性的观点：

1. 曼海姆对意识形态的区分

曼海姆将意识形态定义为"思想方式"，认为意识形态包含着两种不同的类别，一种是"全面"的意识形态，另一种是"特殊"的意识形态。②"全面"的意识形态主要是指对一种世界观或者生活方式的彻底信奉，"特殊"的意识形态主要是指现实与其利益不尽相符，以致对某类社会现实真相进行掩饰或者扭曲，这里面既包括主观上的有意识撒谎，也包括客观上的无意识掩饰等，它其实是特殊利益集团自我利益的一种体现。

2. 韦伯学说中的意识形态

马克斯·韦伯认为意识形态主要是指信仰体系，并通过对信仰体系的诠释来揭示意识形态的本质。众所周知，马克斯·韦伯以论述统治的合法性闻名于世，他认为每一种真正的统治形式都包含自愿服从的成分，无论是在传统型权威、魅力型权威下，还是在法理型权威下，如果完全遵循制度，国家不可能实现长治久安，但只有自愿服从这一点，尚不足以构成真正的统治，必须外加一个条件，即统治对象"对统治合法性的信仰"。而信仰体系便是说明某人、某组织或者其他主体为什么应该服从某种统治的

---

① 〔英〕迈克尔·欧克肖特：《政治中的理性主义》，张汝伦译，上海译文出版社2003年版，第43页。
② 〔德〕卡尔·曼海姆：《意识形态与乌托邦》，黎鸣、李书崇译，商务印书馆2000年版，第56—60页。

意识形态。

3. 马克思对意识形态的认识

虽然马克思没有像前人一样创造一套关于意识形态的理论学说，也没有对意识形态进行过统一的界定，但马尔库塞认为在马克思那里，意识形态至少包括以下三个层面的含义：其一，它是一项确定的文化。这种文化无法脱离社会存在，一方面是对社会存在的反映，另一方面又受到社会存在的制约。其二，它是对社会存在的解释。马克思主要关心的是统治阶级的思想如何上升为国家意志，成为社会的统治思想。其三，它是对唯心主义的否定。毕竟以往的哲学和历史唯心主义者都将观念这种东西看作是推动历史发展的动力之源。①

总之，作为一种统治工具，意识形态是代表统治阶级根本利益的情感、表象和观念的总和，其根本特征是自觉地或不自觉地用幻想的联系来取代并掩饰现实的联系。②

为了全方位地了解意识形态，明晰意识形态的特征显得非常必要。一般而言，意识形态具有以下几种特征：

1. 阶级性

意识形态存在一定的阶级性，即不同阶级由于他们的利益不同会持有不同的意识形态，而意识形态在社会中究竟处于什么地位，则是由其所代表阶级的地位来决定的。正如马克思、恩格斯所言："统治阶级的思想在每一时代都是占统治地位的思想。这就是说，一个阶级是社会上占统治地位的物质力量，同时也是社会上占统治地位的精神力量。"③ 因此，只要一个阶级成为统治阶级，那么这个阶级的意识形态便将成为整个国家的主流思想。

2. 现实性

虽然意识形态较为抽象，但它并不空洞，总是指向着现实。无论是主流意识形态还是非主流意识形态，都是为了维护或者批判某种政治制度，

---

① 杨光斌主编：《政治学导论》（第四版），中国人民大学出版社 2011 年版，第 88 页。

② 俞吾金：《意识形态论》，上海人民出版社 1993 年版，第 129 页。

③ 《马克思恩格斯选集》第 1 卷，人民出版社 2012 年版，第 98 页。

它们对现实生活具有很强的指向性。此外，社会成员愿意接受意识形态的教化，对意识形态作出认同与非认同的判断，也是出于对现实状况的考虑。因为当社会成员与统治阶级所有的意识形态相冲突时，其行为很难被社会所接受。

3. 总体性

意识形态是对各类具体意识的统称，是由政治思想、经济思想、法律思想、社会思想、艺术、教育、哲学、宗教等构成的有机的思想体系。其中，政治思想、经济思想与法律思想是反映统治阶级利益的最直接的方式，捍卫着统治阶级的政治统治地位。社会思想、艺术、教育等与政治的关系不如前者紧密，但与人们的日常生活息息相关。哲学和宗教是离政治现实最远的意识形态，但它们的作用却不容忽视。尤其在政教合一的国家，宗教在国家中的地位很高，直接影响着人们的信仰和行为。

4. 相对独立性

意识形态虽然产生于社会存在，也受到社会存在的制约，但它有自身特有的发展规律，是相对独立的，主要表现在以下几个方面：其一，意识形态的变化与社会存在的变化并非完全同步，意识形态既可能落后于社会存在的发展步伐，也可能超越社会存在的发展步伐。其二，意识形态的发展具有历史继承传统，即每一特定的意识形态都是在具体的社会经济状况的基础上产生并发展起来的，它总是与以前的意识形态存在一定的关联。当然，这种继承是相对的，是一个扬弃创新的过程。其三，意识形态之间是相互影响的，一种意识形态的产生与发展不仅受限于社会存在，也受到其他意识形态的影响。其四，意识形态对社会存在具有一定的反作用，它也具有能动性特征，会反作用于社会，给社会存在带来重大影响。

5. 隐蔽性

在阶级对立的社会中，意识形态其实是隐蔽的。"意识形态的悖论在于，它既要说出它所代表的统治阶级的根本利益，宣布这种利益是神圣不可侵犯的，又要竭力掩蔽这种根本利益，把人们的注意力转向细节或其他问题上……总之，意识形态既要让你知道它愿意让你知道的东西，又要让你不知道它不愿意让你知道的东西。"① 在诸多的意识形态中，与政治现实紧密相关的那些思想，如政治、经济和法律思想，它们的隐蔽性相对较弱，因为统治阶级需要通过这三种意识形态向全社会表达自身的要求。

第二节　政治价值

狐狸多知，而刺猬有一大知。

*——阿基洛科斯*②

一个人的工作付出是否应该得到相应的报酬？不同的人、不同性别的人做相同的工作是否应该得到相同的报酬？本地人与外地人在同一处以相同的方式闯红灯，是否应该接受相同的处罚？不同的人患相同的病是否应该得到相同的救治？这些问题的回答都涉及正义等政治价值在社会中的地位和影响。

政治价值内容包含着诸多方面，如秩序、和平、正义、自由、民主等都属于政治价值的内容范畴。这里主要选择正义、自由、平等和民主进行介绍。

▶ 正义价值

正义不仅是法学追求的永恒价值，也是政治学追求的永恒价值。在罗尔斯看来，作为人类政治活动追求的最高价值形态，"正义是社会制度的首要价值，正像真理是思想体系的首要价值一样"③。他所倡导的正义不仅仅局限于法律正义层面，而且包括事实层面的正义与结果层面的正义。因此，他主张对最少受惠者给予适当的补偿，从而减少社会中的不正义现象。但正义价值无论是在法学领域还是在政治学领域都是最难实现的价

---

① 俞吾金：《意识形态论》，上海人民出版社1993年版，第134页。
② 转引自〔英〕以赛亚·伯林：《俄国思想家》（第2版），彭淮栋译，译林出版社2011年版，第25页。
③ 〔美〕约翰·罗尔斯：《正义论》，何怀宏等译，中国社会科学出版社1988年版，第1页。

值。因为只要存在阶级之分，就意味着统治阶级会对被统治阶级进行剥削，而剥削是实现正义的最大阻碍。马克思认为，实现正义最关键的是要实现社会生产关系的合理化调整或变革，只有消灭私有制，消灭剥削，消除压迫，实现共产主义社会，人与人之间的关系才是真正的平等关系。[①]

正义常常可以表现为公平、公正，弗雷德里克森指出："公平意味着人与人之间的一种公正、正当和公道的精神或习性……它与自然权力或正义同义。"[②] 关于公平，亚当斯认为，一个人不仅关心自己的收入和付出，而且也关心自己的收入、付出与别人的收入、付出之间的关系。换言之，人们不仅关心个人努力所得到的绝对报酬，而且还关心自己的报酬与别人的报酬之间的关系，即相对报酬。

■ **知识栏：亚当斯公平的心理学基础**

假设 A_o 代表个人的收入，A_x 代表个人的付出，B_o 代表他人的收入，B_x 代表他人的付出，那么

(1) 公平状态为：$A_o/A_x = B_o/B_x$

(2) 非公平状态为：$A_o/A_x \neq B_o/B_x$

在此基础上，有学者认为政治哲学视角下"公平"概念的完整含义即为"收入与付出相符合、贡献与报酬相一致、权利和义务相对称，也就是责权利相结合"[③]。

依照不同的划分依据，正义可以被划分为不同类型。有的学者将正义划分为持有正义和分配正义，有的学者将正义划分为程序正义和结果正义，有的学者将正义划分为绝对正义和相对正义，这些划分方式都有一定的合理性。这里主要从绝对正义和相对正义的范畴来理解政治的正

[①] 文永林：《政治文明视阈下的公平正义价值探析》，载《江西社会科学》2011年第2期。

[②] 〔美〕弗雷德里克森：《新公共行政学》，曾冠球、许世雨译，智胜文化事业有限公司2007年版，第38页。

[③] 丁煌：《政策的公平性》，载《中国软科学》1993年第6期。

义价值。坦白地讲，在政治活动中没有绝对的正义，或者说绝对正义出现的概率非常低，几乎为零，因而在政治学领域将正义价值理解为相对正义价值更为科学合理。以社会分配政策为例，中国实行的是"按劳分配为主，多种分配方式并存"的社会分配方式，坚持在按劳分配的基础上，实现资本、技术、管理、信息等生产要素的合理调适，这便是相对正义价值指导下的现实例子。倘若依照绝对正义原则，国家采用"一刀切"方式进行社会分配，那么会极大地影响人们工作的积极性，从而对社会生产力造成冲击，因为"干多干少一个样"，人们的"经济人"本性将暴露无遗，"搭便车"现象将随处可见，消极、懒散的人不可能创造出更大的价值。

自由价值

"自由"这个概念源自西方文化体系。就文字表面来讲，主要是指人从约束中解脱出来，或者说处于一种不受约束的状态。它与正义一样，存在于社会生活的各个领域，各个学科对其理解也不尽相同。如果说哲学上的自由所指涉的主要是人与自然的关系的一种状态的话，那么政治学意义上，自由则是相对于奴役和专制而言的，所指涉的主要是人与社会的一种关系状态，即人与人之间、人与社会组织和政治组织之间的一种关系状态。比如，密尔给自由的定义是："自由意味着免于政治统治者的专横。"[①] 公民在选举中的投票是出于内心的自愿而不是外在的强制，这即是政治自由。在这种语境下，自由的对立面则是来自他人或者组织的控制。当个人不受到他人或者组织的控制时便是自由。密尔对自由的看法在学界影响很大，可以说，密尔看到了自由最为重要的一个方面，结合其生活的特定时代，其观点对防止政府专横、保护公民权利起到了重要的促进作用。

马克思主义者也对政治语境下的自由表达过自己的看法，如马克思认为政治自由是受到宪法和法律保障的参加国家政治生活、表达政治见解和

---

① 〔英〕约翰·密尔：《论自由》，许宝骙译，商务印书馆 1959 年版，第 1 页。

意愿的权利;① 列宁指出:"政治自由就是人民处理全民的、国家的事务的自由。"② 其实,自由是一种规范性价值,所谓规范价值就是由社会、历史、文化形成的一定规范所规定的价值。③ 即自由绝对不是凭空产生的,它根植于社会实践,形成于社会关系之中,来源于对规范交往关系的制度和规则的认可,并且又对这些制度和规则的合理性提供了解释的前提,它在本质上是人与人发展条件的基本要求,是人们对人与人关系应然状态的期许。

自由也从来不是超乎现实的抽象化事物,而是紧紧围绕着社会存在与人的发展。因此,在政治生活中,无论是对选择任何制度的论证,还是对某种制度的批评,自由都是一个难以或缺的价值维度。自由作为政治活动的价值之一,首先直接地表现为一项政治行动对个体和共同体的存在和发展的积极意义。这种意义必然体现在国家的政治、经济、文化方面等各方面,当然也就需要从多个方面来阐发这种价值。以国家移民政策为例,每个政府都拥有自由地制定移民政策的权力。美国作为一个典型的移民国家,从理论上讲,它应当施行较为宽松的移民政策,但美国政府在对待墨西哥等中美洲国家移民时,不同时期往往会施行不同的政策,整体而言以严格的移民政策居多。实施严格的移民政策显然会对国内政治、经济、社会、文化都产生一定的影响。在政治上,中美洲国家政府可能会与美国政府产生隔阂。在经济上,严格的移民政策虽然适当地保证了国内劳动力结构的平衡,但无疑增添了劳动力成本。在社会上,该政策可以减少由移民所引发的社会问题。

▸ 平等价值

"人生而平等"是经常环绕在我们耳边的一句话。平等是一个重要的政治哲学命题,但不同学科对平等的理解存在一些差异。如法学倾向于将"平等"理解为法律没有区别地适用于每一位公民,没有高低贵贱之分,

---

① 曾宇辉:《马克思的政治自由思想及时代价值》,载《中共中央党校学报》2006年第3期。
② 《列宁全集》第7卷,人民出版社1986年版,第114页。
③ 王军魁:《自由价值论》,中共中央党校2015年博士论文,第11页。

不允许任何人有超越法律的特权。而在政治学中，我们偏好将"平等"理解为所有受政府公共政策影响的公民在政府公共政策的制定、执行、评估中享有平等的参与机会，具有大致相同的影响力。① 这里主要强调的是平等在公共政策领域的适用，而公共政策可以说是政治活动与行政管理活动的起点。没有公共政策，这些活动便无法形成。

平等其实是政治哲学的一个基本规范，最先由自由主义者提出。平等可谓启蒙运动以来各种进步政治运动和进步理论的共同政治追求。平等价值在当代政治哲学中的凸显，罗尔斯起到了至关重要的推动作用。罗尔斯在论述自己的正义观时将正义与平等完美地结合在了一起。他所称的正义意味着平等，包括个人基本自由权利的平等、公民政治权利的平等和社会分配的平等。② 金里卡提出，现代政治理论面临着一些共同的难题，包括政府如何"平等关照和尊重"公民。正如德沃金所言："任何一种具有可信度的政治理论都分享着同一政治价值——平等。这些具有一定可信度的不同类型的政治理论都是'平等主义'理论。"③ 换言之，倘若政治哲学不再追求平等价值，那么它也就没有存在的必要了。

政治平等可以从形式和实质两个方面进行理解。从形式上看，政治平等主要体现为一定地域内的公民能够获得平等的政治身份，平等地享受政治权利。如年满18周岁的公民，只要未被剥夺政治权利，都应享有选举权和被选举权。国家针对某一社会群体的政策，只要公民属于政策作用对象的范畴，那么就应当与其他政策作用对象平等地适用政策，不能被排斥在该政策之外。从实质上看，政治平等体现为一定地域内所有的公民可以拥有平等的政治资源和政治能力，在政府公共决策过程中发挥相同的影响力。权利平等是政治平等的基础和前提，能力平等才是政治平等的核心。换言之，"正如经济主体必须具有免于严重的饥饿和营养不良的能力一样，公共行动者也必须具有避免被排除在公共生活之外且避免他们的看法长期

---

① 殷冬水：《政治平等：神话还是现实——政治平等的内在逻辑与实现路径的规范分析》，载《江海学刊》2015年第2期。
② 〔美〕罗尔斯：《正义论》，何怀宏等译，中国社会科学出版社1988年版，第56—58页。
③ 同上书，第5、7页。

得不到重视的能力"①。在现实政治生活中，由于受到很多因素的综合影响，平等政治能力的获得尚需时日，还需要国家和公民付出更多的努力。

民主价值

民主是现代政治的一种基本价值，对民主的诉求是现代世界政治的重要内容。不过，由于各国所处发展阶段不同，对民主的理解和期望也不尽相同。马克思主义者认为，民主是随着阶级和国家的产生而产生的，并且伴随着阶级的变化而发生改变。其实，作为政治上层建筑，民主是由一定的经济基础决定的，其本质就是人民当家作主，人民享有管理国家和社会事务的权利。② 在民主价值指导下，国家会给予公民参与政治的机会，倾听公民对国家事务的一些看法，并把这些看法作为决策的重要依据，让公民感受到自己就是国家的主人，能在国家事务的发展方向上发挥作用。就民主的本质而言，民主所解决的是国家权力归属问题。③ 民主之于现代政治的意义在于让个人作为公民拥有制度性参与政治进程的权利和资格。

民主价值具有一般意义。现代国家从理论上讲都应当追求民主，反对君主的独裁专制。只有民主才能更好地实现"主权在民"，保障民众的基本权利。这里有必要区分价值和形式。价值是一种指导理念，而形式是指导理念的现实表现。例如，美国搞所谓的三权分立、两党制以及两院制，只是美国民主的形式，并非美国践行民主价值的理念。民主形式向来是多样的，从未有过统一的标准。这些形式还会随着社会条件的变化而改变，如以往的举手投票随着科学技术的发展转变为现今的电子投票。这些民主形式的改变并不会对民主价值理念造成实质性影响。

民主是不同类型国家在政治层面所追求的价值。马克思和恩格斯在《共产党宣言》中便明确提出，"工人革命的第一步就是使无产阶级上升为

---

① 〔美〕詹姆斯·博曼：《公共协商：多元主义、复杂性和民主》，黄相怀译，中央编译出版社 2006 年版，第 94—95 页。
② 田改伟：《试论民主及其价值》，载《政治学研究》2006 年第 3 期。
③ 虞崇胜：《理性地认识民主——兼论民主价值的普适性与民主形式的多样性》，载《江苏行政学院学报》2011 年第 1 期。

统治阶级，争得民主"①。列宁指出，"没有选举制度，工人阶级就不会有这样的发展"②。毛泽东、邓小平等也对民主的重要性进行过论述。说到底，民主的本质就是国家权力的归属问题。倘若权力属于某个人就是君主制；倘若属于人民，就是民主。以决策遵循的原则为例，按照"服从多数和保护少数"的原则进行决策，就符合民主价值；反之，就不符合民主价值。这里面的"多数"和"少数"并非完全对立，也并非一成不变，而是会随着利益的变化而发生改变。亨利·罗伯特曾说："民主最大的教训，是要让强势一方懂得应该让弱势一方有机会充分、自由地表达自己的意见，让弱势一方明白，既然他们的意见不占多数，就应该体面地让步，把对方的观点作为全体的责任来承认，积极地参与实施，同时他们仍有权利通过规则来改变局势。"③

民主的实现不仅取决于其对于现代政治的价值，也依赖于民主的绩效。民主的绩效是多维度的，它既关乎国家权力自身的运行，也关乎民主是否有效支撑经济和社会的运行。

第三节　政治意识形态

> 必须时刻把下面两者区别开来：一种是生产的经济条件方面所发生的物质的、可以用自然科学的精确性指明的变革，一种是人们借以意识到这个冲突并力求把它克服的那些法律的、政治的、宗教的、艺术的或哲学的，简言之，意识形态的形式。
>
> ——马克思④

政治意识形态是政治学的一个重要研究领域，这里主要探讨自由主义、社会主义、保守主义和民族主义，通过对其发展历程和主要内容进行

---

① 《马克思恩格斯选集》第1卷，人民出版社2012年版，第421页。
② 《列宁全集》第37卷，人民出版社1986年版，第74页。
③ 〔美〕亨利·罗伯特：《罗伯特议事规则》，袁天鹏、孙涤译，格致出版社2008年版，第16页。
④ 《马克思恩格斯选集》第2卷，人民出版社2012年版，第5页。

梳理，让读者清晰地了解这几种代表性的政治意识形态之间的区别。

自由主义

古往今来，"自由主义"一词就充斥在不同政治学说、派系的目标和内容之中。作为一种政治意识形态，自由主义关注个人与政府之间的关系问题，强调最高目标是排除个体的一切受限制因素，从而实现个体自由。自由主义伴随着封建主义衰落、资本主义市场经济发展而不断地向前推进，核心理论和原则也处在发展变化中。自由主义一般可进一步分为古典自由主义和现代自由主义。古典自由主义建立在极端个人主义基础之上，反对任何形式的国家干预，信奉"管得最少的政府就是最好的政府"的理念，呼吁政府扮演"守夜人"角色，不要对市场行为进行任何干预。现代自由主义则支持对市场进行适度国家干预，更关注平等和正义。在美国，国家适度干预经济的主张在罗斯福新政后深植于社会之中，被称为"新自由主义"，从政治光谱的分布来看，美国民主党更为信奉新自由主义，加税是其典型表现；共和党更为信奉保守主义，减税是其主要主张。

古典自由主义主要以英国经济学家亚当·斯密、美国政治家托马斯·杰斐逊和思想家托马斯·潘恩为代表。亚当·斯密在其著作《国富论》中提出"自由放任"思想，认为政府干预会阻碍经济增长，国家干预形成的垄断扼杀了企业革新技术、提高效率的动力。而没有政府监管的自由竞争会促使优胜劣汰从而实现经济繁荣，因为市场本身就有一套较为成熟的运作体系，它可以依靠那只"看不见的手"实现对自我秩序的维持，政府倘若贸然干预市场，不仅会扰乱市场原有的秩序，对政府自身也是无益的。托马斯·杰斐逊认为"管得最少的政府就是最好的政府"。托马斯·潘恩认为国家是一种"必要的恶"[①]。一方面，国家是"必要的"，因为它确保了秩序和安全，保证各项协议得到执行和贯彻；另一方面，国家却是"恶"，因为国家限制了个人全面自由发展的空间。因此，古典自由主义主张建立一种更自由的理想社会，建立一种"守夜人"式的国家，免除对个

---

① 〔英〕托马斯·潘恩：《潘恩选集》，马清槐等译，商务印书馆1981年版，第3页。

人的任何干涉和限制，相信自由放任的市场经济本身就会促进经济繁荣、个人自由、社会公平正义。

在资本主义发展过程中，自由放任的社会容易出现一些不正义行为和现象，从而限制个人自由，比如贫穷的求职者面对富有老板严苛的压榨和过度廉价的劳动力购买时，始终无法站在对等地位与其进行平等对话。老板占据着绝对的主导权，他们可以选择是否雇佣你，并尽力地将劳动成本压榨到最低，以实现自身利益的最大化。这便是绝对自由观念指导下产生的社会不平等现象。它容易激化阶级之间的矛盾，从而影响政权的稳定。因此，以托马斯·格林、霍布豪斯为代表的现代自由主义者提出，国家应该承担相应的责任，支持国家在修正经济、社会福利等方面进行干预，支持"大政府"模式；认为政府可通过调节和控制手段避免经济体系中的不公平现象，从而促进经济持续发展。托马斯·格林认为，政府在社会福利方面的参与并不是在"干涉自由"，而是在行使一种"积极自由"，是保护困难群体的自由。霍布豪斯则更注重自由的社会意义，强调自由的社会整体性，认为困难群体并没有充分的自由，国家适度干预，可变消极自由为积极自由。不过，现代自由主义者对集体性措施和国家干预的支持附有一定的条件。他们关心那些确实陷入困苦生活的困难群体，目的是提升这个群体的能力，使之重新站立起来，为自身处境担负起责任。

总之，古典自由主义者主张将政府排除在市场之外，提倡的是一种"消极自由"，即尽可能地免除对个体自然的和社会的干涉、限制。现代自由主义则是将政府引入市场之中，转"消极自由"为"积极自由"，更关注平等和正义的实现。

▶ 社会主义

社会主义思想最早可追溯至16、17世纪，它主要代表了早期手工业者和贫苦人民对克服资本主义剥削的渴求，一般统称为"空想社会主义"，代表人物有圣西门、傅立叶等。随后社会主义分为"科学社会主义"和"民主社会主义"两大阵营，它们在实现社会主义的手段、目标等方面均存在一定的差异性。

19世纪40年代，马克思、恩格斯从辩证唯物主义和历史唯物主义的世界观和方法论出发，作出"社会主义最终将取代资本主义"的著名论断，创立了科学社会主义。20世纪，列宁在俄国革命实践中坚持和发扬马克思主义，坚持暴力革命，并确立了列宁主义；中国共产党人在坚持社会主义基本原则的基础上，也发展出了一条具有中国特色的社会主义道路，这些无疑都丰富着社会主义理论和实践经验。

另外，一批改良社会主义者放弃了传统马克思主义所坚持的通过暴力革命建立社会主义的信条，强调通过议会政治的和平形式过渡到社会主义，这便是社会主义的另一阵营"民主社会主义"。两个阵营的分歧不仅集中体现在实现社会主义的手段方式上，而且还集中体现在社会主义目标的性质本身上。民主社会主义主张建立"混合经济"，反对消灭私有制，提倡从再分配、福利和经济管理等政策出发重塑社会主义。

马克思是科学社会主义的发起者，其主张被后人统称为马克思主义。马克思不仅对资本主义进行本质上的道德批判，还竭力去发现社会和历史发展的性质。马克思主义的要素主要有辩证唯物主义、历史唯物主义、阶级斗争、剩余价值、无产阶级革命、共产主义等。其中，历史唯物主义是马克思主义的哲学基石，它强调经济生活以及人们生产和再生产其生活资料的条件的重要性。剩余价值是资产阶级与无产阶级之间不可调和冲突的起源。马克思认为，所有价值都来自在产品生产中耗费的劳动，但是资产阶级为了实现自身利益的最大化，只付给工人少于其劳动价值的工资，从他们身上榨取"剩余价值"。共产主义则是社会主义的高级发展阶段，那时不再有阶级的区分，无产阶级国家会完全"消亡"，在这个社会中，财富由所有人共同享有，"商品生产"制度将被"为需要生产"的制度所取代，后者才是真正满足人类需要的制度。

马克思主义理论在苏联率先得到了实践。列宁为马克思主义贡献了革命政党理论，他呼吁工人阶级不能在资产阶级的"糖衣炮弹"下妥协、屈服，需要成立"工人阶级先锋队"，由具有献身精神的职业革命家构成严密的政党组织来领导工人反对资产阶级的压迫，建立无产阶级自己的政权。斯大林则为苏联构建了一种正统共产主义的模式，1945年以后的很多社会主义国家纷纷效仿这种模式，如中国、古巴、东欧地区的社会主义国家等。

民主社会主义实则是相互妥协的产物，一方面它赞同资本主义是唯一可行的财富创造机制，但另一方面它又期望根据道德而非市场的原则来分配财富。当代民主社会主义思想的重要特征是关心社会中的困难群体，此举不仅限于社会主义传统，也吸收了自由主义的积极自由和机会平等的诉求、保守主义的家长式义务和关爱意识等思想。民主社会主义希望借助各种方式对困难群体提供帮助，从而提高自身的适应能力。但不管这些内容来自哪里，民主社会主义都是在再分配、福利主义以及社会公正的原则上来解释和阐明所有问题的。受到多种因素的影响，民主社会主义意识形态的影响力越来越弱。

保守主义

保守主义出现于18世纪末19世纪初期，它主要是针对以法国大革命为标志展开的政治、经济的急剧变迁而作出的批判，是对传统社会秩序的一种辩护。保守主义并不反对变迁，只是反对激进的变迁，而倾向于一种稳妥的变迁。保守主义崇尚传统，认为传统是人类智慧的结晶，是经过检验的风俗习惯和社会设置，必须坚定不移地保持和维护。保守主义认为人类理性是有限和不完善的，面对纷繁复杂、日新月异的世界，传统和历史不失为一种最优参考。此外，它还敬畏等级和权威，认为等级促使社会公平和稳定，权威给予一种支持和引导。不过，保守主义思想内部的分裂从一开始就非常明显。欧洲大陆出现的保守主义的特点是专制和反动，拒绝任何变革的思想，认为原封不动就是最好状态；而英美的保守主义特点是谨慎、灵活。保守主义的要素主要有传统、实用主义、人类的不完美性、有机体论、财产、等级、权威。其中，传统是保守主义思想的核心观念；保守主义者非常重视财产权，认为财产权能给人安全感，使人获得不依赖政府的自立手段，并由此鼓励大家应当尊重法律及他人的财产。

18世纪末期的英国思想家埃德蒙·伯克是古典保守主义理论的集大成者。他的理论建立在对古典自由主义的吸收和批判基础之上，他赞成古典自由主义者亚当·斯密关于"自由市场是最好的经济体系"的论述，但也指出这是对人类理性过高的自信，人类还广泛存在着一些非理性因素，而现存的传统和权威是在长久岁月中经过检验确立的，可避免因非理性因素所导致的动乱和无序。因此，理应维持旧有传统和权威，即使需要变迁，也应是一种渐变式的，给人们足够的缓冲期适应新制度和文化，保证连续性和稳定性。法国思想家约瑟夫·德·梅斯特则是古典保守主义理论的另一代表，其思想盛行于欧洲大陆，他反对任何形式的变革，竭力维持旧有传统，观点带有反动性。古典保守主义的两种理论都侧重于维护传统，但两者之间仍存在较大差别。伯克代表一种较为温和的保守主义，是维护英国传统的自由主义，而梅斯特则主张一种拉丁式的保守主义，主要在于维护旧制度的权威性。①

20 世纪 60 年代，欧美主要资本主义国家在经济、军事、政治、外交方面陷入困境。凯恩斯主义和政府干预政策受到质疑，以弗里德曼为代表的现代保守主义者开始公开反对现代自由主义，批判政府干预，支持自然演化而成的各种传统和权威。一方面，坚持亚当·斯密的"自由放任"思想，认为政府干预是问题滋生的源头，应充分发挥市场作用。另一方面，继承埃德蒙·伯克的古典保守主义思想，尊重传统，如提倡在学校中引进祷告仪式、反对妇女堕胎流产等。

20 世纪 70 年代，新保守主义在美国出现，它是对现代保守主义的继承和创新。它继承了现代保守主义对社会改革的谨慎态度，强调通过维护传统来保证社会的稳定性和持续性发展。同时，它又进行一定程度的创新，主张有限的社会福利，建立最低程度的社会保障，以免贫困阶层严重依赖福利；另外，主张强硬的外交政策，对多元文化和多宗教社会持审慎态度。

民族主义

19 世纪以来，民族主义是影响最大的意识形态之一。它最明显的特征是通过民族情感和民族利益将本互不相干的群体联结起来，形成民族认同感和民族优越感，提倡国家统一和民族独立。从外在影响来看，民族主义具有一定的煽动性和破坏性，极端情况下甚至走向法西斯主义，其危害不言而喻，历史上很多战争都因民族主义而起。

关于民族主义的起源，国内外众说纷纭。有的认为 18 世纪拉丁美洲的独立斗争是民族主义的起源，使拉丁美洲摆脱了殖民统治，形成了一系列新兴的独立国家。有的认为美国独立战争结束了英国殖民统治，实现了

---

① 刘军宁：《保守主义》，中国社会科学出版社 1998 年版，第 7—8 页。

民族独立，开启了美国现代文明。美国独立战争为拉美独立战争树立了范例，理应成为民族主义的先声。但更多的人倾向于将法国大革命视为民族主义的肇始。法国大革命凸显的民族认同和号召力深刻地体现了民族主义的核心。法国人首次以法国公民的身份而不是以国王的臣民身份保卫国家。但法国的民族主义到了后期演变成一种狂热的民族主义。拿破仑军团征战欧洲大陆，激发了欧洲大陆其他国家人民的民族认同，他们开始奋起反抗拿破仑的异族统治，这在一定程度上使得民族主义弥漫整个欧洲。

欧洲国家在亚非拉第三世界的殖民统治活动激发了被侵略国家和地区的民族意识，在当代，民族主义在第三世界甚为流行。一方面，民族主义成为各国政府间军事、外交、经济和政治行为的重要依据，成为统治阶级控制和动员民众的有力武器。另一方面，不少国家因民族主义而遭受分裂威胁，一些民族分裂分子打着民族独立的旗号要求独立建国，妄图破坏国家统一。民族主义为近代中国的现代政治进程转型提供了巨大的力量，同时也给中国的主权和领土完整带来挑战，中华民族共同体建设即是回应这种挑战的关键举措。民族主义不仅在第三世界展现其负面效果，也危及发达国家的稳定。北爱尔兰、苏格兰和威尔士的独立诉求是英国长期面临的政治问题之一；加泰罗尼亚地区的独立运动是西班牙所面临的挑战；魁北克则是加拿大要面临的政治问题之一。

在此需特别说明的是，法西斯主义是民族主义的一种极端形式，是一种强调国家、民族至上的一种极左政治意识形态，其主要表现于1922—1944年墨索里尼法西斯专政和1933—1945年希特勒法西斯专政。法西斯主义一般打着统一的民族共同体的幌子，肆意践踏个人价值，将个人培养成随时为民族献身的"英雄"，绝对服从最高领袖。在实践中，墨索里尼法西斯主义是一种更强调国家的极端民族主义，要求个人必须完全服从国家，为国家尽责是个人的全部价值所在。而希特勒法西斯主义更强调种族的极端民族主义，鼓吹日耳曼人是"优等民族"，必须统治其他一切民族，犹太人是"劣等民族"，必须予以灭绝。尽管第二次世界大战的胜利宣告了法西斯主义的灭亡，但不容忽视的是近些年卷土重来的"新法西斯主义"，其过度强调自身种族和民族的优越，排斥有色人种移民，实施暴力活动，严重影响国际秩序。因此，对于任何带有极端民族主义苗头的行为，我们都应坚决抵制，将其扼杀在摇篮里，竭力维护世界和平。

第二篇
政治制度与政治组织

"把权力关进制度的笼子里",这个论断表明制度对权力的重大影响和意义。政治制度和政治组织是权力运行的承载体,有了制度和组织,国家权力才能渗透进社会、经济和文化等各领域,甚至政治领域自身。

在现代政治架构中,国家权力按功能可划分为立法权、行政权和司法权。相应的,国家机构分为立法机构、行政机构和司法机构。不论是职能分工还是机构分立都是为了保证国家权力的有效运行和有效制约。

立法权代表民意以国家权力的形式为整个社会共同体制定规则。在这个过程中,统治阶级把自己的主张按国家制度与程序上升为国家意志。人民通过直接或间接选举民意代表,以及向民意代表反映情况而参与政治过程。这就是人民主权的制度形式和组织形式。当然,人民主权还有其他的实现方式。

行政权是国家权力的执行面,负责执行立法机关制定的法律与政策。一般而言,承担行政权的政府机构被称为行政机关。行政权涉及的事务复杂而多样,并有很强的即时性。因此,行政权的核心运行原则为效率。在现代政治架构中,行政权除了掌握执行权,还兼有一定的立法和裁决职责。

司法权承担着国家权力的裁判之职,意在维护社会公正。在现代国家中,司法权又分为审判权和检察权。法院代表国家行使审判权,对入禀法院的两造进行司法管辖、调解和审判。检察院(官)承担国家的检察权,主要代表国家进行公诉和抗诉。在一些国家,法院还可以行使司法监督权,对立法机构和行政机构的违宪行为进行监督。也有一些国家把监督权从其他权力中分立出来,并成立专门的国家机构行使监督权。2018年,我国进行国家机构改革,设立了监察委员会行使国家监察(督)权。

在现代政治中，人民（公民）还通过政党等政治性组织参与政治过程。从数量上看，具有参与政治过程资格的个体数量庞大。因此，个体直接参与政治过程会给国家制度带来巨大压力。组织化是缓解制度压力的有效途径，政党是这种组织化的常见方式。政党是现代政治的基础组织，政党制度是现代国有政治制度的基本组成要素。政党制度既规范了个体参与的秩序，又缓解了个体参与组织化带来的竞争压力。

除政党外，在现代政治结构中还有其他政治性组织，如西方的利益集团、游说者团体。在我国，工会、共青团和妇联等也属于政治性组织。

第六章 国家

第一节 国家形式

> 全世界多种多样的国家体制中，按其政权的阶级性质来划分，基本地不外乎这三种：（甲）资产阶级专政的共和国；（乙）无产阶级专政的共和国；（丙）几个革命阶级联合专政的共和国。
>
> ——毛泽东①

▶ 国家形式的一般历史

日常生活中，政治人物是人们关注政治和理解国家的开始。国家是现代政治中常见的现象，也是极为复杂的政治学基本概念，更是一个庞大的理论体系。理解复杂的概念和掌握庞大的理论体系需要化整为零的分析，国家形式就是国家的一个基本面向。

一个国家的政治权力都有特定的关系形式。国家权力的关系形式涉及权力配置、机构设置和人员选拔等。它会影响权力运行过程、特征和效果。在现代政治中，这种国家权力的关系形式被称为国家形式。一般而言，国家权力的关系形式有横向和纵向两个维度。横向国家权力关系形式

---

① 毛泽东：《毛泽东选集》第2卷，人民出版社1991年版，第675页。

【关键概念】
国家形式

国家形式是指一个国家的政治权力关系的总和，是国家政治制度的总体形式。国家形式包括国家政权组织形式和国家结构形式。

国家政权组织形式

国家政权组织形式是指掌握政治权力的集团采用什么样的权力形式组织政权机关，即政治权力在同一层次的配置形式，主要涉及中央政权机关的政治权力的配置方式。

国家结构形式

国家结构形式是指国家政治权力在整体与部分之间的配置方式。

常被称为国家政权组织形式，纵向国家权力关系形式也常被称为国家结构形式，这是理解国家的权力关系和制度特征的一个切入点。

从现代政治学视角来看，世界各区域的人们在历史进程中创造并经历了多种"国家"形式。中国古人在政治制度方面做了有益的探讨和探索。以国家形式而论，中国古代经历了从王制到帝制的转变。这个转变的标志性事件是秦国统一六国建立秦朝，嬴政称帝。

在西方，国家形式的讨论源自古希腊。依据古希腊的城邦经验，亚里士多德总结了两类六种政体：一类是正常政体，一类是变态政体。正常政体包括王制、贵族政体和共和政体，变态政体包括僭主政体、寡头政体和平民政体。① "政体（宪法）为城邦一切政治组织的依据，其中尤其着重于政治所由以决定的'最高治权'的组织。"②

西塞罗也在这一基础上区分了三种国家形式（政府形式）。"当最高权威在一人手中时，我们称此人为君主，而这种国家的形式就是一个君主国。当最高权威由被挑选的公民执掌时，我们说该国是由贵族统治。不过，当所有权力都在人民手中时，就出现了一个民众政府。"③ 在哪种政府形式最优的问题上，西塞罗认为单一政府形式尽管不是最完善的，但可以忍受。而且，与亚里士多德一样，西塞罗也认为每种政府形式都会腐化，最好的政府形式是"那三种式的、规定恰当的混合体"④。

从国家权力归属即国体的维度来看，马克思主义政治学区分了奴隶制国家、封建制国家、资本主义国家和社会主义国家。奴隶制国家是指由奴隶主阶级进行专政的政治体，它以奴隶主占有生产资料和生产者（即奴隶）的生产关系为基础。奴隶制国家采用过君主制（王制）、贵族制和民

---

① 〔古希腊〕亚里士多德：《政治学》，吴寿彭译，商务印书馆1965年版，第137页。王制译作君主政体。
② 〔古希腊〕亚里士多德：《政治学》，吴寿彭译，商务印书馆1965年版，第132页。政体定义的另一种译法为：一个政体就是对城邦的各种官职尤其是拥有最高权力的官职的某种制度或安排。参见〔古希腊〕亚里士多德：《政治学》，颜一、秦典华译，中国人民大学出版社2003年版，第82页。
③ 〔古罗马〕西塞罗：《国家篇·法律篇》，沈叔平、苏力译，商务印书馆1999年版，第35—37页。
④ 同上书，第37页。

主制。① 封建制国家是由领主或地主阶级占有国家权力的政治体。资本主义国家是指资产阶级掌握国家权力的国家。资本主义国家以生产资料私人占有和雇佣劳动为基础。社会主义国家是以公有制为基础，工人等无产阶级掌握国家权力的国家。

国家形式的现代表达

在现代视野中，国家权力的归属和国家权力的运行方式成为理解国家形式的主要维度。从国家权力归属的维度来看，现代国家形式主要体现为君主制与共和制。从国家权力运行方式的维度来看，现代国家形式主要表现为独裁制与民主制，单一制和联邦制。前者称为国体，后者称为政体。政体也称为政权组织形式。现代经济发展和社会结构变迁等因素共同推动了政治边界的开放。政治边界的开放让更多的人有资格进入政治过程，也促使了人民主权观念的发展、壮大和扩散，并在各国的制度表达中形式多样。

在中国，近代政治经历了前所未有的转型，中国共产党在救亡图存和重建国家的近代历史进程中扮演了关键角色。中华人民共和国成立后，逐步确立了以人民代表大会制度为中心的根本政治制度。人民代表大会居于国家权力中心，人民代表大会选举或决定其他国家机关，监督其他国家机关；其他国家机关向人民代表大会汇报工作，对人民代表大会负责。全国人民代表大会和国务院在我国政治生活中扮演着至关重要的角色：全国人民代表大会是立法权走出中国传统政治桎梏的探索载体；国务院则是行政权走出中国传统政治桎梏而理性化的探索载体。

英国是现代政治的开端。1688年，英国爆发了光荣革命，资产阶级和贵族之间达成妥协，迎回出嫁荷兰的玛丽公主及其夫婿荷兰执政威廉亲王，由威廉和玛丽共同执政。

1689年，依据光荣革命达成的协议，英国议会通过了限制王权的《权利法案》。依据权利法案，国王的权力受到限制而议会的权力得到加强。1701年，英国议会又通过了《王位继承法》，对国王的权力进行进一

---

① 参考亚里士多德在《政治学》中关于政体分类的讨论。

步限制并排除了天主教徒继承英国国王的可能性。议会在国家权力结构中的地位更为巩固，成为英国政治的权力中心。1860年以后，"内阁与首相的权能开始凌驾于王权和议会权能之上，成为英国中央政府的权力中心"①，内阁拥有了政府委托立法的权力。

法国开启了欧洲大陆政治现代化的大门。在法兰西第五共和国，实行半总统半议会制，总统是国家的权力中心，总统和国民议会由选民直接选举产生。总理和内阁则由总统任命，总统可以解散国民议会，国民议会拥有对政府的广泛监督权。

在第五共和国之前，法国的政治体制长期采用议会制。议会制、比例代表和多党制的组合使法国政局动荡，政府更换频繁。法兰西第三和第四共和国每届政府的平均任期只有约6个月。

总统、国会与联邦法院三者共同构成了美国的政治权力架构。美国独立战争后，原13个由英属殖民地转换而来的独立州按《邦联条例》成立了一个邦联制国家——"美利坚合众国"②，但邦联政府无法有效履行职权应对现实问题，最典型的即是"谢司起义"。美国独立后，中下层民众的利益，特别是农民群体的利益并没有得到有效满足。农民和参加过独立战争的老兵在丹尼尔·谢司等人的领导下发动武装起义，要求重新分配土地，取消一切公私债务和处罚穷人的法庭。谢司起义最终被镇压，但它引起的震动重塑了美国政治制度。1787年，39个制宪会议代表签署了《美利坚合众国宪法》，1789年3月，美国宪法生效。1789年4月，第一届美国联邦政府成立，美国宪法正式进入政治实践。

依美国宪法，美国是一个总统制国家。总统掌握行政权、国会掌握立法权、联邦法院掌握司法权③，总统、国会和联邦最高法院之间相互制约、相互平衡。总统可以通过行使否决权制衡国会的立法权，国会通过行使财

---

① 施雪华：《当代各国政治体制：英国》，兰州大学出版社1998年版，第163页。
② 〔美〕汉密尔顿、杰伊、麦迪逊：《联邦党人文集》，程逢如等译，商务印书馆1980年版，第443页。
③ "合众国之司法权属于最高法院及国会随时规定设置之下级法院"，〔美〕汉密尔顿、杰伊、麦迪逊：《联邦党人文集》，程逢如等译，商务印书馆1998年版，第460页。

政预算和人事审查等手段制衡总统的行政权,联邦最高法院拥有违宪审查权制衡总统的行政权和国会的立法权。总统和国会可以分别经由联邦最高法院法官的提名权和审查权制衡联邦最高法院的司法权。依美国宪法,美国也是一个联邦制国家。①

国家形式是国家权力的总体结构,它深刻影响一个国家的政治生活,也影响着民众的日常生活。国家形式由众多具体的权力形式和制度结构共同构成,主要可以从政权组织形式和国家结构形式展开分析。

第二节 政权组织形式

一切有关政府形式的理论,都带有有关政治制度的两种互相冲突学说或多或少互相排斥的特征。

——J. S. 密尔②

因历史、制度传统和政治实践等因素的影响,一个国家的权力会有各具特色的组织形式。一个国家的政权组织形式是国家权力有效运行和有效制约的基础性条件,在当代政治实践中,各国的政权组织形式大致有以下几种:

议会制

现代议会制发源于英国。在英国,议会制发端于1215年的《大宪章》。依据《大宪章》,由25位男爵组成的委员会负责监督宪章的实施,这便是议会的雏形。议会最主要的功能在于限制国王滥用权力随意征税,但后来执掌王权的詹姆斯一世和查理一世为了行事方便屡屡解散议会。然而,为了征集王室用度和征战军费,英国国王亦屡次重新召开议会。1640年,查理一世为筹措军费,重开议会。

国王重开议会是为了征税,但新兴势力进入议会是为了限制王权,1688年光荣革命后,双方的博弈结果初定。经济上占优势的资产阶级与开明贵族

---

① 关于美国国家结构形式的内容,请参阅本章第三节的内容。
② 〔英〕J. S. 密尔:《代议制政府》,汪瑄译,商务印书馆2009年版,第1页。

联合在争斗中取得了优势,并在议会中占据了主动,掌握了立法权。议会相继制定了《权利法案》和《王位继承法》等宪法性法律。不过,英国国王仍然掌握行政大权。这种权力结构被一个偶然事件改变,1714 年,不懂英语的汉诺威选帝侯格奥尔格·路德维希继位英国国王,为乔治一世。[①] 当时,英语逐渐替代拉丁语成为精英之间的交流工具。不懂英语的乔治一世很难直接参与内阁政务讨论。由此,内阁和首相便掌握了行政权,内阁制在英国形成。内阁及内阁首相在英国政治的地位日渐突出。英国国王在英国政治格局中的地位和作用则逐渐虚化,行使象征性的国家元首权。君主立宪制便成了最早的议会制形式。英国、西班牙、瑞典、比利时、日本、泰国等是实行君主立宪制的典型国家。

在现代政治史上,还有议会共和制的形式。君主立宪制与议会共和制的显著区别是前者保有虚位君主,后者则把君主放进了博物馆。在权力分配上,议会共和制将立法权赋予议会(国会),行政权授予内阁,司法权授予法院。议会共和制的国家元首一般也是象征性的,大多称总统。德国、意大利、印度等国家是实行议会共和制的典型国家。

当今世界,不论是君主立宪制还是议会共和制,基本原则是相似的。选民经由选举选出议员,议员组成议会,议会行使立法权;在议会中占多数席位的政党或政党联盟组织政府,政府掌握行政权;司法部门则是一个相对独立的权力系统。议会在现代政党制的支撑下监督、制约政府部门。如果议会通过了对政府的不信任案,政府就要解散。司法部门对政府的监督、制约也有辅助作用。因此,议会在议会制权力结构中起主导作用。行政权对立法权的反制有两个途径:一是议会到期重选;二是政府首脑提请国家元首解散议会并重选。

随着现代社会、经济和政治环境的变迁,内阁即行政部门在各国国家政治中的地位日益凸显。行政权日渐扩张的趋势在二战后尤为明显。

[①] 阎照祥:《英国政治制度史》,人民出版社 2012 年版,第 201—207 页。

总统制

总统制是主要的国家形式之一，其显著特征是总统在国家政治生活中起主导作用。现代政治舞台上最早实行总统制的国家是美国，美国总统制的理念和实践源于孟德斯鸠的"三权分立"思想。

孟德斯鸠认为，要防止权力专制就必须把权力分为立法权、行政权和司法权，并相互制衡。在孟德斯鸠看来，如果国家权力不相互制约，那么政治就无法走出中世纪，进入现代维度。在《论法的精神》中，孟德斯鸠论述了权力不相互制约的后果："当立法权和行政权集中在同一个人或同一机关之手，自由便不复存在了""司法权如果不与立法权和行政权分置，自由也就不存在了""如果由同一个人，或由权贵、贵族或平民组成一个机构行使这三种权力，即制定法律的权力、执行国家决议的权力以及裁决罪行或个人争端的权力，那就一切都完了"[1]。

美国建国者中的大部分人接受了"三权分立"思想，并将其贯彻于美国国家制度建构之中。《独立宣言》的主要起草者托马斯·杰斐逊曾对此作出精彩论述："为了使邦联政府最有效地行使分配给它的权力，应当把它像州政府一样分成立法、行政和司法三个部门"[2]；"将邦联的行政事务同国会分开，就像司法事务在某种程度上已经同国会分开一样，这种想法是正当而又必要的"[3]；"我认为，把国会手中的行政权和立法权分开，如同司法权在某种程度上已经分开一样，是非常重要的"[4]；"我赞成把政府分成立法、司法和行政三个部门。我赞成赋予立法机关以征税的权力……我赞成由人民直接选举产生规模更大的众议院"[5]。

1777年，大陆会议通过了《邦联条例》，1781年条例生效，北美十三个英属殖民地组成一个松散的联盟。1783年，美国独立战争结束，英国承认

---

[1] 〔法〕孟德斯鸠：《论法的精神》（上册），张雁深译，商务印书馆1963年版，第186—187页。

[2] 〔美〕托马斯·杰斐逊：《杰斐逊选集》，朱曾汶译，商务印书馆2011年版，第386页。

[3] 同上书，第400页。

[4] 同上书，第404—405页。

[5] 同上书，第414页。

美利坚合众国独立。然而，邦联制的美利坚合众国仍然在内政外交上存在诸多问题。最为重要的一点是，依《邦联条例》而成立的合众国无法建立一个有效的统一政府。因此，美国的建国者们以修改《邦联条例》为起点，最终制定了一部新的美国宪法，即1787年美国《宪法》。在新宪法里，美国建国者践行了孟德斯鸠关于三权分立制衡的理念。立法权被赋予国会，行政权由总统执掌，司法权则属于联邦最高法院。国会通过行使立法、预算审查和人事同意权等手段制约总统和联邦最高法院；总统通过行使人事提名权和法案否决权来制衡国会和联邦最高法院；联邦最高法院通过行使违宪审查权来制衡总统和国会。

当今世界各国，除美国外，实行总统制的国家还有巴西、墨西哥和菲律宾等国。

■ 知识栏：马伯里诉麦迪逊案

马伯里诉麦迪逊案始于党派斗争。

1800年，由于内讧，联邦党人在大选中不仅失去了总统大位，也丢掉了国会的控制权。民主共和党人托马斯·杰斐逊赢得总统宝座，并带领民主共和党人夺得国会控制权。

联邦党人试图通过控制联邦司法部门来维持影响力。一是美国第二任总统亚当斯于1801年1月20日任命即将卸任的国务卿马歇尔为联邦最高法院首席大法官，二是联邦党人控制的国会通过了《哥伦比亚特区组织法》。依据《哥伦比亚特区组织法》，美国总统可以提名任命42名治安法官。亚当斯总统在其任期的最后一天（即1801年3月3日）午夜，突击任命了42位治安法官，但在国务卿约翰·马歇尔卸任之前还有17份委任令没能及时发送出去，其中便有亚当斯总统提名、参议院批准任命为治安法官的威廉·马伯里。

托马斯·杰斐逊等民主共和党人上台后，针对联邦党人卸职前的一系列动作采取了反制措施。总统托马斯·杰斐逊让新任国务卿詹姆斯·麦迪逊将未送出的17份委任状悉数扣发。马伯里等人得知此事后，向美国联邦最高法院提起诉讼。然而，联邦最高法院也因民主共和党人的反制被暂时关闭长达 14 个月之久，再次开庭已经是 1803 年 2 月。

联邦最高法院重新开庭后，马伯里聘请曾任内阁总检察长的查尔斯·李为律师起诉麦迪逊，麦迪逊则聘请杰斐逊总统的内阁总检察长莱维·林肯为律师应诉此案。莱维·林肯提供了一份书面答辩状，在答辩状中，莱维·林肯声称，马伯里诉麦迪逊案只是涉及党派斗争的政治问题，而不是法律问题。

审理该案的联邦最高法院法官约翰·马歇尔运用高超的智慧和法律技巧解决了此案。

在判决词中，马歇尔首先通过肯定行政权的方式确认马伯里应该得到委任状，"本院认为，委任状一经总统签署，任命即为作出；一经国务卿加盖合众国国玺，委任状即为完成"。紧接着，马歇尔认为马伯里有权通过法律途径捍卫自己的权利，"每一个人受到侵害时，都有权要求法律的保护"。最后，他又援引美国宪法第 3 条第 2 款的规定认为联邦最高法院对马伯里诉麦迪逊没有原始管辖权。因此，马伯里起诉麦迪逊所依据的《1789 年司法条例》第 13 条因违宪而失效。

普通法院违宪审查制由此在美国确立。最高法院确立了有权解释宪法、裁定政府行为和国会立法行为是否违宪的制度，对美国的政治制度产生了重大而深远的影响。

半总统制

除了实行议会制和总统制的国家之外，还有一些国家选择了议会制和总统制的复合，这种国家形式被称为半总统制。

法国是实行半总统制的典型国家。当然，法国大革命后的很长时间里，法国的国家形式并不是半总统制，而是议会制。但议会制和多党制的结合导致法国政局动荡不安，在革命、复辟、帝国，以及议会制多党制等共时性和历时性因素的推动下，动荡不安的法国政局一直持续到法兰西第五共和国诞生。

二战后，政治界关于法国要选择什么样的政治制度主要有三种意见：一是主张建立一院制；二是主张削弱议会，加强总统的权力；三是主张恢复第三共和国的议会制。最后，恢复第三共和国的主张占了上风。1946年，法兰西第四共和国诞生，但第四共和国没有解决法国一直存在的政局不稳问题。政府软弱无力、内阁更迭频繁，后又陷入阿尔及利亚战争泥淖。1958年，法国陷入重重困境，法国人民已经不能忍受第四共和国的乱局，强烈要求戴高乐重新出山执掌法国大局。

戴高乐先是以临时总理身份接掌法国政府，着手修订法国宪法。1958年9月28日，全民公投通过了法国宪法，法兰西第五共和国建立。新通过的宪法削弱了议会的权力而加强了总统的权力。依新宪法，总统是整个国家的监国者和护国者，"共和国总统监督遵守宪法，他通过自己的仲裁，保证公共权力机构的正常活动和国家的持续性，共和国总统是国家独立、领土完整和遵守共同体协定与条约的保证人"[①]。在法兰西第五共和国，总统由选民直接选举产生，任期七年（2000年缩短为五年），可以连任一次；总统有权任命政府总理、组织政府，也有权罢免总理，改组政府；总统有权解散国民议会；总统还有权任命国家文职人员和军职人员；总统是三军统帅。

立法权由国民议会和参议院掌握。与第三、四共和国相比，第五共和国的议会权力受到很大程度的制约，没有权力解散政府，即没有倒阁权。第五共和国宪法对议会权力的限制还表现在议会对政府预算草案的审议程序上，《第五共和国宪法》第47条规定，如果国民议会在此项草案提出后40日的期限内在一读中未作出决议，政府应把它提交参议院，参议院必须在15日内作出决议，然后依照《第五共和国宪法》第45条规定的程序处理。如果国民议会在70日内未作出决议，该草案的规定可以以法令形式付诸实施。

司法权由宪法委员会、高等法院、普通法院和行政法院共同行使。宪法委员会行使违宪审查权；高等法院主要负责审理总统、总理和政府部长的职务犯罪；普通法院即是法国宪法中所列的司法机关，司法机关由民事法院和刑事法院两大系统构成，主要承担民事和刑事审判职能；行政法院主要承担政府的法律顾问职能和审理涉及行政职能的案件。

除法国之外，俄罗斯也是采用半总统制的国家。

---

① 吴国庆：《当代各国政治体制：法国》，兰州大学出版社1998年版，第306页。

人民代表大会制

人民代表大会制是中国人民通过选举自己的代表参与国家政治生活的政治制度。在这种制度下，人民代表大会处于国家权力结构的中心，行使国家立法权，并产生、监督同级政府等其他国家机构。例如，十三届全国人大一次会议选举产生全国人大常委会委员长，选举了国家主席和副主席，选举了军委主席，决定了国务院总理、副总理、国务委员和国务院组成部门负责人，选举了监察委主任、最高人民法院院长和最高人民检察院检察长。

■ 知识栏：十三届全国人大一次会议议程①

一、审议政府工作报告。

二、审查2017年国民经济和社会发展计划执行情况与2018年国民经济和社会发展计划草案的报告。

三、审查2017年中央和地方预算执行情况与2018年中央和地方预算草案的报告。

四、审议全国人民代表大会常务委员会关于提请审议《中华人民共和国宪法修正案（草案）》的议案。

五、审议全国人民代表大会常务委员会关于提请审议《中华人民共和国监察法（草案）》的议案。

六、审议全国人民代表大会常务委员会工作报告。

七、审议最高人民法院工作报告。

八、审议最高人民检察院工作报告。

九、审议国务院机构改革方案。

十、选举和决定任命国家机构组成人员。

行政权由中央人民政府即国务院行使。国务院是最高国家权力机关的执行机关，是最高国家行政机关。国务院总理由国家主席向全国人大提名，由

---

① 资料来源：http://www.npc.gov.cn/zgrdw/npc/xinwen/2018-03/04/content_2041149.htm，2021年12月10日访问。

全国人大全体会议决定。被提名人经由全国人大表决通过后，由国家主席任命，最后进行宪法宣誓就职。副总理、国务委员和国务院组成部门负责人由总理向全国人大提名，全国人大表决通过后，被提名人由国家主席任命，并进行宪法宣誓就职。国务院机构分为办公厅、组成部门、直属特设机构、直属机构、办事机构、直属事业单位、部委管理的国家局。其中，国务院办公厅协助国务院领导处理国务院日常工作。国务院组成部门依法分别履行国务院基本的行政管理职能。国务院组成部门包括各部、各委员会、中国人民银行和审计署。

国务院实行总理负责制，各部门、各委员会实行部长、主任负责制。

依宪法规定，国务院有 18 项职权，其中前 17 项为确定性权力，第 18 项为开放性权力。宪法赋予国务院的职权如下：

(1) 根据宪法和法律，规定行政措施，制定行政法规，发布决定和命令；

(2) 向全国人大或者全国人大常委会提出议案；

(3) 规定各部和各委员会的任务和职责，统一领导各部和各委员会的工作，并且领导不属于各部和各委员会的全国性的行政工作；

(4) 统一领导全国地方各级国家行政机关的工作，规定中央和省、自治区、直辖市的国家行政机关的职权的具体划分；

(5) 编制和执行国民经济和社会发展计划和国家预算；

(6) 领导和管理经济工作和城乡建设、生态文明建设；

(7) 领导和管理教育、科学、文化、卫生、体育和计划生育工作；

(8) 领导和管理民政、公安、司法行政等工作；

(9) 管理对外事务，同外国缔结条约和协定；

(10) 领导和管理国防建设事业；

(11) 领导和管理民族事务，保障少数民族的平等权利和民族自治地方的自治权利；

(12) 保护华侨的正当的权利和利益，保护归侨和侨眷的合法的权利和利益；

(13) 改变或者撤销各部、各委员会发布的不适当的命令、指示和规章；

(14) 改变或者撤销地方各级国家行政机关的不适当的决定和命令；

(15) 批准省、自治区、直辖市的区域划分，批准自治州、县、自治县、市的建置和区域划分；

(16) 依照法律规定决定省、自治区、直辖市的范围内部分地区进入紧急状态；

(17) 审定行政机构的编制，依照法律规定任免、培训、考核和奖惩行政人员；

(18) 全国人大和全国人大常委会授予的其他职权。

司法权由人民检察院和人民法院行使。司法权被划分成检察权和审判权，分别由人民检察院和人民法院独立行使。

2018年，宪法修订后，监察权由国家监察委员会和地方各级监察委员会行使。监察委员会行使监察权是我国权力监督体制的改革和新尝试。

第三节 国家结构形式

> 一个中央政府，不管它如何精明强干，也不能明察秋毫，不能依靠自己去了解一个大国生活的一切细节。
>
> ——托克维尔①

在我们的日常政治生活中，国家主席、全国人大常委会委员长、国务院总理等称呼我们都很熟悉，省长、市长和自治区主席等称谓也耳熟能详。在美国政治舞台上，除了总统之外，我们对众多其他的政治角色也不陌生，如国会两院议长、联邦最高法院大法官、州长等。

这些称谓反映出什么样的内在道理？不同官职之间的关系是什么？对此，需要指出的是，这些官职间的不同关系涉及权力的两个维度：一是前一节所述的"国家形式"维度，即权力横向关系；二是本节要讨论的权力纵向关系，即国家结构形式。在现代国家结构中，国家形式和国家结构形式是理解国家权力配置的两把钥匙。权力纵向关系就是通常所说的央地关系，中

---

① 〔法〕托克维尔：《论美国的民主》，董果良译，商务印书馆1988年版，第100页。

央与地方的关系涉及立法权、行政权和司法权的配置等内容,一般而言,行政权在中央和地方间的配置受到更多的关注。

就官职名称而论,中美两国的官职有着显著差异,这些差异既来自语言表达习惯,更源自两国的国家结构形式的不同。在国家结构形式上,中国采用的是单一制,而美国选择的是联邦制。一个国家具体选择什么样的国家结构形式取决于该国的历史传统、政治力量对比、社会经济结构和国际政治格局等因素的共同作用。

单一制

一个国家在处理整体与部分的关系时采用单一制形式往往与中央集权的历史传统或强势权力集团的扩张有关。中国、法国和英国等国家就是典型的单一制国家。

一般而言,实行单一制的国家的中央政府掌握全部国家权力,地方政府拥有的权力来自中央政府的授权。在单一制国家中,具有统一的宪法和法律体系,只有一套立法、政府和司法体系;全国按地域划分成若干行政单位,这些行政单位包含不同的行政层级①,中央政府实行集权,中央政府可以直接依法按程序撤销地方政府的不当行为,地方政府的权力来自中央政府的授予。中央政府统辖地方政府,下级政府必须服从上级政府;中央政府统一掌握外交权,地方政府不具有独立的外交权;国民拥有统一的国籍。

由于现代社会的复杂性和多样性,单一制国家并不是一成不变的。一般而言,单一制国家可划分为两种:中央集权类型和地方分权类型。中央集权类型的单一制国家的中央政府严格控制地方政府,地方政府不享有自治权力。中央对地方政府的干预严格而直接,如人事任命等。在众多行政控制手段中,最有效的是财政监督,主要通过控制财政拨款和强化资金使用审计实现。中国、法国等是实行中央集权式单一制的典型国家。不过,1980 年以后,法国的地方自治权力有所扩大。1982 年制定的《权力下放

【关键概念】

国家结构形式是指国家整体与部分、中央与地方之间的权力配置关系。根据特定的历史、制度传统和政治实践,一国的国家权力在整体与部分、中央与地方的配置具有其独特性。有些国家强调整体和中央,有些国家注重部分和地方。这就形成了单一制和复合制两种不同形式。

单一制是指在国家权力配置中强调整体性,突出中央政府的权力。在单一制下,地方政府的权力由中央政府授予。

在当代政治实践中,复合制的主要形式是联邦制。联邦制是指国家由多个组成单位联合而成。在实行联邦制的国家中,一些国家的联邦政府权力是由联邦组成单位依法让渡而来的,而一些国家的联邦政府则把权力依法让渡给联邦组成单位。在各自的权力范围内,相互间的隶属关系较弱,甚至互不干涉。当然,随着政治发展,联邦政府的影响越来越大。

---

① 在民族国家时代,单一制国家内的地方行政单位往往包含民族自治的设置,例如,中国的民族区域自治单位包括自治区、自治州和自治县三个级别。

法案》改变了中央任命地方行政首长的做法。

单一制的另一种类型是地方分权式，即地方政府有明确的自治权。英国有很强的地方自治传统，地方政府有很大的自治权。只是英国地方政府的权力集中于地方议会，行政首长的权力相对较小。不过英国中央政府仍然可以通过立法、行政和财政等手段制约地方政府。

"央地关系"是现代中国国家建构中的核心问题之一。中国政治传统和政治现实使得纵向权力配置成为亟须面对和解决的问题。中央集权的王朝国家是中国传统政治的特征，央地关系的调整是王朝国家向现代国家转型的核心内容之一。由于中国近现代特别的历史背景，追求强大国家的愿望一直优于保障地方政府的自主权。自民国以来，社会民众呼唤建立强大的中央政府。1949 年，中华人民共和国的成立是这一追求的实现。

中华人民共和国成立初期依然以加强中央政府的权力和能力为主轴。七五宪法和七八宪法都没有对央地关系作出实质性的规定。1982 年《宪法》第 3 条第 4 款对央地关系作出规定："中央和地方的国家机构职权的划分，遵循在中央的统一领导下，充分发挥地方的主动性、积极性的原则。"略显模糊的央地关系表述在利于加强中央权威的同时并未明确地方应如何积极主动。

20 世纪 70 年代末，国家经济状况不容易乐观，中央政府于是采用"财政包干"的财税政策鼓励地方发展经济增加收入。20 世纪 80 年代末 90 年代初，财政包干政策之下的地方政府财政收入占全国总财政收入的 60%—70%。这削弱了中央政府对地方政府的统领能力。于是，中央政府引入新的财税政策调整中央与地方的收入分配比，从而加强了对地方政府的统领。分税制即是在这种背景下产生的，实行分税制之后，中央的财政收入显著上升，占到全国总财政收入的 60%—70%。然而，分税制只解决了中央与地方之间的收入分配问题。与收入相关的支出责任，即事权的配置并没有理顺理清。于是，与此相关的一系列问题接踵而至。

党的十八届三中全会提出要全面深化改革，推进国家治理体系和治理能力现代化。央地关系的调整是其中的重要内容，财税体制则是央地关系调整的核心内容之一。分税制之后的财税体制改革的内容之一即是理顺理清中央与地方的事权配置,使之与收入分配相匹配。

除行政部门之外,央地关系还包括立法权和司法权的配置。在既有的权力配置中,中央统领地方是结构性因素,如何发挥地方的主动性、积极性则仍然是一个需要继续探讨的问题。

党的十九届三中全会制定并公布的《党和国家机构改革方案》强调要"赋予省级及以下机构更多自主权,突出不同层级职责特点,允许地方根据本地区经济社会发展实际,在规定限额内因地制宜设置机构和配置职能"。

联邦制

联邦制是另一种主要的国家结构形式,它是指政府体系由联邦政府和联邦组成单位(州、邦等)政府两部分构成。事实上,广义上的政府体系即立法、行政和司法都是由两部分构成。一般而言,联邦政府和州(邦)政府的权力划分由宪法明确规定。权力划分的类型主要有三种(如表6-1所示):一是明确规定联邦政府的权力,剩余权力归州(邦)政府;二是明确列举州(邦)政府的权力,剩余权力归联邦政府;三是分别列举联邦政府和州(邦)政府的权力,未尽权力按宪法规定的程序配置。美国是近现代世界史上第一个联邦制国家。但是,美国的联邦制不是一蹴而就的。美国独立战争后成立的"美利坚合众国"只是一个松散的邦联,甚至可以说没有严格意义上的中央政府。依《邦联条例》规定,合众国中央政府由"各州以州座谈会决定之方式逐年委任代表"[①] 组成国会。国会主要负责处理合众国的外交和印第安人事务,它没有现代国家中央政府的主要机构,也没有现代政府的征税权,甚至国家没有常备军队。

[①] 〔美〕汉密尔顿、杰伊、麦迪逊:《联邦党人文集》,程逢如等译,商务印书馆1980年版,第444页。

表 6-1　联邦制国家纵向权力配置类型

	联邦政府	州（邦）政府
规定一方权力	明确规定联邦政府的权力	剩余权力归州（邦）政府
	剩余权力归联邦政府	明确列举州（邦）政府的权力
列举双方权力	未尽权力按宪法规定的程序配置	

为了解决各州在贸易权行使上各行其是造成的关税壁垒问题，邦联国会开始谋划修改《邦联条例》。与此同时，邦联体制在应对谢司起义中的乏力亦促成了修改《邦联条例》会议的召开。根据邦联国会的决议，1787年5月第二个星期一在费城召开特别会议修改《邦联条例》。

在费城，有代表认为仅修改邦联条款无法达到"在合众国中建立一坚强之全国政府"的目标，因此提出了制定新宪法的动议。新动议成了特别会议的主要议题，因此，修改《邦联条例》的特别会议变成了后世所称的"制宪会议"。经过争吵、辩论、妥协和交换等复杂而漫长的制宪过程，制宪会议于1787年9月17日通过了《美利坚合众国宪法》（以下简称《联邦宪法》）。

■ **信息栏：美国宪法制定过程**[①]

1786年9月11日，维吉尼亚州召集的一个贸易会议在安纳波利斯举行，会议呼吁大陆会议于1787年5月在费城召开各州代表参加的大会来讨论国家的一系列重大问题。

1787年2月，大陆会议通过决议，会议将于1787年5月的第二个星期一在费城召开。

1787年5月14日，会议召开，但因到会者人数太少，会议直到5月25日才开始进行正式讨论；在与会代表取得共识后，会议由修订《邦联条例》转入讨论制定新宪法。

---

① 《联邦党人文集》的85篇论文对美国宪法的内容、目的和意义进行了阐释，还批驳了反对派的意见。制宪会议制定美国宪法和构建美国权力体制的意图和依据，大都能从中获知。

1787年8月6日，经各方激烈争论和协调，细节委员会提出最终的宪法草案。

1787年9月17日，会议通过《联邦宪法》，并提交各州批准。

1789年3月4日，美国第一届联邦国会召开，宣布《联邦宪法》正式生效。

1787年宪法为美国提供了一个全新的制度结构。宪法把国家权力分设为立法权、行政权和司法权，三权分立制衡，同时设置了分权式的国家结构形式，即联邦和州之间分权。联邦与州之间分权的原则是列举联邦的权力，其余权力由州保留，美国《联邦宪法》第十修正案明确规定："本宪法所未授予合众国或未禁止各州行使之权力，均由各州或由人民留之。"①

（1）立法权

联邦立法权属于合众国国会；联邦行政权属于总统；联邦司法权属于联邦最高法院及下级法院，即联邦法院系统。美国《联邦宪法》第1条第8款列举了国会的具体权力，包括征税、铸币、宣战、征兵等事项，并拥有制定国会权限内各项法律的权力。② 美国立法权的分权不仅体现在权力内容上，也体现在权力运行程序上。国会两院议员行使的是联邦立法权，但其选举则由各州承担，选举办法也一般由州议会制定，"举行参议员及众议员选举之时间、地点与手续，由各州议会予以规定；但国会除选举参议员之地点外得随时以法律制定或修改以上规定"③。除此之外，州议会以"剩余权力"的形式拥有立法权，不少州议会以立法的形式规定地方政

---

① 〔美〕汉密尔顿、杰伊、麦迪逊：《联邦党人文集》，程逢如等译，商务印书馆1980年版，第467页。

② 同上书，第456页。

③ 同上书，第454页。若遇国会议员临时补缺，则州的行政权力亦介入议员的选举或产生。美国宪法分别规定了两院各州议员临时补缺的原则方法。遇众议员缺额时，"任何一州所选议员中遇有缺额时，该州之行政首脑应颁布选举令以补足该缺额"；遇参议员有缺额时，"在任何一州议会休会期间，如因参议员辞职或其他缘由产生缺额时，该州行政长官得于州议会召开下次会议补选前，任命临时参议员"。

府的自治权限。

(2) 行政权

联邦行政权依美国宪法授予总统,但对总统拥有什么权力并没有明文列举,只是一般性授予。总统行政职权范围大致包括国防、外交和国内事务等方面。在国防上,美国总统作为三军总司令统辖美国军队并有权征调各州民兵,除宣战权外,总统握有强大的军事权。宣战权由国会行使,但美国历史上的战争由国会宣战的屈指可数。[1] 在外交上,美国总统拥有重大影响力和权力。依三权分立制衡原则,外交权由国会和总统共同行使。一般而言,国会拥有外交事务上的确认权,而总统则掌握美国外交事务的创制权。因此,在实际的外交事务中,"正式处理对外关系却必须由美国总统负责"[2]。《联邦宪法》第1条第10款规定,"任何州均不得缔结条约、结盟或加入联盟……未经国会同意,任何州均……不得在和平时期建立军队或建造战舰,不得与他州或外国缔结协约或盟约,除在实际受到侵略或在刻不容缓之危机情况下之外,不得进行战争"[3]。这表明,联邦各州不再拥有军事权和外交权。

在国家事务方面,总统拥有的权力巨大。美国《联邦宪法》模糊地授予"总统得指令行政各部首长就其职务有关事项提出书面意见……总统应该随时向国会提出国情咨文,并将其认为必要而妥善之措施提请国会审议……委任合众国之一切官员"[4]。随着时间的推移,美国总统逐渐有了"帝王总统"的称号。依美国宪法、最高法院裁决和惯例,总统拥有监督法律执行的权力、人事任免权力和领导行政机构的权力。

联邦成员单位州政府和州长也拥有大量未授予联邦政府和总统的行政权。州长的正式权力包括委任权、任命权、立法建议权、编制预算提案的

---

[1] 李道揆:《美国政府和政治》,中国社会科学出版社1990年版,第428页。
[2] 〔美〕查尔斯·A. 比尔德:《美国政府与政治》,朱曾汶译,商务印书馆1987年版,204页。
[3] 〔美〕汉密尔顿、杰伊、麦迪逊:《联邦党人文集》,程逢如等译,商务印书馆1980年版,第457、458页。
[4] 同上书,第459—460页。

权力、重组政府机构的权力和雇用政府职员的权力。① 在正式权力之外，州长还拥有大量非正式权力。②

（3）司法权

联邦司法权属于美国联邦最高法院及其下级法院。联邦法院系统可以依据宪法、法律包括成文法与衡平法受理以下范围内的争端③：

① 触犯宪法、合众国各种法律的一切案件；
② 涉及合众国已经缔结或将来缔结条约的一切案件；
③ 涉及外交大使、使节和领事的一切案件；
④ 涉及海事海运法的一切案件；
⑤ 涉及以合众国为诉讼方的一切案件；
⑥ 涉及以州为诉讼方的案件；
⑦ 涉及各州公民间的案件；
⑧ 涉及同州公民持有不同州的土地让与的争议案件。

司法权本在三权分立与制衡中处于弱势地位，但经历"马伯里诉麦迪逊"等一系列司法实践，司法权成了美国政治生活中不可或缺的支柱。联邦法院系统成了践行三权分立及制衡原则、捍卫美国宪法的重要力量。

在美国，除了联邦法院系统，还有一套州法院系统。和绝大多数国家只设立单一法院系统不同，美国拥有联邦和州两套法院系统。联邦和州法院系统是相互独立且有联系的。联邦法院系统的管辖权仅限于宪法直接授予的管辖范围，以及国会以法律形式授予的管辖范围。

联邦法院每年受理的司法案件数量在案件总量中所占比例较小，州法院系统受理了绝大多数司法案件。州法院系统受理的案件集中于刑事案件和民事案件。另外，各州法院系统及其受理的案件是有差异的。

---

① Ann O'M. Bowman & Richard C. Kearney, *State and Local Government*, Wadsworth Publishing, 2010, p. 184.
② Ibid. 195.
③ 〔美〕汉密尔顿、杰伊、麦迪逊：《联邦党人文集》，程逢如等译，商务印书馆1980年版，第460页。

第七章
立法制度

法律在现实社会生活中扮演着重要角色。法律一直是人类社会的规则体系之一。在人类社会不同阶段，法律在调整社会关系的功能定位上有所不同，法的制定者也不断变化。近代以前，在欧洲社会扮演立法者角色的主要是教皇、君主和封建领主。在古代中国，皇帝担任立法者，其言行即是法律。

近代以来，立法者的角色扮演者逐渐发生了改变。在现代政治的制度设计中，立法职能被赋予专门的立法机关。在英国，通过1689年的《权利法案》，立法权最终被确定为议会的职权。在美国，依据1787年宪法，联邦立法权是国会的职权。在中华人民共和国，国家立法权由全国人民代表大会及其常务委员会拥有。

第一节 人民主权、民意与立法权

> 由于社会公约，我们就赋予了政治体以生存和生命；现在就需要由立法来赋予它以行动和意志了。
>
> ——卢梭[1]
>
> 立法权力是属于人民的，而且只能是属于人民的。
>
> ——卢梭[2]

---

[1] 〔法〕卢梭：《社会契约论》，何兆武译，商务印书馆1980年版，第44页。
[2] 同上书，第71页。

> **案例：代表和议员**
>
> 在现代国家中，作为个体的公民是如何参与政治生活的？是直接参与还是间接参与？由于现代国家的人口和地域规模等因素的制约，在超出当地层面的政治结构上，作为个体的公民很少有机会直接参与政治生活。因此，通过一定制度程序选择特定的人代表自己参与政治生活就成了替代性选择。
>
> 在中国，从中央到地方设置了五级代议机关——人民代表大会。乡镇和县（区、旗）两级人民代表大会的代表由选民直接选举产生。县级以上各级人民代表大会由选民间接选举产生。选举出的人大代表代表公民参与国家各层级政治生活。
>
> 在西方国家，作为个体的公民参与政治生活亦是如此。各级代议机关的议员多是由选民选举产生。法国国民议会的议员由选民按单一选区制选出。英国议会下院的议员由英国选民按单一选区制选出。美国国会参众两院的议员亦是由选民直接选出，参议院议员按每州两名选举产生，众议院议员则是每州按人口多少由选民投票选举产生。由选民投票选举产生的议员代表选民参与政治生活。

人民主权

现代国家的立法权专门由立法机关承担是现代政治的卓越发明之一，立法权和立法机构的设置不仅和防止权力专制有关，也和权力来源有关。在经历和反思权力专制之后，近代西方政治思想家提出了权力分立的思想，主张把集中掌握的权力分成立法、行政和司法三种权力。立法权由立法机关行使，行政权由行政机关掌握，司法权由司法机关承担。

权力分立是立法机关行使立法权的理论支撑之一，立法权由立法机关承担的另一理论资源是人民主权学说。因此，立法机关也被称为"代议机关"。现代国家的人口与地域规模决定了直接民主不可能成为人民行使权力的主要形式。因此，人民要行使国家权力就必须借助恰当的制度设计，代议制就是这种恰当的制度。人民通过选举制度在一定的原则规范下选择自己的代表，这些被选出来的代表是人民参与政治过程的桥梁，表达公共意见的媒介，实现人民主权的化身。

人民主权学说是随着资本主义社会发展而产生的一项关于政治权力的理论。卢梭认为，国家主权属于人民。人民是达成社会契约的全体成员——"至于结合者，他们集体地就称为人民；个别地，作为主权权威的参与者，就叫作公民；作为国家法律的服从者，就叫作臣民"①。主权则是依社会契约达成的"全体个人的结合所形成的公共人格……称为共和国或政治体……称它为国家……称他为主权者"②。在卢梭的政治构想之中，主权是至高无上的，"不可能有任何一种根本法律是可以约束人民共同体的"③，主权是不可转让的、不可分割的。

■ 知识栏：主权学说的发展

让·布丹

主权概念是随着近现代国家的发展而被提出来的。一般认为，让·布丹（又译作"让·博丹"）是国家主权学说的提出者和系统阐释者。布丹认为，主权是永恒的、无限的、不能转让的和不受法律约束的。在布丹的主权学说里，君主拥有国家主权。

霍布斯

霍布斯坚持主权权力的统一性，在国家之内只容得下一个最高权威。主权是绝对的、统一的、不可让渡的，建立在一个自愿但不可撤销的契约之上。在霍布斯的学说中，主权似乎比布丹的主权思想更加绝对化。

格劳秀斯

格劳秀斯从国际法角度讨论主权学说，他认为国家主权是一个国家的最高统治权。受历史环境和个人际遇的影响，格劳秀斯认为君主掌握国家主权是正当的。实际上，格劳秀斯的主权学说介于布丹的专制主义学说和反君主主义者的民主学说之间。

---

① 〔法〕卢梭：《社会契约论》，何兆武译，商务印书馆1980年版，第26页。
② 同上书，第25—26页。
③ 同上书，第27页。

洛克

洛克认为：执行机关在法律的范围内是最高的；只要政府存续，立法机关就是最高的政府机关；政治社会（或者是政治社会中的多数）是潜在的主权者，而一旦政府解散，就成为能动的主权者。立法机关不过是被赋予了特定权力的"信托"组织，因而在一定意义上说也是从属性的。而建立立法机关的市民社会或者政治社会才是真正的主权者。

主权，是现代国家的构成要素之一，它是对内对外的最高权力。主权的创造和存在让现代国家可以在疆域内推行一体化的政治制度。在欧洲，主权是在封建领主制转向王权国家的过程中诞生的。因此，早期绝大多数思想家都认为君主或国王是主权的合理拥有者。主权归国王或君主的主张是当时社会政治状况的反映，也是政治思想发展的结果。随着社会经济的发展，资产阶级的力量逐渐壮大，这个社会过程也反映在政治思想领域。如洛克提出了议会主权的思想，而卢梭则系统地论述了人民主权思想。

▶ 民意

"得民心者得天下"，这是中国古代描述权力与民众间关系的政治思想。在现实政治中，这种关系称为民间支持度。我们经常能看到各种"民意调查"。什么是民意？民意是现代政治中常见的政治现象。它有时候叫满意度，有时候叫支持率。

卢梭认为，人民的意见有公意和众意的差异。"公意只着眼于公共的利益，而众意则着眼于私人的利益"[1]，然而，众意并不等于公意。按卢梭的设想，要达成公意，公民个体必须是原子化个体，而不能结成派系。[2]不过，在现实政治中，公意有时捉摸不定，众意很多时候是分裂的。因此，民意有时会与民粹混淆，这时，"乌合之众"成了人民的代名词。

熊彼特创造性地将实体性民主界定成程序性民主，认为"民主方法就

---

[1] 〔法〕卢梭：《社会契约论》，何兆武译，商务印书馆1980年版，第39页。
[2] 同上书，第40页。

是那种为作出政治决定而实行的制度安排,在这种安排中,某些人通过争取人民选票取得作决定的权力"①。在熊彼特的民主框架中,民意(众意)变得可以测量、比较。在程序性民主定义中,人民转为选民,国家权力被视为"作决定的权力"。

选举民主使得民主变成了数人头的游戏。这一转变终结了民主广场上喋喋不休的喧嚣景象,避免民主沦为政治人物在演说中的攻击工具和"自我标榜"的标签,也避免了民主走向其反面——武力值的较量。更为重要的是,选举民主使人民主权有了切实可行的实现途径,也使民意变得重要。选举民主催生了现代政治中面貌多样、技术革新的民意调查技术。统计知识、选举技术与政治之间的关系成了政治学发展中的重要内容。

熊彼特的民主定义为理解和实践民主提供了新视角,同时也埋下了现代民主的种种弊病之源。选举民主的重大弊病之一即是把民主缩限为短暂的、一次性的投票行为。投票结束后,在下一次投票到来之前,人民(也可称为公民或选民)对政治过程的影响就变得微乎其微,而"全过程人民民主"②则克服了这一弊病。"全过程人民民主超越了'非全过程民主',弥补了'非全过程民主'的某些缺陷,改变了那种'一次性消费行为'般的民主游戏。"全过程人民民主是我国社会主义民主政治的发展方向,它的全过程表现在"时间上的持续性""内容上的整体性""党政部门的协同性""公民参与的全过程性"和"多环节的连续性"。全过程人民民主有三个层次的内涵:价值性、解释性和操作性。发展社会主义民主政治的关键在于确定全过程人民民主的价值方向,厘清全过程人民民主的内涵和外延,探索和推进全过程人民民主的实践方案。③

---

① 〔美〕约瑟夫·熊彼特:《资本主义、社会主义与民主》,吴良健译,商务印书馆1999年版,第295—396页。

② 2019年11月2日,习近平总书记在上海考察工作时指出,我们走的是一条中国特色的社会主义政治发展道路,人民民主是一种全过程的民主。"全过程人民民主"的概念由此诞生。在庆祝中国共产党成立一百周年大会的重要讲话和党的二十大报告中,习近平总书记都强调要发展全过程人民民主。

③ 参见桑玉成:《拓展全过程民主的发展空间》,载《探索与争鸣》2020年第4期。

■ **信息栏：民意调查**

在信息化、网络化、政治社会化日渐加强的今天，民众表达欲望强烈，各国执政者越来越重视从各种信息渠道搜集并分析"民口"所表达出的意愿、需求与态度等，以适时做出恰当的行动。因此，了解民意之于现代政治不可谓不重要。

所谓"民意调查"，正是通过运用科学的调查与统计方法来了解公众舆论，以反映一定范围内的民众对某个或某些社会问题的态度倾向的一种社会调查，因而又被称为"舆论调查"。民意调查自20世纪初在美国产生以来，已在全球范围内迅速发展。它在政府决策、干部选拔、反映民意、引导舆论、科学研究等方面发挥了重要作用，被广泛运用于政治、经济以及社会管理等领域。

民意要达到卢梭所说的全体一致，即转变成为公意，是不现实的。随着现代社会结构的分化，阶层和群体多样性等使得人们的利益亦呈现出多样性。在政治上，利益多元会转换成政治观点、政治立场和政治行为的差异。民意的分化即是其中的具体表现。在美国，堕胎一直是社会关注度极高的议题，也是美国大选的重要议题。支持堕胎合法化的群体强调女性对身体的自主权，反对者则坚持认为他们是维护生命权。民意不仅是分化的，而且还是变动的。堕胎议题自20世纪60年代成为公共议题后，一直饱受争议。1973年，"罗伊诉韦德案"（Roe v. Wade）在美国联邦最高法院结案后，堕胎在大多数州合法。然而，到了21世纪，反对堕胎的声音又逐渐占据了上风，越来越多的州通过了严格的堕胎法案。

■ **信息栏：美国控枪争议**

"权利"是现代民主政治中的根本诉求和基础。当美国人将"拥枪"视作一种权利时，这种权利及其带来的不良后果正日益撕裂着美国社会。正如环球网的一篇报道所说的，在美因枪击暴力伤亡的人数有增无减。据美国非营利组织"枪支暴力档案"统计分析，2020 年，美国全年死于各类枪击事件人数首次超过 4 万人，平均每天达 110 多人。[①]

尽管惨烈的枪击案发生后都有高涨的禁枪呼声，但仍无法动摇利益集团。随着种族主义、纳粹主义、白人至上主义等社会思潮的抬头，曾经标榜安全与自由的国度正在走向反面。

民意也经历了多种表达形式的变迁。报纸曾经是最主要的民意表达渠道，随着信息传播技术的发展，电视替代了报纸。而如今，电视的影响也逐渐被互联网所替代。作为社会舆论的民意如何进入制度体系，成为政治的结构性要素？这与现代政治的民主制度紧密相关。在具体的政治实践中，民众通过投票选举产生行政首脑（国家元首）和代议机关代表，这也是民意表达的过程。

▶ 立法权

立法权是现代国家权力的重要组成部分，它承担着为整个共同体及其成员建立规则体系的功能。在绝对主义国家时期，国王或君主垄断了立法权。在欧洲，经历了王权专权之后，分权作为一种追求、策略、权力结构得到了确认。立法权逐渐从国王或君主手里转移到资产阶级手里。随着人民主权观念的兴起，资产阶级掌握的立法权还具有了"人民"的象征意义。

立法权是促进权力规范运行的一种权力。立法权不仅规范行政权、司法权，而且也规范立法权本身。立法权在运行过程中必须遵守特定的原则。首先，立法权的运行有特定的程序。其次，立法权不是无限制的。一般而言，立法机关制定剥夺公民权利、限制公民人身自由的法律会受到诸多限制。在美国，立法机关不能制定与宗教相关的法案。

---

① 资料来源：《枪支暴力成美国社会"顽疾"2021 年近一万美国人死于枪口》，http：//m.news.cctv.com/2021/03/24/ARTI9VYRr3piJDdxEEeCTeaT210324.shtml，2021 年 10 月 25 日访问。

立法权不仅规制权力，它还保护和规范社会权利。立法权通过制定法律法规体系而为共同体及其成员的各种社会权利提供保障，为各种社会行为提供规范。在一套稳定的法律法规体系下，立法权为共同体提供稳定的预期管理。这样，共同体成员清楚什么不能做，什么能做；什么行为是合法的，什么行为是不合法的。一套稳定的规则体系、可预知的未来预期、稳定的边界，是共同体稳定、发展和繁荣的基石。正因为如此，世界各国都非常重视立法工作。中华人民共和国成立以后，全国人民代表大会及其常委会行使国家立法权，为建立健全中国的法律体系做出了卓越贡献。"截至 2011 年 8 月底，中国已制定现行宪法和有效法律共 240 部、行政法规 706 部、地方性法规 8600 多部，涵盖社会关系各个方面的法律部门已经齐全，各个法律部门中基本的、主要的法律已经制定，相应的行政法规和地方性法规比较完备，法律体系内部总体做到科学和谐统一，中国特色社会主义法律体系已经形成。"① 法律体系的形成为依法治国战略的推进和社会主义法治国家的建设奠定了法制根基。

在中国，立法权由人民代表大会行使。依宪法、地方人大组织法和立法法等法律规定，全国人民代表大会及其常务委员会行使国家立法权。部分地方人大及其常委会可制定在本行政区内施行的法规。依法律规定，国务院作为最高行政机关可以制定行政法规。为了维护宪法的权威和法律体系的统一性，党的十九大报告提出："加强宪法实施和监督，推进合宪性审查工作，维护宪法权威。推进科学立法、民主立法、依法立法，以良法促进发展、保障善治。"在此基础上，第十三届全国人民代表大会第一次会议决定设立全国人民代表大会宪法和法律委员会，承担"推动宪法实施、开展宪法解释、推进合宪性审查、加强宪法监督、配合宪法宣传等工作职责"②。

---

① 资料来源：《〈中国特色社会主义法律体系〉白皮书发布（全文）》，http://www.gov.cn/jrzg/2011-10/27/content_1979498.htm，2021 年 12 月 30 日访问。

② 资料来源：http://www.npc.gov.cn/npc/c30834/201806/e5d0e4ba9f6d4ba8b8400d347d299a7f.shtml，2021 年 10 月 25 日访问。

第二节 立法机关

> 现行代议机制的特性几乎完全是在以往的漫长岁月里由它们承担的政治治理任务所逐渐形成的。
>
> ——弗里德利希·冯·哈耶克①

立法权是一种实体权力，也是一种程序权力。实体权力的性质规定立法权应该做什么，而程序权力的性质则指向立法权如何做。立法权的核心职能在于制定规则调整各种社会关系，规范各种社会行为。但结构性的立法制度，特别是详细的立法程序并没有成为关注的重点。一个立法倡议如何变成立法提案，一项立法提案怎么成为法律，就是立法制度的主要内容。

▶ 立法机关的产生

立法机关是立法权的直接承担者。一般而言，现代立法机关是通过民主机制产生的。在不同的制度形式里，立法机关的地位有所差异。从产生方式上看，现代国家的立法机关一般通过直接选举或间接选举产生。在现代政治中，立法机关主要由选民直接投票选举产生，只是具体的选举方式有所不同。单一选区制是一种立法机关产生的方式。单一选区制指一个选区只有一个议席，产生一个议员。单一选区制也称小选区制。全国分成若干个选区，每个选区选出一个立法机关的成员。根据选票计数方式的差异，单一选区制可分为单一选区绝对多数制和单一选区相对多数制。前者需要候选人获得选区的绝对多数选票才能获胜赢得议席，后者只需要候选人获得选区的相对多数选票即能胜出。在政治实践中，单一选区制一般采用相对多数制的计票方式。如美国国会两院议员的选举就主要采用单一选区相对多数制，其中众议院的 435 个议席分别在 50 个州 435 个选区选出。

---

① 〔英〕弗里德利希·冯·哈耶克:《法律、立法与自由》（第二、三卷），邓正来等译，中国大百科全书出版社 2000 年版，第 309 页。

英国下议院 650 个议席也采用单一选区相对多数制选出。

单一选区制在选举中有利于大党。因此，采用单一选区制往往会形成稳定的两党制。但是，从代表理论来看，单一选区制在一定程度上不利于不同利益群体在立法机关的诉求表达。

现代国家立法机关的另一种产生方式是复数选区制。复数选区制也称大选区制，是指一个选区选出至少两名议员。复数选区制设有最低得票率的门槛，这是参与分配议席和获得选举经费补助的最低标准。复数选区制也称为比例代表制，选区的议席按参选并且其得票率跨过最低门槛的政党的得票比例分配。复数选区制由法国学者提出，最早由丹麦在 1855 年运用于政治实践，后逐渐推广到一些实行议会制的国家，欧洲大陆最为普遍。复数选区制有利于社会各界的利益代表通过选举渠道进入立法机关，其代表性比较高。然而，复数选区制的不利因素也在于此。只要达到最低门槛得票率，政党即可分得议席进入立法机关，这导致实行复数选区制的国家政党林立，立法机关中的政党数目繁多。政党间的政见、立场和利益有时候难以协商一致，政局因而呈现僵持、动荡等不稳定的特征。

为了在代表性和政局稳定之间达到一个平衡，实行复数选区制的国家或地区在政治实践中或多或少作了倾向于政局稳定的选举制度设计和调整。在德国，立法机关选举的选票由两类选项组成：一是候选人选项，二是政党选项。德国联邦议院共有 598 个议席，其中 299 个议席由选民投票从德国 299 个选区直接选出，另外 299 个议席则依据所有参选政党得票率按比例分配。参与分配议席的政党得票率必须超过 5% 的最低门槛。

在选民直接投票选举产生立法机关之外，另一种产生立法机关的方式是间接选举。在中国，各级人大代表的产生有直接选举和间接选举两种方式。县乡两级人大代表的产生方式是直接选举，县级以上各级人大代表由下一级人民代表大会选举产生。各级人大代表都实行差额选举的方式，差额选举要求候选人的人数要大于实际选出的人大代表人数。

立法机关的运行

立法机关行使立法权，但立法机关无法在任何时候都通过全体会议的形式来行使立法权力，因此，立法机关必须采用适当的制度设计使立法权得到有效的运行。世界各国立法机关内部权力运行通常采用委员会制度。在实际运作中，委员会行使着立法机关的大多数权力。委员会的运作关系到民意能否最终变成法案并提交立法机关会议讨论表决。如果一个立法倡议没有得到专门委员会的支持，那相关的社会意见就不可能成为提案，更不可能成为法律。得到委员会支持的立法倡议形成形式完备的提案提交立法机关全体会议讨论表决，若得到全体会议的多数成员支持，议案即获通过。在中国，全国人大及其常委会都在权限范围内讨论和表决提案。全国人大的各专门委员会可以向全国人大及其常委会提出提案。

现代国家的立法机关都设立了委员会，以促进立法权的有效运行。在中国，全国人大设立了十个专门委员会，即民族委员会、宪法和法律委员会、监察和司法委员会、财政经济委员会、教育科学文化卫生委员会、外事委员会、华侨委员会、环境与资源保护委员会、农业与农村委员会、社会建设委员会。全国人大常委会设立了四个工作委员会，即法制工作委员会、预算工作委员会、香港特别行政区基本法委员会、澳门特别行政区基本法委员会。在这些委员会之外，全国人大还可以依法设立其他专门委员会。《宪法》第71条第1款规定："全国人民代表大会和全国人民代表大会常务委员会认为必要的时候，可以组织关于特定问题的调查委员会，并且根据调查委员会的报告，作出相应的决议。"英国议会设立的工作委员会分为上院（贵族院）的专门委员会，下院（平民院）的一般委员会、专门委员会，联合委员会和专司区域问题的委员会等几种类型。[1]

■ **信息栏：英国议会发展及其委员会**[2]

1215年，英国国王约翰和25名贵族签署《大宪章》。它被后世称作"第一个伟大的议会文献"，为议会的产生奠定了基础。亨利三世随后签订的《牛津条例》首次提出了政府主要大臣要对委员会负责并定期召开议会

---

[1] 资料来源：https://www.parliament.uk/about/how/committees/，2021年10月25日访问。

[2] 资料来源：https://www.parliament.uk/business/committees/committees-a-z/，2021年10月25日访问。

的原则。1295年召开的"模范议会"将召集郡、市代表参会的做法确定了下来,贵族集体商讨国事的大议会便转变成了具有代议性质的议会。据此,人们称1295年的模范议会为"第一个代议性议会"。议会由不同阶层的利益代表组成,贵族与宗教界代表组成上院(贵族院),平民代表组成了下院(平民院),上院和下院各选举一名议员主持本院的讨论(后称议长)。1332年,贵族和平民首次分院议事,标志着两院制的出现。1343年,议会档案首次详记了两院议事的情况,两院制最终形成。

从13世纪到15世纪后期,英国议会发展迅速,其组织形式、工作程序和多种职能日趋稳定,议会的工作程序、规章和议事机构趋于定型。17世纪中期,新兴阶层出现并积极参与国家政事,他们以议会为阵地反对王权。自议会诞生起,国王始终将上院看作加强君权的最大障碍,因而一再削弱上院壮大下院。随着斯图亚特王朝国王的专制统治为下院所不能容忍,最终爆发了英国资产阶级革命。1688年光荣革命后,英国开始实行君主立宪制,《权力法案》和《王位继承法》等一系列法案确立了议会高于国王的原则。不过,在此后的一百年间,英国政权基本上仍为土地贵族所把持。18世纪下半叶的工业革命将资产阶级推上了历史的舞台,由此催生了1832年英国历史上第一次重大的议会改革。此后,议会内部的权力不断从上院移向下院。

英国议会下院为了有效运转,一般设有以下几个委员会:一般委员会(General Committees);专门委员会(Select Committees);联合委员会(Joint Committees);重大委员会(Grand Committees)。

美国国会设立的工作委员会主要有三种类型:一是常设委员会;二是专门委员会;三是联合委员会。① 美国第116届国会参众两院都设有常设委员会和专门委员会。美国众议院设立了涉及农业、预算和退役军人等在内的20个常设委员会,参议院设立了16个常设委员会。参议院常设委员会基本都有对应的众议院常设委员会。除此之外,美国国会还设有一些咨询委员会和事务小组(如表7-1所示)。

---

① 资料来源:https://www.congress.gov/committees,2021年10月25日访问。

表 7-1　美国 116 届国会委员会设立情况

众议院	参议院
常设委员会	
- 农业委员会 - 拨款委员会 - 军事委员会 - 预算委员会 - 教育和劳工委员会 - 能源与商业委员会 - 伦理委员会	- 农业、营养和森林委员会 - 拨款委员会 - 军事委员会 - 银行、住房和城市事务委员会 - 预算委员会 - 商业、科学和交通委员会 - 能源和自然资源委员会
常设委员会	
- 金融服务委员会 - 外事委员会 - 国土安全委员会 - 众议院行政委员会 - 司法委员会 - 自然资源委员会 - 监督和改革委员会 - 规则委员会 - 科学、空间与技术委员会 - 小企业委员会 - 交通和基础设施委员会 - 退伍军人委员会 - 赋税委员会	- 环境和公共工程委员会 - 金融委员会 - 外交关系委员会 - 健康、教育、劳工和养老委员会 - 国土安全和政府事务委员会 - 司法委员会 - 规则和管理委员会 - 小企业和公司委员会 - 退伍军人委员会
专门、特别和其他委员会	
- 情报专门委员会 - 气候危机特别委员会 - 国会现代化特别委员会	- 老龄化专门委员会 - 国际麻醉品管制小组 - 伦理特别委员会 - 印第安人委员会 - 情报特别委员会
联合委员会	
- 经济联合委员会 - 图书馆联合委员会 - 印刷联合委员会 - 税收联合委员会	
委员会和小组	
- 欧洲安全与合作委员会（美国赫尔辛基委员会） - 汤姆·兰托斯人权委员会	- 参议院艺术委员会

资料来源：美国国会网站，https://www.congress.gov/committees。

立法机关的核心事务是通过立法为国家的诸多事务提供规则体系。在立法之外，因其直接代表人民表达民意，立法机关还承担国家人事任免、政治监督等结构性职能。在实行议会制的国家，议会在人事任免方面承担的职能相对较弱。在实行总统制的国家，国会在人事任命上承担的角色十分关键，这是立法权制衡行政权的重要一环。在美国，凡是总统提名任命的重要行政官员和联邦法院法官都必须得到参议院的支持，否则任命无效。

监督政府是立法机关重要的职能之一。在现代国家中，随着行政机关在政治、经济和社会等领域越来越占据主导优势，立法机关的监督角色就显得更加突出。一个普遍的现象是，世界各国的立法机关在创制法案上的比例远不及行政部门，立法机关逐渐扮演一个通过法案的角色，这即是立法机关衰落的表现。美国国会有很多途径和手段监督政府。按惯例，美国总统作为行政首脑每年必须到国会发表国情咨文。另外，国会参众两院经常就特定问题举行听证会，政府相关部门的负责人或官员有出席听证会的义务。国会对政府的监督和批评最有效的手段有两个：一是预算拨款，二是弹劾。前者是一个经常性的监督手段，后者则是一个高悬的"达摩克利斯之剑"。英国议会对行政部门的监督和批评往往十分尖锐，有时候这种议会监督会导致政府下台。因此，英国内阁在回答议会议员质询时必须做好充分准备、谨慎回答。议会对内阁提出不信任案是监督的撒手锏。

人民代表大会制度是中国的根本政治制度。随着人民代表大会制度的发展和完善，全国人大在履行监督职能方面有了长足发展。一是在制度建设上，强化了人大的监督力度。这不仅体现在对政府的监督上，还表现在对人民法院和人民检察院的监督上。二是在监督实践上，全国人大的监督表现得越来越有力，对国务院的工作询问逐渐表现出质询监督的特质。

除了前述职能，立法机关在现代政治实践中还具有服务选民和政治社会化（教育）等功能。

第三节 立法程序

> 一种公平的程序只有在被实际地贯彻的时候才能把它的公平性传递给其结果。
>
> ——约翰·罗尔斯①

严格而有效的立法程序是立法机关为整个国家及其成员建立规则体系的关键环节之一。简而言之，立法程序就是一个立法倡议经由立法草案成为法律的全过程。一般而言，各国的立法程序由拟定法律草案、审议法律草案和公布法律等环节组成。

法律的根本功能在于调整某种社会关系，平衡社会利益，进而创制社会规则。立法总是落后于现实的发展，因为无法用法律调整一个不存在的社会关系。当特定社会关系的影响重要到必须通过法律调整时，立法的需求就凸显了。例如，在经济领域，随着金融业的发展，各国维护金融安全的法律在所有法律中所占比重逐渐加大。进入 21 世纪后，由于金融业过度发展引起了经济危机，各国都加强了金融监管的立法。随着世界互联网与虚拟经济的发展，各国相关的立法需求激增。

提出法律草案

一项法律的制定是一个多方利益协调的过程。在中国，立法过程是中国共产党领导人民通过法定程序实现自我意志的过程。在西方，立法过程是资产阶级内部博弈以及与由个体的公民（选民）组成的团体博弈的过程。形成法律草案是这个博弈过程（即立法程序）的第一步。然而，从零星的立法诉求到法律草案也是一个复杂的各方互动过程。在各国立法实践中，政党、社会团体、利益集团、专家等各种政治行动者都可能提出法律草案，公民个体也能成为法律草案倡议者。

---

① 〔美〕约翰·罗尔斯：《正义论》（修订版），何怀宏等译，中国社会科学出版社 2009 年版，第 68 页。

法律草案形成后需要提交立法机关审议。各国的具体提交程序不尽相同。一般而言，依法有权向立法机关提出法律草案的主体主要有以下几种类型：人民代表（议员）、立法机关的工作委员会、其他权力机关。需要注意的是，虽然人民代表（议员）可以向立法机关提交法律草案，但是在不同的国家，相关规则并不一致。有些国家议员可以单独提出法律草案，有些国家则要求议员联名才可以提出法律草案。在英国、澳大利亚和加拿大等国家，议员可以单独向立法机关提出法律草案。在另一些国家，如日本、韩国议员只能联名提出法律草案。在美国，国会议员是唯一有权提出法律草案的政治行动者。

根据《中华人民共和国立法法》（以下简称《立法法》）第18条第1款，"一个代表团或者三十名以上的代表联名，可以向全国人民代表大会提出法律案，由主席团决定是否列入会议议程，或者先交有关的专门委员会审议、提出是否列入会议议程的意见，再决定是否列入会议议程"。全国人大主席团、全国人大常委会、国务院、中央军事委员会、最高人民法院、最高人民检察院、全国人大各专门委员会，可以向全国人大提出法律草案。中华人民共和国的立法程序如图7-2所示。

图7-2　中华人民共和国立法程序

全国人大常委会亦拥有部分立法权，因此，法律案也可以向全国人大常委会提出，但向全国人大常委会提出的法律案必须是其立法权限内的。《立法法》第19条第1款规定："向全国人民代表大会提出的法律案，在全国人民代表大会闭会期间，可以先向常务委员会提出，经常务委员会会议依照本法第二章第三节规定的有关程序审议后，决定提请全国人民代表大会审议，由常务委员会向大会全体会议作说明，或者由提案人向大会全体会议作说明。"

▶ **审议法律案**

议会是现代政治中非常重要的权力机构。它既是民意机关，也是立法机关。作为立法机关的议会的职能在于立法,即审议法律案。按照现代政治的原则,人民通过民主程序将立法权力授予立法机关。然而,制度运行的现实和组织社会学理论显示,官僚制往往主导着现代政治组织的运行①,议会立法程序的运转也不例外。实际上,在法律案提交大会讨论前,委员会已经行使了实质性的立法权力。② 在美国国会,新晋议员如果不说服委员会,那其提出的包括法律案在内的议案都不会得到有价值的回应。③ 在大多数国家议会里,真正起作用的是小规模的专门委员会。在立法过程中,只有通过了专门委员会的审核,才可以提交议会全体会议审议。在各国立法实践中,随着现代民主政治形式的发展,大部分法律案在形成之后审议之前都会公开向社会征求意见。公开征求意见的形式主要有座谈会、论证会或听证会,以及向社会公布法律案公开征求意见等。

虽然议会逐渐在现代政治结构中衰弱,但其仍然发挥着非常重要的作用。在社会经济发展的过程中,议会审议的法律案越来越复杂,越来越棘手,也越来越多。因此,恰当的审议程序是保证立法事务正常进行的制度机制。审议程序既要满足民间表达的需求,又要保证法律案的审议正常进行,还要符合权力制约的原则。

依我国宪法和立法法规定,全国人大及其常委会行使国家立法权,其立法权限主要包括国家主权、国家机构等根本和基本政治制度,基本经济制度、公民权利和义务等。在立法实践中,立法审议程序主要分成两个部分:一是全国人大的立法审议程序;二是全国人大常委会的立法审议程序。在全国人大的立法权限内,全国人大主席团接受法律案,并由其决定法律案下一步的程序走向。全国人大常委会、各专门委员会和国务院等国家机关提出的法律案,由人大主席团决定是否列入会议议程。人大代表团或代表联名提出的法律案,由人大主席团决定是否列入会议议程或转交相关专门委员会审议、提出意见。人大主席团再根据相关专门委员会的意见决定是否列入会议议程。在全国人大闭会期间,全国人大立法权限内的法律案

---

① 〔德〕罗伯特·米歇尔斯:《寡头统治铁律——现代民主制度中的政党社会学》,任军锋等译,天津人民出版社2003年版,第1页。

② 〔美〕威尔逊:《国会政体:美国政治研究》,熊希龄、吕德本译,商务印书馆1986年版,第37—40页。

③ 同上书,第41—45页。

可由全国人大常委会提出，由全国人大常委会审议后提请全国人大审议。

进入全国人大会议议程的法律案，需要提前一个月将法律案发给人大代表。提案人在全体会议中就法律案作说明。在这之后，立法程序进入代表团审议阶段，并收集人大代表对法律案的修改意见。法律案经审议收集修改意见后，依据意见具体情形有三种可能的程序走向：一是提案人撤回，法律案终止；二是意见分歧比较大或法律案有重大问题需要进一步研究的，法律案可以继续修改，延期报告、审议；三是法律委员会依据修改意见调整法律案后提请全国人大大会表决，获全体代表过半数同意后通过。

全国人大常委会拥有部分立法权。全国人大常委会在其立法权限内的立法程序和全国人大的立法程序大致相当。差异主要体现在两个方面：一是全国人大常委会立法没有代表团审议环节；二是全国人大常委会立法一般应当经三次常委会会议审议后再交付表决。

在美国，只有国会议员可以提出法律提案。通常议员分别向两院提出各自立法权限内的法律提案。国会两院接到提案后会转交相关的专门委员会。委员会是美国国会的核心，法律提案只有被专门委员会认可才可能提交参议院或提交众议院全体会议辩论。在国会辩论阶段，对提案持不同意见的议员可以进行冗长辩论，以阻止法律提案的正常审议。在辩论结束后，法律提案进入表决程序环节。（见图 7-3）总之，依据权力制衡原则设计的程序规则在实际的立法实践中显得非常复杂，受众多因素的影响，具体法律提案的立法过程并不一样。

▶ 法律公布

在现代政治结构中，立法机关通过的法律还必须经过国家元首签署才能生效成为法律。法律公布是现代政治赋予国家元首的一项职权。这项职权既是立法程序的必备环节，也是现代政治权力相互制约与平衡的结构性要素。

在中国的立法程序中，法律案在全国人大走完审议程序后，由国家主席签署主席令予以公布。

在美国的立法程序中，美国总统可以利用法律签署权制衡国会的立法权。总统如果行使签署权，国会递送的法律提案等待生效后即可成为法律。总统如果对国会通过的法律提案持有异议，那么他有两个选择：一是直接行使否决权，拒绝签署；二是不管不问，让其在一段时间后自动成为法律或在国会会期结束后行使口袋否决权。①

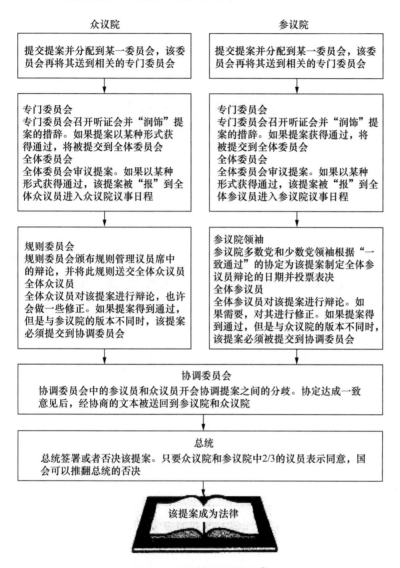

图 7-3　美国立法流程图②

---

① 总统行使口袋否决权是有条件的。依据美国《宪法》第 1 条第 7 款，总统对收到国会送达的法律提案在 10 天（周日除外）内要作出反应。在这个期限内，总统既不签署也不否决，提案即自动成为法律。但有一个例外，即总统收到法律提案在 10 天之内不签署，而国会已休会，该提案即被否决。这即是所谓的口袋否决。总统否决的法律提案若经国会参众两院达 2/3 的议员联合推翻总统的否决，法律提案自动成为法律。

② 〔美〕詹姆斯·麦格雷戈·伯恩斯等：《民治政府——美国政府与政治》（第二十版），吴爱明等译，中国人民大学出版社 2007 年版，第 333 页。

第八章

行政制度

在现代国家理论及其实践中,"表达国家意志"的立法机关制定的法律不能由其自身来执行,需要专门的机关来执行。这个专门的执行机关通常被称为"行政机关"或"政府"。古德诺指出,行政机关的主要功能是执行国家意志。换言之,行政机关以行政权为核心和基础。

为了保证行政权有效运行并防止行政权被滥用,现代国家都建立了规范行政机关执行行政权的制度,这就是行政制度。

第一节 行 政 权

执行国家意志的功能被称作为行政。

——F. J. 古德诺[①]

依据第二种权力(国家的行政权力),他们媾和或宣战,派遣或接受使节,维护公共安全,防御侵略。

——孟德斯鸠[②]

---

① 〔美〕F. J. 古德诺:《政治与行政》,王元、杨百朋译,华夏出版社1987年版,第41页。

② 〔法〕孟德斯鸠:《论法的精神》(上册),张雁深译,商务印书馆1963年版,第115页。

在日常生活中，人们最常接触的就是政府，可以说，人们的生活与政府息息相关。政府既然如此深刻地影响着我们的生活，那么弄清政府是怎么回事就成了一件必然的事情。在大众眼中，政府和国家是可以画等号的。然而，在现代政治中，政府与国家有着明显的界限。简单地说，国家是主权、土地、政府和人口组合而成的共同体，是制度、文化和人的复合体；政府则是指一套制度体系，狭义的政府就是一套行政制度。

现代政治中，国家权力一般分为立法、行政和司法三个部分。在三权中，行政权的功能是执行，因此，行政权的运行逻辑是效率。与行政权的运行逻辑不同，立法权的运行逻辑是平等，而司法权的运行逻辑是公正（见图 8-1）。

从历史维度来看，行政权的出现要早于立法权和司法权，只是很多时候并不直接称行政权而已。在历史进程中，现代意义上的立法机关和司法机关一般都依附于行政机关。例如，中国历史上的衙门几乎掌管着全部事务，包括"征税纳粮、教化百姓、听讼断案、劝民农桑、灾荒赈济、兴学与科举"① 等。

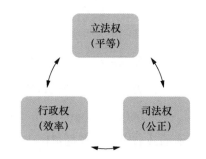

图 8-1 现代国家权力的运行逻辑结构图

▶ 行政首脑：总理、首相与总统

总理、首相和总统等是时政新闻或政治书籍中常见的官称。这些官称

---

① 周庆智：《县政治理：权威、资源、秩序》，中国社会科学出版社 2014 年版，第 23—26 页。

指的是现代政府的负责人,即通常所说的行政首脑,有时也称为政府首脑。行政首脑基于行政权负责领导整个行政体系。在议会制国家,总理(首相)由议会选举产生。通常,在议会中赢得总理(首相)选举的条件是总理(首相)候选人所在的政党或政党联盟在议会中占据过半数的席位。因此,议会制国家中的行政首脑是间接选举产生的。总理(首相)主要通过人事任免权和所在政党的纪律来控制自己所领导的政府,这是行政权的核心。除此之外,总理(首相)的个人风格和个人魅力亦是其有效行使行政权力的手段。英国前首相撒切尔夫人的"铁娘子"称号即是其个人风格和个人魅力的体现。

在实行总统制的国家,行政首脑一般由选民直接选举产生。但也有例外。美国总统看似由选民直接投票选举产生,实则不然。美国总统的选举流程是美国选民在总统大选中投票选举出选举人团,再由选举人团投票选举产生总统。由于选举人团制度的存在,美国总统大选可能会出现当选总统所获得的选票要少于落选的候选人的情形。例如,2000年美国大选中,最后通过司法途径确认当选总统的小布什所获得的选民投票数要少于落选的戈尔。

与议会制国家的行政首脑相比,美国总统很难通过政党纪律来控制其政府官员,这是由美国政党制度的松散特征决定的。当然,这并不意味着美国总统无力控制政府官员,美国总统主要通过宪法赋予其的人事任免权来行使行政控制权。理论上,美国总统可以提名任命的政府官员有三千多位。行政官员、外交官、联邦法院系统的法官等都可以由总统提名任命,当然,美国总统提名任命的政府官员需要提请国会参议院确认。同时,美国总统也拥有几乎不受限制的解职政府官员的权力。2016年,唐纳德·特朗普赢得大选就任美国总统之后,解职其提名任命的政府官员的频率要高于美国历史上任何一位总统。

我国国务院总理负责领导最高行政机关,代表国家行使行政权。国务院实行总理负责制。国务院总理由国家主席提名,全国人大投票决定。副总理、国务委员和国务院组成部门负责人由总理提名,全国人大决定。各部、各委员会实行部长、主任负责制。除人事任免权外,国务院总理还可通过召开国务院常务会议和国务院全体会议行使其权力，发布通知、行政令和制定政府政策是其行使权力的主要工具。此外，国务院总理还拥有行政监督权。审计监督权是国务院总理行政监督权的主要构成内容之一，在组织构成上，审计监督权主要由审计署具体承担。2019年3月之后，国务院总理行政监督权之一的行政监察权调整为国家监察权，由新成立的国家监察委员会承担。此外，行政监督权还可以通过行政督察、督导等形式体现。

中央行政机构

行政首脑领导整个政府，但其需要一个团队来协助其行使行政权力。这个团队即是中央行政机构，一些国家亦称为内阁、委员会。在中国，这个行政机构即是国务院。在日常的政治表达中，政府经常被冠以行政首脑的名字用以指代，如安倍内阁、特朗普政府等。

一般而言，中央行政机构的组织原则主要有两种：一是行政首长负责制，二是委员会制。现代政治实践中，行政首长负责制是主流，只有极少数国家的中央行政机构采用委员会制，瑞士联邦政府是采用委员会制的典型。不论是行政首长负责制还是委员会制，中央行政机构都由不同的部门组成。2018年3月17日，十三届全国人大一次会议通过《国务院机构改革方案》，新一届国务院由26个组成部门构成。[①]

美国联邦政府构成经历了一个缓慢变化的过程。联邦政府在1789年建立时，行政部门由陆军部、财政部和国务院三个部构成。[②] 在经济社会发展进程中，美国联邦政府的行政组成部门逐渐增多。进入21世纪，美国联邦政府的组成部门相对稳定，每届政府的组成部门基本相同，主要有国务院、财政部、商务部、司法部和劳工部等（见表8-1）。

[①] 国务院组成部门的具体信息参阅本书第六章第二节。
[②] 李道揆：《美国政府与美国政治》，商务印书馆1999年版，第447页。

表 8-1　美国联邦政府组成部门

序号	部门名称	序号	部门名称
1	农业部（Department of Agriculture）	9	内政部（Department of the Interior）
2	商务部（Department of Commerce）	10	司法部（Department of Justice）
3	国防部（Department of Defense）	11	劳工部（Department of Labor）
4	教育部（Department of Education）	12	国务院（Department of State）
5	能源部（Department of Energy）	13	交通部（Department of Transportation）
6	卫生与公共服务部（Department of Health and Human Services）	14	财政部（Department of the Treasury）
7	国土安全部（Department of Homeland Security）	15	退伍军人事务部（Department of Veterans Affairs）
8	住房与城市发展部（Department of Housing and Urban Development）		

资料来源：https://www.whitehouse.gov/about-the-white-house/the-executive-branch/。

地方行政机构

一国行政体系，除居于主导地位的中央行政机构外，还包括地方行政机构。地方行政机构是绝大多数行政政策的制定者和行政事务的直接执行者。现代国家的规模远超城邦等微型政治体，行政政策的制定和执行需要适应行政区域的多样性，行政层级划分应运而生。行政层级也称"行政级别"，对应相应的行政区域。行政级别越高，管理权限越大。行政区域面积的大小和行政级别的高低没有必然联系。我国面积最大的县是新疆若羌，面积为 20.23 万平方千米；面积最小的县是原山东长岛，面积只有 56 平方千米。若羌县的面积是长岛县的 3600 倍，二者虽面积不同，但行政级别相同。行政区域的面积大小受历史、政治、经济和地理等复合因素影响，因此，行政区域面积呈现横向随机特征。

中国现行宪法确认了在近代历史进程中形成的"中央、省（直辖市、自治区）、县、乡（镇）"行政层级。在现实的政治生活中，受历史与现实的影响，省和县之间还有"地级市"的行政设置。这些层级不同的地方行政机构依据职权的划分提供种类繁多的公共服务，公共安全、公共交通、基础设施和教育是地方政府提供的主要公共服务。

■ 信息栏：中国地级市的演变

中国行政区划之一的地级市，因其行政地位与"地区"相同而有此行政区划术语，并自1983年11月5日开始固定下来。在政府层级中，它属于中层地方政府。截至2019年，中国共有293个地级市。

在明、清两代，省、县之间一直存在一级政府（府或州），而州又可追溯至唐、宋。在封建帝制结束后的民国初期，地方政府层级为省、道、县三级制。1927年采用省、县两级体制。1937年后，出现了用于协助省政府领导、指挥县政府的省政府派出机构——行政督察区。中华人民共和国成立后，改行政督察区为专区。1971年又改专区为地区。20世纪80年代后，市管县体制在全国迅速发展，逐步确立了地级市建制的格局。

在中国的行政体制中，同一序列的上级政府可以命令下级政府。不同序列的各级政府间，理论上只有府际协作关系。上下级政府间的命令结构源自政府权力纵向配置特征——中央集权。在集权模式下，中央政府掌握全部行政权力，地方各级政府权力来自上级政府的授予。上下级政府间存在制度性的命令关系（领导与被领导关系）。

美国州与地方政府

中央集权是央地关系的模式之一，另一种央地关系的模式则是地方自治。与集权模式中中央政府掌握全部行政权力不同，在自治模式内，各级政府的权力由宪法或法律明确规定。在美国，地方行政机构由州级政府和"地方政府"[①] 构成。美国联邦宪法和各州宪法规定了州政府拥有的行政

---

① 美国的地方政府（Local Government）是一个专用概念，特指州政府以下的县、自治市等政府组织。关于美国地方政府更详细的信息，参见〔美〕文森特·奥斯特罗姆：《美国地方政府》，井敏等译，北京大学出版社2004年版。

权力,"作为原始主权,各州政府被假设具备一切权力,除非这些权力被州宪法的权利法案或政府构架所限制……联邦宪法的作用是'授予而非限制政府权力',各州宪法的作用则是'限制而非授予'"①。州政府以下的地方政府的权力都来自自治传统和原则,这种自治传统和原则在美国绝大多数州都以法律形式明确为清晰的自治权及自治范围。不过,20世纪中期以来,美国联邦政府通过财政拨款等手段加强了对州政府的控制。州政府对地方政府亦是如此。美国有些州为了适应社会经济发展的需要,调整了州政府与其下地方政府之间的职能范围,如一些州政府加强了对道路等基础设施的修筑和管理职能。

州是美国的基石。美国联邦政府成立后,州政府仍然是美国政治的重要结构因素,州政府拥有很大的权力和很强的独立性。每个州都有自己的宪法,各州的社会政治结构不尽相同。州的独立性还体现在州政府和地方政府共同提供公共服务,州政府的职能集中在"财政、安全、教育、卫生、福利、公共工程、农业、劳工、工业和资源保护"②等方面。

美国州政府下的地方政府主要有五种类型:县、自治市、乡镇、学区和特别区。③"农村地区人口较稠密的中心设立独立的自治体,称为乡村或自治村。"④市政府的主要职能在于服务工业等现代经济的发展,提供教育、卫生、道路和公共安全等公共服务。县政府的职能可以简单地划分成两类:一是传统职能;二是现代职能。传统职能包括"维持治安、执法、济贫、监管学校、保养公路、征税、选举、记录土地所有权和抵押以及履行州政府所下达的一些次要的任务"⑤。县政府的现代职能是随着联邦和州政府对地方政府干预的增加而发展起来的,传统职能在于行政管

---

① 张千帆:《自由的魂魄所在:美国宪法与政府体制》,中国社会科学出版社2000年版,第145页。
② 〔美〕查尔斯·A.比尔德:《美国政府与政治》,朱曾汶译,商务印书馆1987年版,第709页。
③ 〔美〕文森特·奥斯特罗姆等:《美国地方政府》,井敏等译,北京大学出版社2004年版,第3页。
④ 〔美〕查尔斯·A.比尔德:《美国政府与政治》,朱曾汶译,商务印书馆1987年版,第905页。
⑤ 同上书,第912页。

理，而现代职能则具有更浓的公共服务特征，具体包括"公园、图书馆和医院的管理，某些身心有缺陷者和受赡养者的特殊照顾，公共卫生工作，土壤保持，分区和规划，防火防洪，与联邦机关合作进行农业工作和管理养老金，其他与公共福利有关的公共活动以及与联邦住房管理局合作"① 等。

第二节 政府机构

> 大规模的现代国家绝对要依赖于一种官僚制基础。
> ——马克斯·韦伯②

政府是执行机构。世界各国政府都有其特定职能，需要在规定的时间内完成某项任务。执行讲求时效，这要求有合理的制度设计和执行保障。行政权力运行既需要保障其有效执行，同时也要防止权力滥用：一方面，防止政府及其成员利用权力牟利寻租；另一方面，防止政府不当使用权力对社会造成侵害。

不同国家行政权力的组织特征各有不同。按照行政权力的横向和纵向组织特征，行政制度可划分成以下类型：君主制和民主共和制、单一制和复合制。

▶ 君主立宪制与内阁

秦始皇的"天子自称曰'朕'"和路易十四的"朕即国家"是君主制的经典语言。君主制的核心在于全部权力集中于一人，即"事无大小皆决于上"。掌握全部权力的人一般叫君主或皇帝。高度集权是君主的优势，

---

① 〔美〕查尔斯·A. 比尔德：《美国政府与政治》，朱曾汶译，商务印书馆1987年版，第913页。

② 〔德〕马克斯·韦伯：《经济与社会》（第二卷），阎克文译，上海人民出版社2010年版，第1110页。

亦是其劣势。由于权力的天然侵害性，权力越集中就越难以控制，权力施害的可能性就越高。民主革命浪潮席卷之后，大部分国家都取缔了君主制。目前，君主制在现实政治结构中有两种形式：一是西亚地区未经历大规模民主化浪潮的国家，君主制仍然以集权专制的形式存在；另一种形式则是君主立宪制，在实行君主立宪制的国家中，君主转型成虚位国家元首，在国家政治生活中承担象征性功能。君主原来掌控的行政权力由内阁掌握并行使。英国是现代最早采用君主立宪制的国家。

英国是现代内阁制的发源地，内阁是英国中央政府的核心构成部分。内阁由议会的选举结果决定，内阁对议会负责，并接受议会监督。在议会选举中获得胜利的政党或政党联盟赢得组阁权。获得政党或政党联盟推选的首相候选人（一般是党魁）由英国君主（女王）任命为首相。当议会通过了对当届政府的不信任案，内阁或解散或提请君主解散议会重新大选。内阁由各事务部组成，财政部、内政部、国防部和外交部等是内阁最核心的组成单位。担任英国首相的政治人物多有财政部等部门的任职经历，这些部门的大臣在内阁中的影响很大。例如，英国前首相布莱尔有意让英国加入欧元货币圈，而财政大臣布朗持反对意见。于是，英国直至今天仍然游离于欧元货币圈。脱欧更让英国与欧盟相分离，"英国脱欧"成了英国国内政治问题和欧盟政治的主要问题之一。

■ 信息栏：英国脱欧

英吉利海峡让英国与欧洲大陆隔海相望，特殊的地理位置和复杂的历史关系让英国长时间在外交上采取"不干预政策"，这也使得英国和欧洲大陆在政治上若即若离。虽然英国为二战的胜利付出了巨大的代价，但是英国并不是欧盟前身欧共体的创始成员国，甚至其首次申请时被法国总统戴高乐否决。在欧盟推行统一货币欧元时，英国也没有采用。进入21世纪，脱欧成为英国的重点政治议题之一。2013年1月23日，英国首相戴维·卡梅伦为了挽救政治颓势提出英国脱欧议题，2016年6月23日举行公投，公投结果显示有52%的英国人赞成脱欧。公投过后，卡梅伦宣布辞职。时任内政部大臣的特雷莎·梅接任英国首相，着手处理脱欧事宜。为此，设立了脱欧事务大臣。但是，特雷莎·梅不久也辞任首相，脱欧一事仍然胶着。

鲍里斯·约翰逊接任英国首相后着力推动英国脱欧，结果仍然是一波三折。2019 年 12 月 12 日，鲍里斯·约翰逊在议会选举中获得了压倒性的胜利，这才让英国脱欧摆脱了"胶着"状态。

2020 年 1 月 9 日，英国下议院通过脱欧法案。

2020 年 1 月 29 日，欧洲议会全会通过英国"脱欧"协议。

2020 年 1 月 30 日，欧盟正式批准了英国脱欧。

2020 年 1 月 31 日，英国正式"脱欧"。

内阁形成前，英国的行政权中心在国王与上议院的枢密院。国王与上议院枢密院的结合是英国中央政府集权的关键。17 世纪英国资产阶级革命后，英国的行政权中心由国王和枢密院转移到首相和内阁。①

理论上，内阁负责作出几乎所有重大决定。通常，内阁主要负责以下事务："（1）即将进行的议会事务、外交与主要经济决策（如预算及利率变化）的报告等日常性事务……（2）自下而上提交内阁裁决的争议性事务……（3）范围广泛的焦点问题，包括战争等国家危机、大规模罢工等政治冲突以及具有高度政治敏感性的问题"②。需要注意的是，随着内阁负责的事务越来越多，如今英国内阁只负责直接制定少数重大决议，绝大多数政策议题由各种"内阁委员会"作出，最后呈送内阁批准。

英国政府和内阁由首相领导，英国首相拥有巨大的权力，以至于有人认为英国首相已经变成了总统式首相。在英国，首相掌握了以下权力：组阁权、政府领导权、政府文官队伍的控制和监督权；经济、财政、外交和

---

① 参见施雪华：《当代各国政治体制：英国》，兰州大学出版社 1998 年版，第 161 页。

② 〔英〕比尔·考克瑟、林顿·罗宾斯、罗伯特·里奇：《当代英国政治》（第四版），孔新峰等译，北京大学出版社 2009 年版，第 307 页。关于英国内阁的职能及其负责的事务，请参见 Bill Jones, *British Politics: The Basics*, Routledge, 2021, pp. 264-265.

国防等重大议题的决策权；依宪法惯例决定大选日期或依惯例解散议会决定大选的权力；代表国家进行外事活动的外交权；扮演国民领袖（The First Citizen）的角色。①

■ **信息栏：英国内阁的职能**

1. 正式批准在别处通过的决议
2. 裁决下级部门提交的争议
3. 管理突发紧急事件和重大政治争端
4. 内阁成员进行政策等议题辩论
5. 为政府决策背书
6. 扮演着一种象征角色，表明英国内阁的集体负责制

内阁是英国中央政府的核心组成部分，是英国的最高行政委员会，是英国政府的核心领导机构。英国中央政府由内阁部门、非内阁部门和其他公共机构②，以及王室部分机构等组织机构组成。从机构角度来看，内阁主要由首相办公室、内阁办公室、各事务部和总检察长等部门组成；从人员的角度来看，内阁由首相、各部大臣、总检察长等构成。财政部、外交部和国防部等是英国内阁的重要构成，上述部门的大臣在英国内阁掌握重要话语权。Chancellor 是英国财政部大臣的专有名称，其他内阁大臣一般称为 Secretary of State。在各内阁事务部中，Minister 一般指称事务官，类似于我国国务院组成部门的副职。在英国，内阁部门由政务官、事务官和文官组成，并由政务官领导，其部门结构如图 8-2 所示。内阁部门的政务官由首相在当选的议会议员中选任，而且一般在本党或执政联盟政党的当选议员中选任。

---

① 参见〔英〕比尔·考克瑟、林顿·罗宾斯、罗伯特·里奇：《当代英国政治》（第四版），孔新峰等译，北京大学出版社 2009 年版，第 295 页。
② 当前，英国有 23 个内阁部门、20 个非内阁部门和 422 个其他公共机构。资料来源：https：//www.gov.uk/government/organisations，2023 年 1 月 12 日访问。

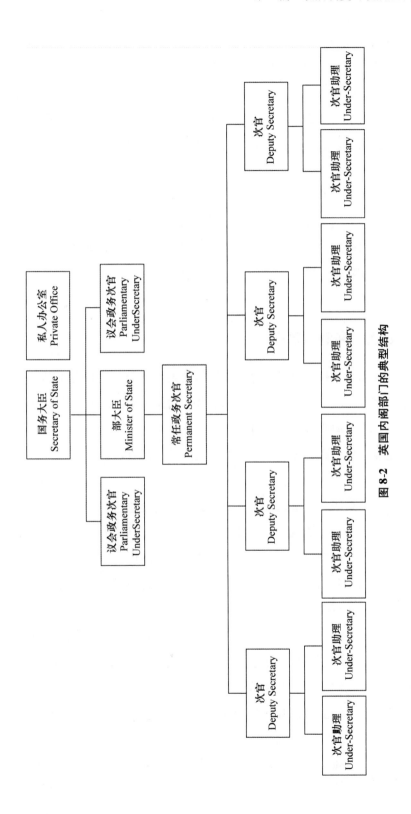

图 8-2 英国内阁部门的典型结构

内阁成员的任免权由首相掌控，英国首相任命内阁阁员要得到君主的正式同意，虽然这种同意只是象征性的。提名任命为阁员的政治人物必须是英国议会的议员，而且多为下议院前座议员。在日本，首相（内阁总理大臣）由国会提名，天皇任命。与英国不同，日本内阁阁员只要求半数以上是国会议员。此外，日本阁员的任免权由首相单独行使，不需要得到天皇的同意。

在君主立宪制的国家，内阁的任期也是固定的。英国的内阁任期是五年一届，日本内阁是四年一届。每届内阁的任期年限是根据每届议会法定最长年限来确定的。然而，在现实政治中，君主立宪制国家的内阁任期经常少于法定年限，这是因为在任内阁提前进行大选，或议会通过了对在任内阁的不信任案。

▶ 民主共和制与政府

共和制是当代世界最主要的政治制度类型之一。共和制让权力不再由君主独享，而变成了众人共享。民主共和制是一种体现人民主权原则的政治制度，它将原来远离权力过程的平民百姓转变成公民，并使他们成为有权利制度性参与政治过程的行为者。民主共和制有议会共和制与总统共和制两种。在总统共和制中，行政权力由总统行使。总统由选民直接或间接选举产生。总统负责组织政府，向国会提名任命政府各部部长。各部长在职责范围内协助总统负责具体政策执行。总统和首相的差异在于，总统不会因为政策或议案得不到议会支持而导致政府倒台。

实行总统共和制的典型国家是美国。美国总统通过"白宫"和内阁部门等机构行使行政权。

依美国宪法，总统①作为政府机构拥有的行政权主要涵盖以下几个方面：武装力量的总司令、外交领袖和行政首脑。作为武装力量的总司令，美国总统有权调动军事力量保护美国的国家安全和国家利益。但美国总统在调动军事力量上的权力是有限制的，即作为武装力量总司令的总统并没

---

① the Presidency 和 the President 都可以译为"总统"，但含义是有差别的，前者指作为机构的总统，后者指担任总统职位的个人。

有法定的宣战权。由于军事和战争的特殊性，美国在法律上对总统发动战争的权力做了特别处理。①

外交权是美国行政机构的权力的重要组成部分，"总统根据或征得参议院之意见并取得其同意有权缔结条约，惟需有该院出席文员三分之二之赞同"②。美国总统拥有外交主导权，除了缔结国际条约之外，美国总统还可以与国际行为主体，特别是国家签署行政协定。两者的区别在于，国际条约一经生效就不受总统和国会换届的影响，而行政协定则需要新任总统重新签署才有效力。③

美国总统还是美国联邦官员的首脑，依法领导联邦行政机构。"总统得指令行政各部首长就其职务有关事项提出书面意见……总统得提名并根据或征得参议院之意见并取得其同意任命大使、其他使节、领事、最高法院法官及本宪法未就其任命程序作有其他规定以及今后将以法律规定设置之合众国一切其他官员。但国会如认为适当，得以法律形式将下级官员之任命权授与总统单独行使。"④

除上述三项职权外，作为行政机构的美国总统还有其他权力，如执行法律的权力，以及因制衡而享有的立法权等。以行政权行使主体为界限，有学者将美国总统拥有的权力分为三类⑤：

一是美国总统单独行使的行政权力。包括：（1）武装力量总司令，（2）委任军官，（3）特赦权，（4）召集非常国会，（5）接受外国驻美大使，（6）负责法律执行，（7）行使行政权，（8）任命低阶行政官员。

二是和参议院共享的行政权力。包括：（1）订约，（2）任命美国驻外

---

① 1973 年，美国国会通过了《战争权决议》（War Powers Resolution）。但是关于美国总统的战争权力的争论仍在继续，See Ryan C. Hendrickson, *Obama at War: Congress and the Imperial Presidency*, The University Press of Kentucky, 2015, p.7-24。

② 〔美〕汉密尔顿、杰伊、麦迪逊：《联邦党人文集》，程逢如等译，商务印书馆 1980 年版，第 459 页。

③ 参见〔美〕詹姆斯·麦格雷戈·伯恩斯等：《民治政府——美国政府与政治》（第二十版），吴爱明等译，中国人民大学出版社 2007 年版，第 351 页。

④ 〔美〕汉密尔顿、杰伊、麦迪逊：《联邦党人文集》，程逢如等译，商务印书馆 1980 年版，第 459—460 页。

⑤ James Q. Wilson et al., *American Government: Institutions and Policies* (16ed), Cengage, 2019, p.329.

大使、联邦法官和高阶行政官僚。

三是与国会共享的行政权力。主要是批准法律。

总统权力要得到执行需要具体的机构和工作人员支撑。"白宫"本身就是一个很重要的支撑总统权力运行的机构,总统执行机构、内阁和政府部门等是其重要的构成要素。美国总统执行机构是白宫内部各执行机构的总称,主要职责是帮助美国总统领导美国联邦政府部门和机构处理日常事务。最早的美国总统执行机构成立于1939年①,并且每任总统设置的机构也有略有不同。根据2021年美国政府年度手册(the United States Government Manual 2021),美国总统执行机构的数量是13个(见表8-2)。

表8-2 美国总统执行机构信息(2021)

序号	机构名称	成立时间
1	白宫办公室 White House Office	1939
2	经济咨询委员会 Council of Economic Advisers	1946
3	国家安全委员会 National Security Council	1947
4	贸易代表办公室 Office of the U. S. Trade Representative	1963
5	环境保护委员会 Council on Environmental Quality	1969
6	政策发展办公室 Office of Policy Development	1970
7	管理和预算办公室 Office of Management and Budget	1971
8	副总统办公室 Office of the Vice President	1972
9	科技政策办公室 Office of Science and Technology Policy	1976
10	行政办公室 Office of Administration	1977

---

① 白宫办公室是美国总统执行机构的权力中心,由白宫幕僚长负责。部分美国总统执行机构的成立时间及其规模。See James A. Morone & Rorgan Kersh, *By the People*: *Debating American Government*, Oxford University Press, 2016, p. 441.

（续表）

序号	机构名称	成立时间
11	国家毒品管理政策办公室 Office of National Drug Control Policy	1988
12	国家经济委员会 National Economic Council	1993
13	国内政策委员会 Domestic Policy Council	1993

美国总统执行机构中比较重要的机构主要有管理和预算办公室、国家安全委员会和贸易代表办公室。预算是非常重要的行政控制工具之一，管理和预算办公室是帮助美国总统处理预算工作的主要部门，"花费特别的精力以确保政府的每一个部门在与国会打交道时能够与总统的政策保持一致"[1]。国家安全委员会和贸易代表办公室的影响则主要体现在国际政治和国际贸易领域。

内阁是美国行政机构中特别的组成部分，它没有明确的法律依据，是一个依惯例而一直存在的辅助机构——为美国总统关心的议题提供相关建议。这一点和英国的内阁完全不一样。美国总统的内阁成员一般包括总统、副总统和行政部门的首长以及一些总统选择的重要人士等。拜登政府的内阁[2]包括总统拜登、副总统哈里斯、15个政府部门的首长和总检察长。同时，白宫幕僚长、美国驻联合国代表、国家情报总监、贸易代表也进入了拜登政府的内阁。另外，环境保护机构、管理和预算办公室、经济咨询委员会、科技政策办公室和小企业管理局的负责人也是拜登政府内阁的成员。

政府部门是美国总统权力得以运行的官僚机构。2002年以来，美国政府部门的数量一直稳定在15个。[3] 独立机构也是美国政府机构的重要构成部门，美联储、中央情报局是影响力和知名度都很高的独立部门。

---

[1] 参见〔美〕詹姆斯·麦格雷戈·伯恩斯等：《民治政府——美国政府与政治》（第二十版），吴爱明等译，中国人民大学出版社2007年版，第365页。

[2] 资料来源：https://www.whitehouse.gov/administration/cabinet，2022年12月25日访问。

[3] 参见本章第一节"中央行政机构"部分。

■ **信息栏：文官制度**

　　世界上最早实行现代文官制度的国家是英国。文官制度的出现与政治民主化进程的加速、人们反对官僚制度腐败的呼声日益强烈有关。从客观需求而言，政府的工作岗位越来越需要专门人才来充任，以提高办事的效率与质量。官吏的任用逐渐由国王的"恩赐"任命、高级官员的个人随意任命转向通过公开竞争的考试制度来择优录取。1855年5月《关于录用王国政府文官的枢密院令》的颁布，标志着经过考试择优录取文官的制度在英国确立。但在初期，考试仍仅限于初级文官，直到1870年，英国的文官考试制度才得以真正建立。1968年，随着英国政府对文官制度的进一步改革，文官制度更加完备。文官制度实际上是区分政务官和事务官（文官）的制度性安排。在英国，文官不得参与党派活动，不与政府政务官共进退，其职务除犯罪外不会轻易被免除。尽管制度要求文官"中立""超党派"，在现实政治中却很难做到。以英国为例，几乎所有重要议案、法令和文件都是由高级文官起草的，文官们掌握着政府各个部门的机密，内阁官员和各个部门的大臣不能不依靠他们。

　　在行政权力的运用制度上，君主立宪制和民主共和制拥有共通之处。政府行使权力最主要的方式基本相似，决策都基于会议和行政令，执行依靠庞大的行政官僚体系。行政官僚体系由两部分构成：一是行政机构，二是行政机构的雇员。行政机构的雇员主要分成两类：一类即前文多次提到的由行政首长直接或间接任命的内阁大臣或政府部门首长，另一类则是通过考试等方式进入的职员。前者随政府任期而变动，后者受现代文官制度管理。

▶ 人民代表大会制与国务院

　　人民代表大会制是共和制的一种具体形式。全国人民代表大会是我国的最高国家权力机关，是我国的立法机关和民意机关。国务院是我国的中央人民政府，是最高国家权力机关的执行机关，也是我国的最高国家行政机关。①

第三节　政府职能与日常生活

> 我们是为人民服务的。
>
> ——毛泽东②

权力向社会的强力渗透是现代国家的一个显著特征。权力向社会渗透的结果是官僚机构的扩张和基础性权力的生成，这使得政府与人们的日常生活紧密相关。政府通过行使权力维护社会秩序，供给公共安全，保障个人权利；直接或间接向社会提供道路交通、教育和公共卫生等公共服务。

▶ 公共安全

安全，是人们对生活环境的首要需求。人类在追求安全生活环境的道路上做了无数的尝试。从安顿权力的角度来看，人类社会发展出了多种权力思想（意识形态）和权力制度。这些思想和制度或从国家角度或从社会角度阐述了人类社会应该如何达到安全境况。从国家角度追求安全往往过于强调权力的作用，从而导致权力迷信。权力具有天然的侵害性，过于依赖权力追求安全常常带来相反的结果——以个体权利的受损为代价。从社会角度追求安全则要求限制权力在其中的作用与影响，因为权力容易导致压迫。极端反权力的立场更是主张完全消解权力，如无政府主义。概言之，人类摆脱不了权力的统治，完全离开权力，安全就无从谈起。但是，人类追求安全也不能完全依赖权力，否则权力必然会带来灾难。从人类的政治实践来看，权力平衡是人类追求安全的奥妙所在，这也是现代宪法强

---

① 关于国务院的人员和机构构成的内容，参阅本章第一节"行政首脑"中的内容。

② 毛泽东：《毛泽东选集》第3卷，人民出版社1991年版，第1004页。

调限制国家权力、保障公民权利的根本原因。

为了保障公共安全，现代国家往往建立相应的强力机构。警察是现代国家中最常见的公共安全和秩序的维护者，警察部门不仅是中央政府的重要组成单位，而且通过大量的基层机构，深深地渗透于整个社会。

■ 信息栏："扫黑除恶"

2017年以来，打击黑恶势力犯罪已上升到事关打造社会治理格局、社会大局稳定、巩固执政基础和人心向背等国家战略的高度。2018年1月23日，中央政法委召开全国扫黑除恶专项斗争电视电话会议；1月24日，中共中央、国务院发布《关于开展扫黑除恶专项斗争的通知》，目标是全面整治涉黑涉恶治安乱点、铲除黑恶势力"保护伞"。

专项斗争开展以来，各地已有部分警务人员因充当黑恶势力"保护伞"而被彻查。较有名的是已落马的湖南省综治办原主任、省公安厅原常务副厅长周符波，该案成为中央纪委国家监察委通报的典型案例。据报道，周符波担任邵阳市副市长时就沉迷赌博，常常是周五到长沙赌博，一直鏖战到周日晚上才返回工作地。他在牌桌上最多一次输了200多万元，输了钱就去找"长沙黑老大"文烈宏借高利贷。在周符波当上公安厅领导后，文烈宏免除了他的利息，但巨额的本金一直没法还上，所以成了文烈宏黑恶势力的"保护伞"。被查之后，官方通报的周符波的问题包括：搞权色交易、钱色交易，收受礼品、礼金；利用职权向多名私营企业主强借巨资炒股；违规干预和插手司法活动；参与赌博，赌资巨大等。[①]

▶ 社会动员

社会动员是现代化理论脉络中诞生的重要概念。卡尔·杜伊奇认为社

[①] 资料来源：《一次输200多万！湖南这个官员输了钱就去借高利贷，还给黑恶势力当"保护伞"》，https://www.sohu.com/a/276487634_118779，2021年11月20日访问。

会动员①是一个由传统到现代的整体性转变过程,在这个过程中,旧的社会、经济和心理观念体系逐渐松动和瓦解,人们逐渐适应新的社会化和行为模式。查尔斯·梯利也认为,动员是一个群体的转变过程,在这个过程中,个体由消极的群体成员转变成公共生活的积极参与者。动员是一个群体或组织内自上而下的过程,这个过程的重要工作从三个方面展开:减少成员控制资源的多种诉求,发展回应成员利益要求的程序,建立缓解成员退出和抗议的群体结构。动员可简要地分为消极动员、积极动员和基础动员。②

现代国家都希望通过政府实现有效的社会控制。有效的社会控制是政府高效动员社会各种资源的基础条件之一,现代国家通过建立严密而系统的制度体系控制领土、人口等各种资源,国家边疆地区的边界确定以及边界制度的建立使国与国之间泾渭分明。通过建立现代人口制度,国家赋予了国家成员一套身份体系。由此,政府几乎可以精确定位每个成员。政府甚至可以通过现代人口制度将身份体系施加于国境之外,各国实行的"绿卡"制度即是如此。

人,在任何时代都是政治共同体的主体,也是非常重要的基础性资源。因此,完整而有效的人口制度是高效社会动员的基础。任何时代的统治者都十分注重对人的管理,以及人口制度的建设。中国西汉时期成熟的"编户齐民"制度即是中国历朝历代控制平民的基础制度,施加在平民身上的人口制度是赋税、劳役和兵役的基础。在传统政治朝代,农业是绝大多数政治共同体的赋税来源,人口制度和田亩制度在汲取赋税过程中发挥着重要作用。

现代国家亦是如此。中华人民共和国成立之后,户口制度为集中资源发展城市工商业贡献巨大。户口制度是重塑社会结构的有力手段,户口制度和农业、农村管理制度(集体所有制)有效地动员农业、农村资源支持城市工业发展。户口制度和单位制度共同完成了城市社会结构的重塑,为城市工业发展提供了基础性条件。为了适应改革开放后社会经济发展的需要,我国政府在户口制度的基础上建立了身份证制度,身份证制度对全国

---

① Karl W. Deutsch, Social Mobilization and Political Development, 55 *The American Political Science Review* 493 (1961).

② Charles Tilly, *From Mobilization to Revolution*, Random House, 1979, pp. 69-74.

每一个公民进行编码管理。随着经济发展而来的人口流动给户口制度和属地管理的身份证制度带来了挑战，人口流入地的暂住证制度和居住制度应运而生。21世纪以来，我国公安部门从便利民生的角度入手，逐渐改革户口制度和化解身份证制度的属地管理特质。现在异地办理各种身份证件变成现实且越来越便利。

人口制度是社会动员的制度支撑。现代国家掌握人口数据的基础性手段即是人口普查，人口普查制度是人口制度的基础，人口普查为人口政策和人口制度提供基础、翔实的数据信息。在人口制度外，财政税收制度则是物质资源动员的有力支撑，现代国家都发展出繁复而有效的征税制度。

■ 信息栏：时效与人口普查工作

任何国家的每一次人口普查都有精确的时间节点。中国的人口普查也不例外。据中华人民共和国第七次全国人口普查方案，普查的标准时点是2020年11月1日零时。普查工作分三个阶段进行：

一是准备阶段（2019年10月—2020年10月）。这一阶段的主要工作是：组建各级普查机构，制定普查方案和工作计划，进行普查试点，落实普查经费和物资，准备数据采集处理环境，开展普查宣传，选聘培训普查指导员和普查员，普查区域划分及绘图，进行户口整顿，开展摸底等。

二是普查登记阶段（2020年11月—2020年12月）。这一阶段的主要工作是：普查员入户登记，进行比对复查，开展事后质量抽查等。

三是数据汇总和发布阶段（2020年12月—2022年12月）。这一阶段的主要工作是：数据处理、汇总、评估，发布主要数据公报，普查资料开发利用等。①

公共服务

政府是公共服务的主要供给者。政府在提供各种公共服务时，有些采

---

① 资料来源：《第七次全国人口普查方案（摘要）》，http：//www.stats.gov.cn/tjsj/tjzd/gjtjzd/202010/t20201027_1796602.html，2021年11月20日访问。

用直接供给方式，有些采用间接供给方式。公共教育和公共卫生是常见的政府供给的公共服务。教育是现代国家提供公共服务的重点领域之一，基础教育由政府免费提供也是现代教育的一般性特征。政府通过建立系统的教育体系，可以有效地为适龄人员提供一般化的教育资源、完成社会化和政治社会化的目标，传递特定的社会价值和政治价值、满足现代经济和社会发展的高技能劳动力需要。1986年，中国颁布实施《中华人民共和国义务教育法》，开始强制推行九年义务制教育。经过25年的努力，2011年，中国实现了全面普及九年义务教育的目标。与此同时，实行十二年义务教育并免学费已经提上了政府的议事日程，部分地区已经开始探索性试验，如新疆在2017年已经开始实施免除十二年基础教育学费的政策。

除推行义务教育制度之外，政府还大力发展职业教育和高等教育。职业教育体系是培养合格的现代技术工人的重要力量；高等教育则主要培养高素质知识人才。在提供教育公共服务方面，政府扮演的角色主要是教育政策的制定者和执行者，同时也是教育服务的主要提供者。在现代国家，除了政府提供教育服务外，还有大量教育服务由私人或私人部门提供。进入21世纪，我国民办教育得到长足发展。2002年，《中华人民共和国民办教育促进法》（以下简称《民办教育促进法》）颁布实施。在《民办教育促进法》的规范和引领下，基础教育、职业教育和高等教育的民办势头发展良好。在美国，公立学校和私立学校共同构成了美国的各级教育体系。政府特别是联邦政府主要通过制定政策和财政拨款等手段向社会提供教育服务。一般而言，美国私立学校的教育质量要好于公立学校。以高等教育为例，美国"常春藤"名校联盟的成员都是私立大学。但是，各州政府才是美国高等教育的最大提供者。

在公共服务供给方面，除了教育和卫生等之外还有基础设施，特别是道路交通系统。现代道路交通和信息沟通技术的发展对现代国家的形成具有非凡的意义，现代国家的制度一体化即是以现代交通技术为基础的。"要致富先修路"，这个宣传口号是道路交通之于现代国家经济发展作用的精练总结。

■ **信息栏：中国农村"三通"**

中国农村"三通"政策的实施表明政府的公共服务供给已向广大农村地区延伸，以逐步缩小城乡差距。所谓"三通"，即通路、通电、通水。但在实际当中，人们更熟知的名称是"村村通"。2004年1月16日，原信息产业部发布《关于在部分省区开展村通工程试点工作的通知》，同时出台了《农村通信普遍服务——村通工程实施方案》。"村村通"是一个系统的国家工程，除"三通"以外，还包含电话网、有线电视网、互联网等内容。至2005年年底，基本实现了全国电话村村通的目标。至2010年年底，电力、饮用水已经基本实现了村村通。而公路、有线电视、互联网也已覆盖中国绝大部分的行政村。按照党的十九大报告的目标，随着比"三通"或"村村通"更大的乡村振兴战略的实施，中国农村在不久的将来会是"产业兴旺、生态宜居、乡风文明、治理有效、生活富裕"的美好景象。

现代国家的领土、人口和经济规模使得大型的道路交通系统成为必需。大型道路交通系统，特别是跨行政区域的大型道路交通系统的修建和维护需要协调各方利益。在这种利益格局中，政府特别是中央政府的作用不可替代。除此之外，各级政府也必须进行协调合作。和其他公共服务一样，政府提供道路交通设施的方式有直接和间接之别。间接方式是指政府通过制定道路交通发展规划和相应政策来促进道路交通系统的建设。间接方式还体现在政府作为甲方通过多种形式引导私人力量促进道路交通系统的建设。直接方式主要指政府以国有公司的形式直接推进道路交通系统的建设。在我国，高速公路建设和高铁建设的主力即是政府及国有公司。当然，社会资本也在其中发挥了相当作用。

第九章 司法制度

在现代政治架构中，司法是正义的最后屏障。公平、公正是司法的核心和灵魂。只有能维护公平、公正的司法才能深入人心，才能得到人民的维护，才能被人民践行。

在现代政治构架中，司法不仅是正义的守护神，还是现代政治权力三分格局中的平衡力量。2000年，美国大选的宪政僵局是靠美国联邦最高法院的判决打破的，小布什在选举争议中依靠司法判决最终赢得总统大选。

第一节　司法与个人权利

> 最足以测验一个政府的优良的，莫过于它的司法制度的效率，因为最和普通公民的幸福和安全有关的，差不多莫过于他自家觉得他能够信赖确定而又敏捷的司法。
>
> ——詹姆斯·布赖斯[①]

> 法院在立宪政体中起到了一种复杂且有些模糊的作用：一方面他们作为国家强力的代言人；另一方面，他们又保护公民权利。
>
> ——斯科特·戈登[②]

[①] 〔英〕詹姆斯·布赖斯：《现代民治政体》（下），张慰慈等译，吉林人民出版社2001年版，第885页。

[②] 〔美〕斯科特·戈登：《控制国家——西方宪政的历史》，应奇等译，江苏人民出版社2001年版，第345页。

案例：保护个人权利的重要性

1994年9月23日，河北石家庄青年聂树斌被当地警方列为一桩强奸杀人案的犯罪嫌疑人。当年10月1日，聂树斌被刑事拘留；10月9日，聂树斌因涉嫌强奸妇女、故意杀人被公安机关依法逮捕。1995年3月15日，石家庄中级人民法院判决聂树斌"犯故意杀人罪，判处死刑，剥夺政治权利终身；犯强奸妇女罪，判处死刑，剥夺政治权利终身。决定执行死刑，剥夺政治权利终身"。聂树斌上诉至河北省高级人民法院后，死刑的最终刑罚没有改变。1995年4月27日，聂树斌被执行死刑。此后，聂树斌父母就为聂案申冤平反上下奔走。聂案引起社会各界关注。

2005年1月，聂案出现了新案情。2005年1月18日，河南省荥阳警方抓获了在逃犯罪嫌疑人王书金。王书金供认曾在河北广平、石家庄等地强奸多名妇女并杀害其中4人。王书金供认的1994年石家庄犯案案情与聂案高度一致。2005年4月，河南媒体《河南商报》以"一案两凶 谁是真凶"为题报道了聂案，聂案和王书金案引起巨大的社会关注和讨论。河北省政法部门在审理王书金案的同时，也启动了对聂案的联合调查。经过长时间的调查和审理，2013年9月，河北省高级人民法院维持了邯郸市中级人民法院的一审裁决——王书金与1994年石家庄强奸杀人案无关，聂树斌仍然是强奸杀人犯。

2014年12月4日，在聂树斌父母多年奔走、社会各方面人士关注等因素影响下，聂案发生了重大转折——最高人民法院决定由山东省高级人民法院复查。2014年12月12日，山东省高级人民法院负责工作的合议庭法官会见了聂树斌亲属和案件代理人，并依法向聂母张焕枝送达了立案复查决定书。2015年3月17日，聂案代理律师李树亭、陈光武首次查阅聂案相关卷宗。2015年4月28日，山东省高级人民法院召开聂案听证会。经过四次复查延期后，2016年6月6日，最高人民法院依山东省高级人民法院建议决定提审聂案。2016年12月2日，最高人民法院第二巡回法庭对聂案再审宣判，宣告撤销原审判决，改判聂树斌无罪。

至此，离聂树斌被执行死刑已经过去7890天，近22年。2017年3月30日，聂母张焕枝收到河北省高级人民法院寄送的国家赔偿决定书。

自 1997 年中国共产党第十五次全国代表大会报告提出"中华人民共和国实行依法治国，建设社会主义法治国家"以来，"依法治国"已经成为中国政治生活中的重要议题和国家政治现代化建设的主要内容之一。中国共产党第十八届四中全会更是把依法治国提高到前所未有的战略高度——"依法治国，是坚持和发展中国特色社会主义的本质要求和重要保障，是实现国家治理体系和治理能力现代化的必然要求，事关我们党执政兴国，事关人民幸福安康，事关党和国家长治久安"。司法建设是依法治国的有机构成内容。

司法，即法律执行或法的适用，是指司法机关及司法人员依据法律行使职权按法定程序处理案件的权力活动。司法的英文表达为"Justice"，有正义与公正的意涵。这意味着，司法是追求公正、追求正义的法律活动。从公民权利的维护角度来说，司法的要义在于通过法律适用保障公民不受不公正的对待。要实现司法护权的目的，司法和司法权必须处于恰当的政治权力结构内，有一套严密而有效的司法制度体系支撑，需要公民有良好的法治观念基础。

司法和法治紧密联系，司法是法治的重要组成部分和实现法治的主要途径。公正是法治的生命线。司法公正对社会公正具有重要引领作用，司法不公对社会公正具有致命的破坏作用。法治是个人权利的基础保障手段，司法是保障个人权利的最后的制度屏障。因此，一个完善而有效的司法体制和司法权力运行机制是保障个人权利，"让人民群众在每一个司法案件中感受到公平正义"的制度基础。

司法的政治功能

司法是现代政治三大版图之一，其核心是司法权，发挥着非常重要的政治平衡功能。在实行三权分立的国家，司法在国家政治生活中发挥的制衡作用和影响非常大。以最早确立三权分立与制衡政治结构的美国为例，司法深刻影响着美国政治。如本章引文所述，司法可以影响总统大选的结果。在美国政治生活中，司法的政治功能主要表现为"司法审查权"，即违宪审查。美国联邦最高法院的司法审查权在制宪会议时引起了巨大的争议，并未达成共识。因此，美国宪法中没有关于联邦最高法院拥有司法审查权的明确条文表述。不过联邦最高法院逐渐在司法实践中通过司法判决赢得了司法审查权。1803年，约翰·马歇尔从国务卿卸任后就任联邦最高法院首席大法官。在大法官任上，马歇尔通过"马伯里诉麦迪逊案"确立了联邦最高法院的司法审查权。这个案件深刻影响着美国的政治格局。

2017年，合宪性审查正式进入中国的政治生活。虽然这个权力没有被赋予司法机关，但是它将深远影响中国政治的发展。中国共产党第十九次全国代表大会报告强调，"加强宪法实施和监督，推进合宪性审查工作，维护宪法权威"。2018年3月召开的十三届全国人大一次会议将合宪性审查权赋予"宪法和法律委员会"。

在实行"议行合一"的国家，司法以特有的方式发挥政治平衡功能。在"议行合一"的制度结构内，司法审查权往往不在司法机关，或者不在普通的司法机关。英国的司法判决不可以与议会制定的法律相抵触，更不可以行使司法审查权。不过，因为英国属于普通法系国家，法官判决司法案件时可遵循先例，亦可创造判例。普通法系赋予了司法系统更大的空间，使之可以缓解来自立法机构的压力。上议院议长由最高法院大法官兼任的制度安排也使得司法有一定空间平衡立法与司法。在大陆法系国家，司法的空间要小一些，法官判案必须严格依据法律条文。因此，在司法案件中平衡立法和行政的可能性大为降低。然而，司法机关可以借由司法解释和司法监督发挥司法在政治权力结构中的平衡功能。在推进中国特色社会主义法治国家建设的进程中，中国也在不断尝试发挥司法的平衡功能。人民法院专门成立行政庭审理行政诉讼案件。在"民告官"的行政诉讼案当中，2017年修正的《中华人民共和国行政诉讼法》（以下简称《行政诉讼法》）和2018年发布的《最高人民法院关于适用〈中华人民共和国行政诉讼法〉的解释》都强调，被诉行政机关的负责人应当出庭应诉。

法国成立了专门的宪法委员会（宪法法院）负责合宪性审查，因此，法国宪法法院被称为"宪法守护神"。宪法法院主要负责监督总统选举的合法性，并审查有关总统选举的申诉；在议员选举存在争议时作出合法性裁决；监督公民投票程序的合法性，并且公布投票结果；审查国家机构组织法、国民议会规章和法律的合宪性裁决；宪法法院的裁决不接受申诉。

法国还设有普通法院系统和行政法院系统，前者负责审理民事、刑事案件；后者负责审理行政机关之间的诉讼和"民告官"案件。行政法院系统还承担政府法律顾问的角色，负责向行政部门解释法律和行政法令。

在现代政治中，司法的政治平衡功能越来越受到重视，各国都以独特的方式发挥其作用。

> ## 司法的法律和社会功能

司法的法律功能是不言而喻的，这是司法系统的内在职责。司法系统通过行使司法权维护公民的各项权利。

（1）保护政治权利

政治权利是最重要的个人权利，它包括选举权与被选举权，言论、出版、集会、结社、游行、示威的自由，宗教信仰自由等。公民的政治权利有时会在日常社会生活中被侵犯，因此，通过司法途径对政治权利进行救济就成了一种非常重要的手段。在中国的司法实践中，检察机关通过行使检察权在保护公民政治权利的司法活动中占据主导地位。例如，2014年12月1日，浙江省临海市人民检察院决定以破坏选举罪立案起诉应为民、刘道秋两名国家工作人员，经过二审审结，应、刘两位被判罪名成立。

保护个人政治权利的司法活动也可能深刻影响一个国家的政治生活。在美国司法实践中，有不少司法诉讼是围绕美国国旗展开的，其中最著名的案例即是得克萨斯州诉约翰逊案。[①] 国旗是一个国家的象征。在现代民族国家中，国旗已经成为一国人民的精神寄托物，是人们表达爱国之情的对象。为了抗议里根再次成为共和党的总统候选人，美国左派人士约翰逊在共和党全国代表大会举行地得克萨斯州达拉斯用焚烧美国国旗星条旗的行为表达了自己的态度。该行为触犯了得州的法律（该法律禁止亵渎国旗、州旗和公共纪念碑等象征物），约翰逊因此被捕，并被起诉。约翰逊认为焚烧星条旗是态度表达，属于言论自由范围，受《美国宪法第一修正案》保护。联邦最高法院以保护言论自由为由支持了约翰逊。判决一出，

---

① 任东来等：《美国宪政历程：影响美国的 25 个司法大案》，中国法制出版社 2004 年版，第 406 页。

引起了美国社会的争论。国会快速制定了《国旗保护法》。然而，联邦最高法院很快在另一个诉讼案中宣布《国旗保护法》无效。

■ **信息栏：2000年戈尔与小布什总统大位之争**

共和党的小布什和民主党的戈尔，是美国2000年总统大选的对阵双方。两者在支持率上不相上下，当时，没有人知道谁会胜出。

根据以往的惯例，谁能在美国劳动节前领先，他就很有可能成为最后的赢家。劳动节过后，戈尔大有后来居上之势，而小布什则风头渐减。但最后登上总统宝座的却是小布什。

戈尔获得的选票数高于小布什，两位参选人获得的选举人票数量接近。选票计票争议发生在佛罗里达州，双方第一次计票结果差距只有0.5%，第二次机器重新计票，双方只差不到1000张选票。在官员手工对佛罗里达州棕榈滩县的选票进行核对后，小布什仅比戈尔多537张大众选票，领先0.009%。如果再重新核对，戈尔极有可能反转。

佛州政府宣布这一计票结果时，戈尔就该结果起诉到美国联邦最高法院。一个月后，美国联邦最高法院裁决：不予重新计票。最后，小布什则赢得了有争议的总统大选。

(2) 保护民事权利

个人权利中的民事权利涉及日常生活的各个方面，以个人的生命、人身自由和财产为基础。由于个人民事权利的重要性及普遍性，他们受到侵害的可能性也大增。司法实践中，关于这些权利诉讼，特别是和财产相关的诉讼是司法部门日常处理最多的案件类型。本章开篇所述的聂树斌案即表明司法之于生命权保障的重要性。由于某些特殊的原因，本属中华人民共和国最高人民法院的死刑核准权一度在很长时间里被下放到各高级人民法院。① 在特定时期，死刑核准权下放可以有效震慑犯罪分子，有利于维

---

① 死刑核准权并没有全部授予高级人民法院。高级人民法院在授权条件下行使部分死刑案件核准权。部分死刑核准权还授予了中国人民解放军军事法院。

护个体的生命权。但死刑核准权由高级人民法院行使也会带来消极影响：一是各高级人民法院的尺度不完全一致；二是维护正义的手段屡有侵犯生命权。《中华人民共和国人民法院组织法》修改后，最高人民法院于2007年1月1日收回了曾授予高级人民法院的死刑核准权。

生命健康权也是生命权的另一主要表现形式。因此，保护个体的生命健康不受非法侵害就成了司法的主要目的之一。在日常社会生活中，当个体的生命健康权受到侵害时，个体可以通过司法寻求救济。施加侵害者需要承担相应的后果，或是以人身自由为代价，或是对受害者提供经济补偿，或是两者兼有。① 为了保护个体的生命健康权，现代国家制定了严格的司法程序。但在刑法领域，"刑讯逼供""屈打成招"曾经是一个世界性的非文明司法现象。经历了大量侵害个体生命健康的惨痛教训后，现代各国逐渐接受并在司法实践中推行"非法证据"排除的司法原则。1996年，全国人民代表大会全面修改刑事诉讼法，明文禁止用刑讯逼供等方式收集证据。从此，"非法证据"排除的理念逐渐为中国司法界接受。2010年"两院三部"② 联合发布了《关于办理刑事案件排除非法证据若干问题的规定》，2012年最高人民法院在适用刑事诉讼法的司法解释中，专章专节规定了司法审判中的证据认定和非法证据的排除的规则。2017年"两院三部"再次就非法证据问题联合发布《关于办理刑事案件严格排除非法证据若干问题的规定》。

在保障生命健康权的司法实践中，影响最大的莫过于律政剧中常见的台词："你有权保持沉默，但你所说的每一句话都将成为呈堂证供。"然而，这句常见的律政剧台词并不是文学创造。这句台词在司法界被称为"米兰达法则"，源自美国"米兰达诉亚利桑那州案"。③ 非法证据的排除有利于保障个体的生命健康权，同时它也引起了广泛的争议。美国棒球明星辛普森从震惊世人的杀妻案中脱罪，其主要原因即是警方在侦办案件时

---

① "以牙还牙、以眼还眼"的同态复仇被现代司法所禁止，即不再怨怨相报，但是同态复仇当中所蕴涵的同等责任原则以更文明和人性的方式进入了现代司法。
② 两院三部指最高人民法院、最高人民检察院、公安部、国家安全部和司法部。
③ 任东来等：《美国宪政历程：影响美国的25个司法大案》，中国法制出版社2004年版，第291—310页。

由于失误让重要证据失去了法律效力。这印证了米兰达案中持反对意见的联邦最高法院大法官怀特的担心,"最高法院的新规则将把杀人犯、强奸犯和其他犯罪送回大街,送回产生犯罪的环境之中,让罪犯在兴高采烈之时重复罪行"①。

从非法证据排除司法实践的社会影响来看,通过保障个体生命权而让个体享有免于恐惧的自由。社会进步的内涵之一即是面对和解决人们遇到的消极问题。健全的司法体制、清晰而有效的司法程序是个体民事权利得到公正保障的前提。司法进步即体现在具体的司法案例促进了司法体制的健全和司法程序的完善。

(3) 保护社会权利

随着社会的发展,个体权利的内容有了适应性拓展。第二次世界大战之后,劳动权、休息权和受教育权等个体权利内容逐渐成为社会共识,成了个体权利的重要内涵。对劳动者的休息权(如带薪休假)、个人的受教育权和同工同酬等个体社会权利的维护成为司法实践中的重要构成内容。从制度上看,我国建立了一套相对完善的权利保障体系;从具体司法实践来看,我国司法保障权利的道路任重道远。这是权利保障的内在要求,是司法政治和法律功能的必然表现,也是法治国家建设的题中之义。

放眼世界,司法在担负保障个体权利中扮演了积极而重要的角色,发挥了巨大的法律、社会和政治影响。种族问题一直是美国政治生活中不可避免的议题。司法在种族问题上,既起了消极作用,又发挥了巨大的积极作用和影响。1857 年美国联邦最高法院在"斯科特诉桑弗特"一案中判决"黑奴不是美国公民",并行使违宪审查权,宣布废除"旨在限制奴隶制扩张的 1820 年《密苏里妥协案》"。② 这个判决激化了本来已尖锐对立的南北争执,成了美国南北战争的诱因之一。20 世纪 50 年代,美国联邦最高法院再一次就种族问题作出判决。这一次,联邦最高法院的判决"吹响了结束种族隔离制度的号角"。1951 年,黑人家长为了给自己的孩子争

---

① 任东来等:《美国宪政历程:影响美国的 25 个司法大案》,中国法制出版社 2004 年版,第 296 页。

② 同上书,第 85 页。

取平等接受教育的权利向教育中的种族隔离制度宣战。黑人牧师布朗为了让女儿避免隔离制度强加的只能上黑人学校的"命运",向法院起诉当地的教育主管机构——托皮卡教育委员会。这就是有名的"布朗诉托皮卡教育委员会"案。① 经历了一番曲折后,联邦最高法院于1954年作出了影响美国历史的判决:"公共教育事业决不容许'隔离但平等'原则存在。隔离的教学设施,注定就是不平等。"② 就像百年前的判决诱发了南北战争,这次的判决推动了美国黑人民权运动的到来。但是,联邦最高法院关于布朗案的判决变成现实也经历了激烈的斗争,最典型的就是阿肯色州小石城黑人入学白人学校事件。阿肯色州是南方种族隔离思想非常严重的地方,种族隔离有着非常深厚的社会基础。1957年小石城教育委员会"允许9名黑人学生进入小石中心高中就读"。开学日,该州州长福布斯动用国民警卫队封锁学校,禁止黑人学生入学。最后,时任美国总统艾森豪威尔出动军队,美国陆军101空降师入驻小石城,在军人的护送下,9名黑人学生才得以进入学校。

第二节 司法制度与结构

> 如果他们要执行正义,那么法律法规必须被制定,而且司法制度需要完善。
>
> ——约瑟夫·R. 斯特雷耶③

个体权利的保障需要司法制度的支撑。恰当的司法制度的有效运行是个体权利得到保护和司法公正实现的前提。司法制度是一套以司法权为核心,以司法公正为目的的制度安排。司法制度由司法从业者(法官和律师

---

① 任东来等:《美国宪政历程:影响美国的25个司法大案》,中国法制出版社2004年版,第206—228页。
② 同上书,第222页。
③ 〔美〕约瑟夫·R. 斯特雷耶:《现代国家的起源》,华佳等译,格致出版社2011年版,第13页。

等)、法律和司法机构(法院、检察院等)等共同组成。司法制度是国家政治制度的结构性要素。

▶ 法官

法官是依法行使审判权的审判人员,是司法权的执行者,是司法公正的守护者。在法庭上,法官就是法律的化身。法官在具体的案件中通过适用法律维护正义。在推行"依法治国"方略的进程中,我国逐步建立了法官准入制度。在2002年之前,任职法官虽需要通过内部考核、考试,但没有严格而统一的资格考试,这导致法官队伍素质参差不齐。2002年,我国开始实行"国家司法考试"。从此以后,通过司法考试是成为初任法官的必要条件。2018年,国家司法考试完成历史使命,"国家统一法律职业资格考试"登上历史舞台。国家统一法律职业资格考试是一切从事法律相关职业的人员都必须参加并通过的考试。国家司法考试举行以来,逐步改变了法官队伍良莠不齐的状况,为依法治国战略的实施和中国特色社会主义法治国家建设的推进奠定了扎实的人员基础。

■ 信息栏:担任中华人民共和国法官的条件[①]

(一)具有中华人民共和国国籍;

(二)拥护中华人民共和国宪法,拥护中国共产党领导和社会主义制度;

(三)具有良好的政治、业务素质和道德品行;

(四)具有正常履行职责的身体条件;

(五)具备普通高等学校法学类本科学历并获得学士及以上学位;或者普通高等学校非法学类本科及以上学历并获得法律硕士、法学硕士及以上学位;或者普通高等学校非法学类本科及以上学历,获得其他相应学位,并具有法律专业知识;

(六)从事法律工作满五年。其中获得法律硕士、法学硕士学位,或

[①] 《中华人民共和国法官法》第12条。

者获得法学博士学位的，从事法律工作的年限可以分别放宽至四年、三年；

（七）初任法官应当通过国家统一法律职业资格考试取得法律职业资格。

适用前款第五项规定的学历条件确有困难的地方，经最高人民法院审核确定，在一定期限内，可以将担任法官的学历条件放宽为高等学校本科毕业。

省级人民法院设立法官遴选委员会负责初任法官人选专业能力的审核。最高人民法院设立遴选委员会负责最高人民法院法官人选的专业能力审核。法官人选通过遴选委员会的能力审核才能由各级人民法院院长提请同级人民代表大会任命。"初任法官一般到基层人民法院任职。上级人民法院法官一般逐级遴选；最高人民法院和高级人民法院法官可以从下两级人民法院遴选。参加上级人民法院遴选的法官应当在下级人民法院担任法官一定年限，并具有遴选职位相关工作经历。"①

中华人民共和国的法官实行员额制。"法官员额根据案件数量、经济社会发展情况、人口数量和人民法院审级等因素确定，在省、自治区、直辖市内实行总量控制、动态管理，优先考虑基层人民法院和案件数量多的人民法院办案需要。"② "法官实行单独职务序列管理。法官等级分为十二级，依次为首席大法官、一级大法官、二级大法官、一级高级法官、二级高级法官、三级高级法官、四级高级法官、一级法官、二级法官、三级法官、四级法官、五级法官。"③ 十二级法官分布在基层人民法院、中级人民法院、高级人民法院和最高人民法院，以及军事法院和各专门法院。

世界各国司法制度中的法官各有特色。在美国，司法系统由联邦司法系统和州司法系统共同构成。因此，法官也分联邦法官和州法官。联邦法

---

① 《中华人民共和国法官法》第17条。
② 《中华人民共和国法官法》第25条第1款。
③ 《中华人民共和国法官法》第26条。

官，非经弹劾，可终身任职。由于联邦法官可终身任职，因此，任命程序非常严格。联邦各级法院法官均由美国总统提名，参议院确认。精通法律并长时间从事法律职业是成为联邦法官的前提条件。司法是现代政治的组成部分，因此，法官提名和任命也受政治影响。总统提名的联邦法官人选往往在政治立场等方面与其相近，甚至是本党的法律人士。当参议院大部分议员与总统不同属一个政党时，总统提名的联邦法官人选，特别是联邦最高法院的法官人选在参议院确认阶段会遇到不小的麻烦。当然，即使总统和参议院大部分议员分属不同政党，总统提名的联邦最高法院法官也有顺利确认的先例。2018年，特朗普提名布雷特·卡瓦诺为联邦最高法院大法官，民主党籍参议员出于政治算计，通过了卡瓦诺的确认程序。

美国各州司法系统独立于联邦法院系统。要成为州法官有民选和提名任命两条道路。和联邦法官终身任职不同，州法官是有任期的，州法官的任期为14年。在采用提名任命方式产生州法官的州，政治很容易介入法官的产生程序。由于法官职位的特殊性，为了减少法官产生程序中的政治纷争，共和党与民主党经常提名同一个候选人。在美国的法官产生实践中，州法官选举中的党派之争很少出现。但不论是民选还是提名任命，总有人批评州法官产生过程中的政治色彩过浓。

▶ 检察官

检察官是依法行使国家检察权的司法人员，代表国家向法院提起公诉。检察官也是司法公正的守护者。和法官不一样，一般而言，检察官拥有刑事案件的侦查权。从司法实践来看，大量案件的侦查工作是由公安部门完成的。公安部门完成侦查后把案件卷宗移交检察院，由检察官负责起诉。检察官只负责"对法律规定由人民检察院直接受理的刑事案件"[①] 的侦查。由于检察官拥有刑事案件的侦查权，因此规范检察官的侦查权就显得重要与必要。这是保证司法公正，保障个人权利不受非法侵犯的必要举措。法院在审查具体案件中的非法证据排除原则也适用于检察官的刑事案件侦查。刑法中的"刑讯逼供罪"和"暴力取证罪"即是防止检察官等

---

① 《中华人民共和国检察官法》第7条。

侦查主体在侦查刑事案件中滥用侦查权。

和人民法官一样，我国人民检察官已经实行准入制度。从 2002 年司法考试替代检察官考试以来，初任检察官原则上都必须通过国家司法考试。2018 年以后，初任检察官必须通过国家法律职业统一资格考试。国家设立省级检察官遴选委员会和最高人民检察院检察官遴选委员会负责遴选各级人民检察院检察官人选，以及负责检察官人选的专业能力审核。人民检察官除了侦查权和公诉权之外，还有抗诉权。抗诉权的行使在于监督和督促人民法院公正行使国家审判权。人民检察官可以对判决不公的案件向人民法院提出抗诉。

■ **信息栏：检察官的职责**[①]

（一）对法律规定由人民检察院直接受理的刑事案件进行侦查；

（二）对刑事案件进行审查逮捕、审查起诉，代表国家进行公诉；

（三）开展公益诉讼工作；

（四）开展对刑事、民事、行政诉讼活动的监督工作；

（五）法律规定的其他职责。

检察官对其职权范围内就案件作出的决定负责。

在推进依法治国战略后，和人民法官一样，人民检察官实行单独职务序列管理。"检察官等级分为十二级，依次为首席大检察官、一级大检察官、二级大检察官、一级高级检察官、二级高级检察官、三级高级检察官、四级高级检察官、一级检察官、二级检察官、三级检察官、四级检察官、五级检察官。"[②]

检察官制度是世界绝大多数国家的现代政治制度的组成部分，只是具体形式和职位名称不一样。有些国家，如英国就没有建立检察官制度，国

[①] 《中华人民共和国检察官法》第 7 条。
[②] 《中华人民共和国检察官法》第 27 条。

家公诉权由律师履行。欧洲国家的法官作用更为积极，可以主动搜集证据。在法德等欧洲大陆国家，检察官是国家公务人员，他们负责向调查官提供证据。调查官负责搜集证据并承担起诉职能。① 检察官在美国司法系统的作用和影响巨大。他们负责刑事案件的调查和起诉，在刑事案件的审判中，检察官的角色是主导性的。美国的刑事诉讼是检察官起主导作用的控告制，这与民事诉讼当中的法官主导的纠问制有很大差异。② 受司法独立原则的保护，美国检察官有很强的独立性。以联邦检察官为例，他们由总统提名参议院确认后任命。一经任命，检察官可以调查总统。联邦独立检察官肯尼思·斯塔尔就对克林顿进行过调查，独立检察官罗伯特·穆勒也对特朗普进行过"通俄调查"。

▶ 律师

律师是以提供法律服务获得报酬的职业。在中国，律师和律师制度的发展历程跌宕曲折。20 世纪初，中国就建立了律师制度，中华人民共和国成立后，旧的律师制度被废除。1954 年《宪法》颁布实施后，依据"被告人有权获得辩护"的规定，律师制度和律师工作开始恢复。1980 年 8 月，《中华人民共和国律师暂行条例》颁布，这是新中国第一次系统详细地就律师工作作出规定。1986 年，第一次律师资格考试举行。1993 年开始，全国律师资格考试改为每年一次。同年，第四次全国律师资格考试举行。在这之前，律师资格考试每两年举行一次。1996 年 5 月，《中华人民共和国律师法》颁布，律师的权利与义务得到进一步规范。

如今，国家统一法律职业资格考试是成为律师的前提条件。要成为执业律师，通过法考后需要在律师事务所实习一年。实习期满后，"向设区的市级或者直辖市的区人民政府司法行政部门"提交规定材料申请律师执业证书。③ 执业律师有专职和兼职两类。一般而言，按律师擅长的业务和

---

① 〔美〕迈克尔·G. 罗斯金等：《政治学与生活》，林震等译，中国人民大学出版社 2014 年版，第 280 页。
② 〔美〕艾伦·法恩思沃斯：《美国法律体系》，李明倩译，上海人民出版社 2018 年版，第 95—98 页。
③ 《中华人民共和国律师法》第 6 条。

领域划分，执业律师可分为刑事辩护律师、民事商事诉讼律师和非诉业务律师等。

在美国，律师数量非常庞大，平均每十万人就有 281 位律师，而英国是 94 位，法国是 33 位，日本只有 7 位。[①] 美国的执业律师没有像英国一样按业务功能分类。英国律师分为大律师和初级律师。初级律师不能出庭辩护，只能处理法庭辩护之外的法律业务。在美国，只要取得了律师执业执照就可以出庭辩护，前提是有当事人邀请。美国律师的执照颁发属于各州的司法行政业务，因此，律师执业有区域限制。这一点和中国律师制度不一样。《中华人民共和国律师法》规定，"律师执业不受地域限制"。

法律

现代国家司法的基础是法律。法律有公法和私法之分，公法以宪法为核心，旨在配置、规范和限制公共权力。这即是通常所说的公权力"法无授权不可为"。公法包括宪法、行政法、政府机构组织法和诉讼法等。私法以民法为核心，旨在保障个体权利和私人利益。在私法领域，"法无禁止即可为"是通则。法律在形式上有成文法和习惯法的区别。成文法也称为制定法，是立法机关通过特定程序为调整特定社会关系以固定条文形式呈现的规范性法律文件。习惯法是国家权力机关以特定方式赋予规范效力的具体习惯或惯例。

具体而言，从法律调整的社会关系来说，法律有宪法、民法、刑法、行政法，以及国际法等。

（1）宪法

宪法是现代国家的成文法中法律位阶最高的法律。宪法是现代政治革命和社会革命的重要成果。一般而言，各国宪法最主要的内容有两个：一是规定各国家机关的权力配置，以及国家权力在中央与地方之间的配置；二是规定公民的基本权利和义务。在现代政治国家中，宪法将政治稳定、权力分工制衡等权力配置原则落实到国家机构的设置之中。同时，宪法也

[①] 〔美〕迈克尔·G. 罗斯金等：《政治学与生活》，林震等译，中国人民大学出版社 2014 年版，第 272 页。

担负起保障个人权利的功能。概而言之，现代宪法的基本特征在于规范和限制权力与保障权利，宪法和宪法性法律共同构成现代国家的宪法体系。美国是现代历史上第一个制定了成文宪法的国家，但美国宪法本身没有关于公民权利的内容，关于公民权利的内容在制宪会议时没有达成共识，不过权利法案以修正案的形式获得了确认。

（2）民法

民法的核心在于保护私权利，是私法体系的核心。民法调整的是自然人、法人和非法人组织之间的人身关系和财产关系。平等是民法的基本原则。"私有财产神圣不可侵犯"是民法核心的经典表述。民法是一个体系，包括物权法、合同法、侵权责任法和婚姻继承法等。

在司法实践中，民事判决的救济主要以经济补偿为主，而刑事判决主要以生命和人身自由为主、经济补偿为辅。在各国司法实践中，民法领域的案件总是占较高比例。

■ 信息栏：民法典 ─────────────

近现代历史上第一部民法典是拿破仑执政时期的法国编纂的。

中国历史上第一部生效实施的民法典编纂于1929年至1931年。在这之前，清王朝于1908年开始民法典的编纂立法，并于1910年完成了民法典草案的起草。草案名称为《大清民律草案》。由于辛亥革命的爆发，这部民法典并未生效实施。

新中国成立后，《中华人民共和国民法典》的立法编纂工作历经波折而于2020年5月28日由十三届全国人民代表大会第三次会议表决通过，并于2021年1月1日起施行。

1954年，我国第一次启动民法典立法编纂。1956年12月，民法草案的起草由全国人大常委会组织完成。民法草案完成后，由于政治局势的变化而中断立法进程。

1962年，我国第二次启动民法典立法编纂。1964年7月，民法草案完成。然而，民法典立法编纂进程再次因政治局势的变化而中断。

1979年，民法典的立法编纂工作第三次启动。因改革开放初期我国经济社会条件不充分,在完成数稿民法草案的编写后,民法典的立法编纂工作于 1980 年 6 月被暂停。虽然民法典的立法编纂工作第三次中断,但是,我国的立法机关为了适应社会经济发展的需要决定先制定民商事单行法。单行法的制定为我国民法典的编纂累积了丰富的经验。

1998 年,民法典的立法编纂工作又一次启动。2002 年 12 月,民法典草案经过全国人大常委会第一次审议后向社会公布并征求修改意见。2004 年,全国人大变更立法计划,民法典的立法编纂工作被搁置。

2014 年 10 月,中共中央十八届四中全会通过的《中共中央关于全面推进依法治国若干重大问题的决定》明确提出编纂民法典的议题。我国的民法典编纂再次启动。通过分步走的立法策略,2020 年 5 月 28 日,《中华人民共和国民法典》的立法编纂终于完成。①

---

(3) 刑法

刑法是有关犯罪、刑事责任和刑罚的法律。刑法主要用来惩罚挑战社会规范的行为,这类行为一般威胁着个体生命权、人身自由和财产安全,也威胁社会秩序和国家安全。刑法规定的刑罚是一种国家权力施加的惩罚。因此,在司法实践中,刑法领域的诉讼主要由代表国家的检察官充任起诉人;有些国家由法官起诉违反刑法的犯罪嫌疑人。依据挑战社会规范行为的危害程度,犯罪行为大致分为三类:过失罪、轻罪和重罪。过失罪是指犯罪行为人应当预见而没有预见,应该避免而没有避免的行为。过失犯罪的危害一般比较轻,在刑罚上一般以经济处罚为主。然而,如果过失犯罪的危害程度较大,刑罚也会加重,如犯罪行为人犯过失杀人罪就需要付出人身自由的代价。轻罪,是指犯罪行为的危害程度较轻的犯罪。这类犯罪行为一般处以年限较短的有期徒刑。重罪则是指犯罪行为的危害程度非常严重,"情节严重、影响恶劣"。这类犯罪行为一般处以年限较长的有期徒刑及以上的刑罚,甚至以生命为代价。我国刑法规定的刑罚有主刑和副刑之分。主刑包括管制、拘役、有期徒刑、无期徒刑和死刑五种,副刑

---

① 参见梁慧星:《民法总论》(第五版),法律出版社 2017 年版,第 24 页。

有罚金、剥夺政治权利和没收财产三种。

在一个国家的法律体系中，还有商事法、行政法等部门法，它们分别承担调整对应社会关系的功能。商事法调整的社会关系具有营利性特征，是规范平等主体间的商事关系的法律总称。商法与民法一样属于私法范围。行政法是调整行政关系的法律规范的总称，涉及行政主体和行政相对人，其要旨在于规范、限制行政权力，保护行政相对人的合法权益。行政部门制定的行政法规亦属于行政法范畴。

国际法是随着现代国际政治体系发展出来的规则，国际法的基础是主权国家间签订的或认可的条约。国际交往中形成的惯例也是国际法的重要组成部分。国际法的主体主要是国家和国际组织，它的基本特征是互惠和一致性。[①] 国际法和国内法不一样的地方在于，国际法没有内在的权力主体支撑。国际法的有效实施依赖参与主体的自觉遵守和国际政治的平衡，随着国际法的发展，国际法的内在强制力逐渐加强，主体得到了拓展。与此同时，在经济全球化的促进下，国际私法得到快速发展。

---

① 〔美〕迈克尔·G. 罗斯金等：《政治学与生活》，林震等译，中国人民大学出版社2014年版，第274页。

第十章 监察制度

权力监督是现代国家政治生活的核心内容之一,它与权力运行本身同等重要。"权力导致腐败,绝对权力导致绝对腐败",阿克顿的这句名言是对权力特性的最佳描述。

"把权力关进制度的笼子"揭示了现代政治防止权力腐败的主轴。现代国家的政治制度建设与形成都需要平衡"权力运行"和"权力监督"的原则。权力只有在运行过程中才能发挥其职能和作用。权力的特性使权力的滥用和腐败伴随着权力的运行而发生,这凸显了权力监督和权力制约的重要性。从宏观的角度看,一个国家的权力结构既要保障权力的正常运行,又要保证权力监督的原则得到有效执行。

监察制度是权力监督和权力制约的制度形式。孙中山在吸收中外政治经验的基础上提出了"五权宪法"的构想,监察权即是五权之一。中国共产党在成立之初就意识到监察在党内建设中的重要性。不论是中华苏维埃共和国时期,还是中华人民共和国成立后,监察制度都是权力实践过程中重要的权力监督和权力制约设置。当然,中华人民共和国的监察制度建设经历了一个从行政监察到国家监察的权力传递过程。

第一节 监察制度概况

一切有权力的人容易滥用权力……要防止滥用权力,就必须以权力约束权力。

——孟德斯鸠①

中国历史上的监察制度

监察制度在中国历史上有很重要的位置和影响，它走上历史舞台成为正式国家制度是在秦朝。秦朝设御史为三公之一，其主要职责是监察文武百官。实际上，监察文武百官的官职并非御史本身。御史大夫下设御史中丞负责监察（纠弹）朝廷高级官员，朝廷低阶官员则由侍御史负责监察弹劾，朝廷外派到各郡的郡守由监御史负责监督。御史大夫除管理朝廷典籍和奏章外，主要是作为丞相的副手监督三公之一的丞相。

在汉朝，御史负责监察百官的职责并没有改变，只是在称谓上有所差异。西汉时，御史称为御史府、御史寺或宪台；东汉时，御史称为御史台或兰台寺。

在唐宋，监察制度的基本结构是"两台三院"。唐朝司职监察的机构称御史台，掌"刑法典章纠正百官罪恶"。但是具体的机构设置在不同时间段有所不同。唐初时，御史台设大夫一名，中丞两名。武则天时期，御史台分设左右两台。稍后，御史台合二为一，恢复旧制。御史以下设三院：台院、殿院和察院。台院主要负责监察朝廷高阶官员，殿院主要负责纠察朝廷各礼仪，察院主要负责监察朝廷低阶官员和州县各种事务。

在宋朝，监察制度在结构上没有大的改变。御史负责监察职责，设御史大夫一名，在御史之下设台、殿和察三院。但是，御史大夫成了虚衔，监察实权由御史中丞掌管。

明朝时，御史台在名称上改为都察院，仍掌监察百官之职。清承明制，仍称都察院。

---

① 〔法〕孟德斯鸠：《论法的精神》（上册），张雁深译，商务印书馆1963年版，第154页。

监察制度的近代尝试

中华民国成立后,孙中山"五权分立"思想中的监察权逐渐成为现实的政治实践。孙中山在设计中华民国的政治制度时,通过借鉴美国的三权分立制度并结合中国传统政治制度,提出了"立法—行政—司法—监察—考试"五权分立的政治制度架构。1906年12月2日,孙中山在《民报》创刊周年大会上第一次正式提出五权分立的国家制度设计原则。

五权分立的政治思想进入中华民国的政治实践有一个过程。1925年7月,《国民政府监察院组织法》颁布,成立监察院,主要负责监察民国政府所属各机关官吏的行动,以及审计等职责。但是,直至1928年南京国民政府颁布《中华民国国民政府组织法》,孙中山的五权架构才得以真正运行。然而,五权架构中的监察权并没有有效防止民国政府的权力腐败。

第二节 现代监察制度:中国共产党人的探索、发展与完善

> 一旦执政的官员们横施暴虐且贪财肥私,他们就会彼此倾轧,甚至向他们的权势所从出的政体发难,他们多占多得的东西全都来自对百姓的搜刮和对公共财物的侵吞。
>
> ——亚里士多德[①]

探索:党内监察的发轫

中国共产党自成立后就非常重视权力监督问题,注重监察制度的建设。1927年4月,中国共产党第五次全国代表大会选举产生中央监察委员会,中国共产党党内监察制度正式建立。同年6月,《中国共产党第三次

---

① 〔古希腊〕亚里士多德:《政治学》,吴寿彭译,商务印书馆1965年版,第163页。

修正章程决案》第一次在党章内增加"监察委员会"作为第八章内容。依据决议案规定，党内设中央和省两级监察委员会。中央和省委员不能兼任监察委员，中央和省监察委员有资格参加同级委员会会议，有发言权但没有表决权。中央和省委员会不能撤销监察委员会的决议。监察委员的决议需要同级的中央或省委员会同意后才能执行。

上述关于监察委员会的设置开启了中国共产党党内监察的制度实践，然而，严峻的时局环境导致监察委员会并没有进入政治实践。至八七会议时，中共中央决定建立系统的监察组织，开始探索建立巡视制度并付诸实践。由此，中国共产党党内监察制度进入了调整阶段。1934 年 1 月，中共中央决定成立中央党务委员会承担党内监察职能，李维汉、陈云和李富春成为该机构的负责人。此后，省县级监察委员会相继成立。

遵义会议时期，中国共产党的党内监察制度重新走上正轨。当时，负责党内监察职能的机构是中央党务委员会，陈云和李富春作为该机构负责人出席了遵义会议。1938 年 9 月到 11 月，中共中央相继通过了一系列关于党内监察的文件。文件规定，党委之下设立监察委员会。1945 年，中共七大在延安召开，会议决定将中国共产党的党内监察机构重新设立为"监察委员会"，并由它替代六大设立的审查委员会的职能。在党章内，监察机关再次单章独列。

巡视制度是中国共产党党内监察和监督的重要组成要素。

▶ 发展：中华人民共和国成立后党内监察制度的波折

1949 年，中华人民共和国成立。为了规范权力运行，防范权力腐败，中共中央在 1949 年 11 月决定成立中央及地方各级纪律检查委员会。这个时期的中纪委与中组部、中宣部同级。中国共产党全国代表会议于 1955 年 3 月通过《关于成立党的中央和地方监察委员会的决议》，进一步加强了权力监督。中央监察委员会由中国共产党全国代表会议选举产生，对全党负责。党的各级监察委员会在各级党委指导下进行工作。

监察制度的建立和发展，为中国共产党"进京赶考"提供了坚实的保障，为中国共产党继续保持艰苦奋斗的优良作风保驾护航。到 1966 年，监察委员会的职权不断扩大。1949 年至 1966 年，监察委员会的工作以中共八大为界限分为两个阶段。前一阶段，监察委员会和纪委的工作重心在于监督党组织和党员的违纪。后一阶段，监察委员会和纪委的工作受到政治运动的影响，监察工作扩大化。

1966年以后，中国共产党党内监察制度和监察监督工作受到了严重冲击。监察委员会和纪律检查委员会分别于1969年和1973年被取消。

1977年，中国共产党中央和地方纪律检查委员会逐渐恢复。1977年8月，中国共产党第十一次全国代表大会通过的党章规定，在中央和县级以上党委设立纪律检查委员会。1978年12月，中国共产党第十一届中央委员会第三次全体会议选举产生了以陈云为第一书记的中央纪律检查委员会。在改革开放和发展市场经济的中国特色社会主义经济建设征程中，纪律检查委员会为防范权力腐败、优化经济环境做了大量有益的探索。从计划经济到市场经济，权力运行的环境发生了改变。由此，中国共产党在党内权力监督方面遇到了前所未有的挑战。中国共产党最高领导人多次强调权力监督，特别是党内权力监督对于行使权力和防止权力腐败的重要性。

改革开放后，巡视制度作为党内监察的有效形式之一越来越受到重视。1990年3月，《中共中央关于加强党同人民群众联系的决定》规定，"中央和各省、自治区、直辖市党委，可根据需要向各地、各部门派出巡视工作小组"。1996年3月，《中共中央纪律检查委员会关于建立巡视制度的试行办法》明确规定了巡视干部的选派、任务、职权、纪律和管理等问题。2009年7月，中共中央颁布了《中国共产党巡视工作条例（试行）》。这是中国共产党党内巡视工作制度化、规范化的里程碑。

中共十八大以后，巡视工作得到加强。2015年8月，《中国共产党巡视工作条例》正式颁布。2017年7月，《中国共产党巡视工作条例》再次修改以加强党的巡视工作。2017年10月，巡视工作制度被写入党章。

▶ 完善：国家监察制度的实践

1. 奠基

1931年中华苏维埃共和国临时中央政府在江西瑞金成立后，中国共产党在政权建设上非常注重监察制度的建立和完善。1931年11月，依据中央苏区政府先后通过的相关规定，相继成立了司职监察的工农检察人民委员会和工农检察部。在中央苏区政府以下，各苏区因地制宜地成立了省、县、乡各级监察机关。

在监察体系的设置上，苏区政府的监察制度由行政监察、审计监察和司法监察共同构成。在国家（政权）监察制度体系之外，苏区政府还建立了民主监察制度体系。通过发挥工农群众、社会组织和新闻舆论的监察功能加强对权力的监督。

由于残酷的生存环境、激烈的军事斗争和社会性质的影响，苏区监察体系的职能发挥受到了很大的限制。中央苏区军事斗争的失利，使苏区的政权建设受到了严重冲击。但是，这依然是中国共产党在国家监察制度上的有益尝试。

解放战争时期，中国共产党稳步推进各地各级政权建设。1948年8月，华北人民政府组建了"华北人民监察院"。依据《华北人民政府组织大纲》，"华北人民监察院为行政监察机关，设人民监察委员会，以院长及华北人民政府委员会任命之人民监察委员五人至九人组织之。其任务为检查、检举并决议处分各级行政人员、司法人员、公营企业之违法失职、贪污浪费及其他违反政策、损害人民利益之行为，并接受人民对上述人员之控诉"①。华北人民监察院在战争环境下创立了监察通讯员制度。

继华北人民监察院成立之后，陕甘宁边区政府也在1949年4月设立了人民监察委员会。边区政府的各级人民监察委员会成员由同级党政军民的负责人组成。

中国共产党各时期在各地建立的监察机关在承担监察职能之外，还负有政治使命。人民监察机关的首要职能是保证中国共产党建立的各级政府的勤政廉洁，反官僚主义和反腐败是其主要工作。同时，人民监察机关还要通过职能展现中国共产党领导的政府的人民性。中国共产党在政权建设中的监察实践为全国性政权建立后的监察制度建设积累了有益的经验。

2. 行政监察的探索

1949年10月1日，中华人民共和国成立。在国家机关的组织架构设

---

① 中共中央文献研究室、中央档案馆编：《建党以来重要文献选编（一九二一——一九四九）》（第二十五册），中央文献出版社2011年版，第429页。

置上，对人民监察委员会的隶属有两种意见：一是隶属中央人民政府委员会；二是成为政务院的下设机构。最后，第二种主张变成了政治实践。这样，中央人民政府政务院、人民军事委员会、最高人民法院和最高人民检察署成为中央人民政府委员会下设的四大国家机构。人民监察委员会则隶属于中央人民政府政务院。

在地方各级人民政府层面，县市级以上的人民政府内设人民监察机关，司职监察各级政府机关和公务人员的履职行为，以及纠举机关和人员的违法失职行为。这一时期，为了加强监察效果，监察委员会实行监察派驻制度，并强化了监察通讯员制度。

1954年，第一届全国人民代表大会召开后，政务院改组为国务院。国务院成立后，原来政务院下设的人民监察委员会改组为国务院监察部。从委员会到部的改组，一定程度上限缩了行政监察机关的职权。同样，这种监察职权的限缩也体现在地方政府监察机关的设置上。依据1954年9月通过的《中华人民共和国地方各级人民代表大会和地方各级人民委员会组织法》，县级人民政府不再设立监察部门，其监察工作由上级监察机关依据工作需要进行重点派驻。

自1954年设立国务院监察部以来，监察部的职权和运行制度就一直处于探索和调适状态，监察制度在这种探索和调适当中发挥了维护国家纪律、保护国家财产、贯彻法律和政策、促进经济发展等作用。然而，由于监察经验的不足和政治运动的影响，监察工作一直受到干扰和冲击。1959年第二届全国人民代表大会第一次会议决定撤销监察部，其行政监察职能并入中国共产党中央监察委员会。地方各级监察机关和派驻监察机关撤销后，其监察职能并入各级党的监察机关。1969年，党内监察委员会亦被撤销。这给新中国的权力监督实践和制度建设带来了一些负面影响。

3. 行政监察的恢复、适应与发展

十一届三中全会选举产生了中央纪律检查委员会，同时行政监察制度也在逐步恢复。党和国家工作重心从阶级斗争转移到社会主义现代化建设。社会主义现代化建设的中心是经济建设，其主轴为改革开放。

党和国家工作重心的改变、改革开放战略的实施等，使国家权力特别是政府权力的运行环境发生了巨大的改变。从计划经济到市场经济，政府要面对更为复杂的权力运行环境,承担更为繁复的国家建设任务,这使得加强对政府权力的监督变得越来越迫切。1981年,彭真提出以监察委员会形式恢复国务院监察机构的建议。从此,行政监察机关的恢复就成为权力监督建设的重要议题。经过反复地讨论和考虑,在厘清党纪监察和政纪监察、行政监察和司法监察等关系问题后,1986年11月,国务院向全国人大常委会提出《关于提请设立中华人民共和国监察部以恢复并确立国家行政监察体制》的议案。时任国务院副总理乔石在向全国人大常委会作议案说明时指出,"违反党纪者有党的纪律检查委员会管,违反国法者有公安、检察、法院等政法部门管,违反政纪者却没有一个机关专司监察职能……为保证国家机关工作人员清正廉明的工作,更好地为全面改革和四化建设服务,我国政府系统迫切需要设立监察机关,对国家行政机关及其工作人员、国家行政机关任命的国营企事业单位的领导干部,就其执行国家政策和法律法规的情况,违反政纪的行为,进行监察,以改善和加强行政管理,提高行政效能,保障社会主义建设事业健康发展"。经过全国人大会议讨论和审议,1987年7月,中华人民共和国监察部正式恢复;8月,国务院发布通知要求县以上各级人民政府设立行政监察机关。监察部及地方各级监察机关恢复设立后的重点工作反映了改革开放后政府权力运行的新环境。时任中共中央组织部部长尉健行转任监察部部长后指出监察工作的重点在于检查对外经济合同签订和执行中的问题,尤其是要查处公务人员在对外经济关系中的索贿受贿、贪污和渎职等行为,包括出卖经济情报。

行政监察制度体系的恢复解决了政纪监察问题,有效缓解了权力监督特别是行政权力监督的紧迫性。但是,行政监察体制一直存在的问题依然没有解决。从政务院人民监察委员会设立再到国务院监察部恢复,行政监察的独立性、范围和力度等问题都是讨论的重点。1986年11月,全国人大常委会在讨论国务院提出恢复设立监察部的方案时,不少委员提出应该提高监察机关的地位以保障监察机关有效行使职权,更有委员提出要设置国家监察委员会以确保监察权行使的独立性和实效性。

1993年1月,中纪委与监察部合署办公。随后,各级纪委和监察部门先后合署办公。这是为了在适应社会主义现代化建设事业,特别是中国特色社会主义市场经济快速发展的情形下,"进一步加强党的纪律检查工作和强化行政监督机关职能,并使之形成合力的重大措施,以便能够更加集中力量加强党风廉政建设,反对腐败,保证经济建设顺利进行"[①]。此后,纪委与监察部门合署办公的工作机制不断得到发展和完善。

4. 国家监察体制改革

纪委和监察部门合署办公加强了监察制度的力量,但是制度上的内在问题仍然存在。随着中国共产党纪委检查制度的发展和完善,党内监督制度建设实现了全覆盖。在法理上,监察部门的监察范围限于行政部门。

制度上要实现对国家权力的全覆盖监督就需要国家机器的相应设置。在此背景下,监督国家机关工作人员行使权力的职能落在了人民检察院系统。1978年,检察机关恢复重建。为了适应经济发展的新形势,人民检察院系统于1979年组建经济检察厅专司贪污受贿等犯罪的检察工作。1989年,广东省人民检察院开始试点成立反贪污贿赂局。1995年,最高人民检察院成立反贪污贿赂总局。2015年,反贪污贿赂总局进行改革,其地位得到进一步强化,其在反腐败工作中的独立性进一步增强。

检察院系统成立反贪局司职国家机关工作人员的贪污、贿赂、挪用公款等职务犯罪的立案侦查工作。一方面,这有利于依法对国家公职人员的履职行为进行司法监督;另一方面,在纪委与行政监察部门合署办公后,检察院反贪局的成立避免了监察部门对非行政部门公职人员的越位监督。

在制度建设上,行政监察部门对行政公职人员的履职行为进行监督监察,检察院反贪局对国家机关工作人员的履职行为进行监督监察。然而,这样的权力监督监察的制度设计还是存在内在的矛盾。首先是行政监察部门与检察院反贪局的地位和关系问题;其次是中国共产党的纪律检查委员会与行政监察部门和检察院反贪局之间的关系问题;最后是党和国家权力监督和反腐败制度的一体化问题。这些问题都制约着权力监督监察体制的效能发挥。

在这种背景下,国家监察体系的改革和建设就进入了党和国家的议事

[①] 龙新民主编:《中国共产党历史重要事件辞典》,中共党史出版社2019年版,第501页。

日程。2016年1月，习近平总书记在第十八届中央纪律检查委员会第六次全会上指出，"要健全国家监察组织架构，形成全面覆盖国家机关及其公务员的国家监察体系"。2016年11月，中共中央办公厅印发《关于在北京市、山西省、浙江省开展国家监察体制改革试点方案》。2016年12月，第十二届全国人大常委会第二十五次会议通过《关于在北京市、山西省、浙江省开展国家监察体制改革试点工作的决定》。国家监察体制改革工作由此拉开大幕。在三地试点的基础上，中国共产党十九大报告明确表示："深化国家监察体制改革，将试点工作在全国推开，组建国家、省、市、县监察委员会，同党的纪律检查机关合署办公，实现对所有行使公权力的公职人员监察全覆盖。制定国家监察法，依法赋予监察委员会职责权限和调查手段，用留置取代'两规'措施。"2017年10月，中共中央办公厅印发《关于在全国各地推开国家监察体制改革试点方案》。2017年11月，第十二届全国人大常委会第三十次会议通过了《关于在全国各地推开国家监察体制改革试点工作的决定》。国家监察体制改革至此在全国各地方推广开来。

2018年2月，中国共产党第十九届中央委员会第三次全体会议审议通过了《中共中央关于深化党和国家机构改革的决定》和《深化党和国家机构改革方案》。《深化党和国家机构改革方案》明确提出，"将监察部、国家预防腐败局的职责，最高人民检察院查处贪污贿赂、失职渎职以及预防职务犯罪等反腐败相关职责整合，组建国家监察委员会，同中央纪律检查委员会合署办公，履行纪检、监察两项职责"。组建国家监察委员会的目的在于"实现党内监督和国家机关监督、党的纪律检查和国家监察有机统一，实现对所有行使公权力的公职人员监察全覆盖"。

2018年3月，第十三届全国人大第一次会议通过了《中华人民共和国宪法修正案》和《中华人民共和国监察法》，赋予了中华人民共和国国家监察委员会宪法地位。国家监察委员会和国务院、最高人民法院和最高人民检察院一样，由全国人民代表大会产生，对全国人民代表大会负责，受全国人民代表大会监督。

国家监察委员会以及地方各级监察委员会的成立，第一次实现了国家权力监督制度体系化和理性化。监察委员会与纪委合署办公第一次从政治地位和权力配置等角度有机统一了中国共产党党内监察和国家监察的关系。

第三节 监察与权力监督

要加强对权力运行的制约和监督,把权力关进制度的笼子里。

——习近平[①]

▶ 权力监督的理论与模式

亚里士多德认为城邦权力应该受到制约,这种权力制约的观念体现在其混合政体的论点之中。在混合政体中,城邦权力在政治制度和社会阶级两个维度上实现权力制约的目标,权力制约的主轴是城邦公民以"阶级"为界限的群体间相互制约。经过漫长的历史演变,制度维度的权力制约到近代才成为权力制约的主轴,这个转变是以近现代平等政治身份的观念和实践为基础的。

在理论上,孟德斯鸠是权力制约理论的系统阐述者。概言之,孟德斯鸠认为国家权力在职能上应该分为立法、行政和司法,并让它们相互制衡。这样,才有可能避免专制权力带来的暴政、腐败,避免权力专制对社会(权利)的侵犯以及对经济发展的威胁。

近代以来,"职能分工、机构分立"成为权力监督和权力制约的基础原则,也是权力监督制度的基本形式。群体监督和群体制约是权力制约的常见形式,权力监督的群体方式往往与传统的权力斗争相关联,甚至转化为大规模的战争。因此,制度化成为权力监督的主要形式改变(至少是缓解)了群体对抗式权力监督、权力制约的阴暗面。这即是"把权力关进制度的笼子"的意义所在。

[①] 中共中央文献研究室编:《十八大以来重要文献选编》(上),中央文献出版社2014年版,第136页。

在具体的制度形式上，权力监督在当今世界各国政治制度和政治实践中主要有两种模式。一种模式是把权力监督职能融入正常的立法—行政—司法三分的政治制度体系内。这种模式需要社会具有很强烈的制度精神和规则意识。另一种模式则是在立法—行政—司法权力结构之外成立专司权力监督特别是宪法监督的机构。宪法法院是这一模式经常采用的制度形式。

现代政治的权力监督体系除了权力内部的分立制衡外，还发展了其他的权力监督、制约的工具和制度。以民主的形式让人民能够监督国家权力是权利制约权力的制度化形式，也是现代政治的显著特征之一。人民可以通过周期性的选举监督和制约掌权者的权力行为，也可以通过直接的建议、检举和控告来监督和制约权力的运行，防范权力滥用带来的危害。

由于科技和经济的发展，现代社会的流动速度大大加快。这让人与人之间的交流变得更频繁，人与人之间的关系变得更紧密，也让社会舆论具有更强的力量。因此，舆论监督也是现代政治结构中有力的权力监督和权力制约手段，其让权力黑箱操作变得更加困难。"让权力在阳光下运行"是现代权力运行和权力监督的形象表达。

权力运行的复杂性和多样性发展了立体化的权力监督制度。技术的进步不仅改变了权力运行的方式和过程，也赋予了权力监督更大的可能性。权力监督的困难之处在于权力内部的运行细节难以监控。以信息技术为基础的"大数据"与权力运行的融合能够使权力行为留下痕迹。可以说，技术手段大大提高了权力监督和权力制约的可达性和有效性。

概言之，权力分工、机构分立是现代政治中监督和制约国家权力的逻辑起点和核心。平等的身份政治赋予了人民以民主的形式监督和制约国家权力的手段，现代社会的特征扩大了社会舆论和技术监督制约国家权力的可能。在现代政治架构中，权力监督制度的体系化和监督手段的多样化有效地降低了国家权力的滥用和腐败，以及其他权力运行带来的威胁。

国家监察委员会与权力监督

权力监督效果的实现既依赖于良好的制度结构，也取决于合理的机构设置。从权力职能的角度看，横向上国家权力被赋予不同的职能机构，纵向上各职能机构又有层级划分。从权力运行的角度看，权力监督可分为事前、事中和事后三个阶段。国家权力的不同职能机构和不同的层级要求权力监督实现一体化，并按层级配置权力监督机构。

设置国家监察机关前，国家权力的监督和权力职能配置在行政系统的监察机关和检察系统的反贪污贿赂机关。监督权力的分散配置使得监督权力运行过程中的权力边界限制了监督的效能，更为重要的是，分散配置的监督权力在政治地位上难以与被监督者匹配。在一个非常重视权力位阶的政治环境里，监督权力的政治地位直接影响着监督的效力。

国家监察机关设置后，监督权力集中在一个机构，国家监察机关的政治地位得到提升。在人民代表大会制度下，国家监察机关取得了与其监督对象同等的宪法地位。这样，监察机关可以有效地监督同级其他职能机关。巡视和巡察是强有力的事中监督；监督检查是国家监察机关承担的事后监督职能，国家监察机关将事中监督和事后监督集于一身，增强了权力监督的有效性。

权力监督是一项系统性的政治行为，国家监察机关的设立是国家政治制度的结构性改革，是探索国家监督权力一体化的有益尝试，是国家治理体系与治理能力现代化的重要组成部分。

第十一章 政党与组织

相较于古代政治生活而言,现代政治生活最明显的一个特征是,国家主席、总统、总理等手握实权的职位都不是世袭的。一国之内周期性的选举成为现代政治生活的一大景观。如果我们冷静地观察就会发现,在选举时,政党在其中扮演着重要角色。

政党深度介入近现代政治结构中,极大地影响了现代国家的政治生活,但是,现代政党要对国家政治生活发挥正面影响和作用,还需要一些必要条件:第一,国家权力相互制约而平衡的整体政治制度;第二,国家权力正常有序的轮替;第三,公民有权利且有能力制度性参与国家政治生活;第四,选举制度的发展;第五,发达而有自治能力的社会。除了政党,现代政治中还存在诸如利益集团等政治性或社会性组织。政党政治在现代政治生活中是一种司空见惯的现象。因此,本章主要探讨政党、政治性组织与现代政治的关系。

第一节 政党与现代政治

政党是社会和政府之间的核心中介组织。

——G. 萨托利①

---

① 〔意〕G. 萨托利:《政党与政党体制》,王明进译,商务印书馆2006年版,第2页。

政党的类型

现代政党往往和国家的政治权力紧密相关。在现代政治中，政党是通过革命或选举的方式获取国家政治权力，并通过法定程序将政党的思想、意识形态和主张等转为国家意志的政治组织。不同国家的政党差异万千，但都以某种独特的方式发挥社会、政治等功能。有的国家的政党作用明显，组织强有力。例如，英国的政党，不论是保守党还是工党，都有着严明的纪律。党魁拥有一系列手段控制本党成员，大选提名是党魁控制本党成员的有利途径。有的国家的政党在政治生活中的影响和作用并不明显。例如，在美国，共和党和民主党的组织都很松散。理论上，美国公民在做选民登记时可以随意登记自己属于哪个政党。① 当今世界上，规模最大、纪律最严明的政党非中国共产党莫属。

1. 选举型政党

现代政党是伴随着资产阶级掌握政权逐渐发展起来的。现代政党起源于西方国家。英国光荣革命后，进入议会的议员慢慢围绕各自的利益、立场和观念等形成了两个阵营——辉格党和托利党。辉格（Whig）和托利（Tory）原本是两个阵营攻击、辱骂对方的用词。"辉格"意为强盗、盗马贼，被托利党人用来攻击反对君主专制、支持宗教自由的政敌。"托利"意为不法之徒，被辉格党人用来嘲讽维护上层贵族利益的政敌。1679 年，议会讨论是否支持詹姆斯公爵继承英国王位。议员们分化为两个阵营，并各自接受对方给予的蔑称为自身的党名。最后，两个阵营就王位继承问题达成妥协，通过发动宫廷政变废黜詹姆斯二世（即前文提到的詹姆斯公爵），迎立其远在荷兰的女儿和女婿（玛丽和威廉）为英国国王。随着 19 世纪民主政治的发展和选举改革，辉格党和托利党在 19 世纪中叶分别发展成自由党和保守党。自由党曾长期执掌英国政权，后来衰落而为崛起的工党所替代。

当今英国，保守党和工党是主要的政党。在历次议会大选中，不是保守党就是工党占据优势。即使两大党在选举中没有获得单独执政所需要的

---

① 实际上，美国选民特别是公众人物很少随意改变自己的政党归属。

议席数，也可通过联合其他小党实现执政目标。如 2010 年 5 月大选后，保守党、工党和自由民主党的议席位列三甲，但没有政党获得的议席数达到单独组阁的过半数要求。于是，获得最多议席数的保守党党魁卡梅伦联合自由民主党组阁。

政党不是在执政，就是在争取执政。前者称为执政党，后者称为在野党。不论执政党还是在野党，它们都力争通过选举来获得执掌国家权力、组织政府的机会。考察西方各国的政治实践，政党执政或通过赢得议会选举，或通过赢得总统选举，或两者兼而有之。

2. 革命型/使命型政党

与选举型政党同期诞生的政党还有另一种类型，即革命型/使命型政党。这类政党多主张通过暴力革命获取国家权力，从而通过国家权力改造社会结构，实现社会革命。无产阶级政党是这类政党的典型代表。无产阶级政党希望通过革命等方式获得国家权力，从而消灭阶级消灭剥削，进而实现全人类解放，实现人的自由而全面的发展。

政党的功能

选举型政党和使命型政党在现代国家政治生活中都承担着一定功能，政党在政治生活中逐渐发展出来的这些功能使得政党能够立足于现代政治结构之中，现代国家借助政党的诸项功能促进社会整合和政治生活的制度化运行。

1. 政治动员

动员是政党最基本的功能。任何类型的政党要实现其政治目的都要广泛动员。在政治生活中，选举或实现某个政党目标需要大量的人力和物力资源，但这些资源不会自动在选举或某个行动中支持特定政党，选民或民众可能不了解或不够了解政党推出的候选人或政党要达到的目标，这时需要对选民或民众进行动员。政党通过内部指令、投放广告、组织聚会等形式竭尽全力地动员选民或民众支持政党和政党候选人。

报纸、电视和互联网等媒介在政党动员中发挥了巨大作用。如电视让肯尼迪战胜了老牌政客尼克松登上总统宝座，推特也为唐纳德·特朗普赢得总统大选发挥了重要作用。

中国共产党的组织系统是一台强大的动员机器,它几乎可以在所有活动中动员大量的人力和物力支持。群众路线和统一战线是中国共产党进行群众动员的两大法宝。在西方国家,选举要花费大量金钱,因此募集选举费用是政党动员的主要内容。一个政党如果能在募集选举经费方面赢过对手,那么赢得大选的概率就会大增。

2. 利益表达和聚合

选民或民众的利益是多种多样的。如果任由选民或民众个体表达,那么效果和影响会很糟糕。一是个人的力量是有限的,选民或民众的利益表达目的难以实现。二是利益表达的对象分散,政府要花大量的成本应对选民或民众的个体表达。有效的利益表达是选民或民众联合起来(组织起来)①或联合成一般性、专业性的社会组织,或加入立场、利益、观点(意识形态)相近的政党。政党可以利用组织优势在利益表达中把分散的利益诉求聚合起来,形成更有力、特征明显的利益诉求。在选举政治中,政党可以通过介绍候选人,推出政党政策主张,投放选举广告等方式聚合选民的投票意向。在欧洲,强有力的政党机器是高投票率的保证。政党规模是影响利益表达和聚合的一个很重要的指标。

3. 政治整合和组阁

正如亨廷顿所论述的那样,如果一个国家的制度整合能力不足,社会积极分子过度的政治参与会带来政治动荡。② 政党是一个国家制度整合能力的有机构成要素,政党对社会力量的吸纳和整合是国家制度整合能力的有效补充。政党可以有效吸纳政治体系之外的力量,特别是有意而暂时未能进入国家体制的力量,从而维护政治制度的稳定。几乎所有政党都欢迎新鲜力量的加入。

政党的政治整合也会遇到一些新的问题,从而出现反向整合。例如,21世纪初在美国兴起的茶党运动让共和党颇受冲击。20世纪60年代以来兴起的绿党对一些欧洲国家的老牌政党形成巨大冲击,甚至改变了部分国

---

① 参见《毛泽东选集》第3卷,人民出版社1991年版,第928—936页。
② 〔美〕塞缪尔·P.亨廷顿:《变化社会中的政治秩序》,王冠华等译,上海人民出版社2008年版,第56页。

家的政党结构和政治结构。

吸纳社会精英进行政治整合是政党的功能之一，政党的核心政治功能则是组阁执掌政权，选举型政党和使命型政党都不例外。选举型政党通过赢得选举获得组阁权。在议会制国家，获胜政党的领袖在国家元首的同意下任命本党议员为内阁成员，同时他们还任职内阁各部大臣（首长）。总统制国家赢得大选的候选人就职总统，然后任命各部部长。这些部长的任命，以及总统职权范围内的任命一般都要通过国会确认。政党的政治整合和组阁是政党和政党领袖控制本党的有效手段之一。提名谁为议会选举的候选人、选择谁入阁，等等，这些都是强有力的纪律工具。

4. 政治社会化

政党是选民或民众学习政治技能、接受特定政治价值的有效途径。加入政党也是政党成员进入国家政治体系的桥梁。在政党活动中，政党成员通过政党内部的各种场合熟悉政治体系的运作，学习和选民或民众打交道，锻炼发表演说和组织活动（会议）的能力，养成坚持和妥协的政治能力。政治是一门妥协和利益平衡的艺术。政党是选民或民众成为政治精英的一个训练场，同时，政党也是政治领导人的培养基地。政治领导人在脱颖而出之前往往经过了政党内部的各种筛选，在党内主要岗位得到历练。

政党通过组织集会、投放广告和举办学习活动等形式向选民或民众传播国家和政党的观点、价值，培育选民或民众对政治制度和政治价值的认同，实现社会稳定。

第二节　政党制度

政党制度涉及制度内不同政党之间的竞争与合作。

——艾伦·韦尔[①]

就政治发展而言，重要的不是政党的数量而是政党制度的力量和

[①] 〔英〕艾伦·韦尔：《政党与政党制度》，谢峰译，北京大学出版社2011年版，第133页。

适应性。

——塞缪尔·亨廷顿①

政党是一群人为了特定政治目的,主要是获得政治权力而组织起来的政治组织。政治制度则是政党及其成员在从事政治活动时的规范体系,特别是政党和国家政权之间的关系和行为模式。按一国实际执掌政权的政党的数量,世界各国的政党制度大致可以分为一党制、两党制和多党制。在这三种政党制度之外还存在一些拓展性政党制度。

一党制

从世界政党的发展历史来看,一党制最先出现在苏联。然后在民族解放浪潮中,一些获得独立的亚非拉新兴国家采用了一党制。德国和意大利在二战前短暂实行过一党制。二战后,东欧一些国家也实行过一党制。一党制的形成在各国都有其独特原因,如或革命、独裁、民族独立等。

实行一党制的国家,国家政治权力被一个政党控制,政府由单个政党控制。由于没有政党竞争,一党制国家的政党可以顺畅地将政党主张变成国家政策。但由于没有竞争者,一党制国家的政策不容易调整,或者调整代价极高。

两党制

两党制是指一个国家主要有两个政党轮流参与国家政治权力的分配。英国和美国是典型的实行两党制的国家。英国先是由自由党和保守党轮流执政。自由党衰落后,由保守党和工党轮流执政。英国是实行君主立宪制的国家,议会是权力中心,大选中赢得议会多数席位的政党组织政府。赢得议会议席过半数的政党,直接组阁;赢得议会议席多数而没过半,就必须与其他政党联合执政。联合执政在英国很少出现。最近的一次是2010年卡梅伦联合自由民主党组阁执政。在野党会成立影子内阁在议会活动,

---

① 〔美〕塞缪尔·P. 亨廷顿:《变化社会中的政治秩序》,王冠华等译,上海人民出版社2008年版,第388页。

扮演反对党角色。

和英国的两党制有所不同，美国的共和党与民主党也轮流竞争执政，但总统选举和国会选举是分开的。总统选举获胜，并不意味着总统所在的政党能主导国会。反之亦然，国会选举获胜的政党并不意味着国会一定会支持总统施政。在美国，国会选举和总统选举的直接关联性较低。2018年，时任总统特朗普所属的共和党在中期选举失利，失去了国会众议院的多数党地位。政党介入美国政治生活后，当选总统都有政党身份。历史上，美国总统只有乔治·华盛顿没有明确的政党身份。国会议员以无党籍身份当选的情形亦是凤毛麟角。佛蒙特州参议员伯尼·桑德斯是无党籍国会议员的代表，但是，他在从政生涯中，特别是参议员的职业生涯中，长期和民主党合作。2015年，他还以民主党人身份参加过2016年美国总统大选。

两党制的形成与采用单一选区制的选举制度有关。单一选区制有利于政治稳定，但其代表性稍弱，不利于社会各阶层的利益通过议会得到反映。

多党制

多党制是指一个国家有两个以上的政党参与国家政治权力的角逐和竞争。有些国家成立了众多政党，并且这些政党都有机会参与国家政治权力的分配。在这类国家，选举制度一般采用比例代表制，即大选区制。多党制有利于社会利益通过选举得到反映，从而有利于社会利益的聚合和整合，但同时也会带来另一个问题，即政局不稳。以法国第三、第四共和国为例，多党制使得每届政府的平均执政时间只有6个月。政局不稳、政府频繁更换不利于国家发展、社会繁荣，进而影响社会大众的根本利益。因此，实行多党制和大选区制的国家大都通过调整选区制度促使多党竞争转换成两大党联盟。

政党在现代政治中起到积极作用，除了和现代政党制度有关，还与选举制度高度关联。选举制度深度影响政党在现代政治中的功能发挥。没有选举制度，政党在现代政治中的作用和影响要大大降低，政党制度和选举制度在现代国家中的关系模式涉及一国政治是否能够获得平衡和稳定。

中国共产党领导的多党合作和政治协商制度

除上述政党体制外,世界上还存在其他类型的政党体制。中国实行的是中国共产党领导的多党合作和政治协商制度。多党合作制是指中国共产党执政,其他政党通过特定的制度和程序参政议政、共商国是。

中国共产党领导的多党合作和政治协商制度形成于近现代中国革命和建设进程中。1935 年 12 月,中共中央在瓦窑堡会议提出要建立"抗日民族统一战线","把红军的活动和全国的工人、农民、学生、城市小资产阶级、民族资产阶级的一切活动汇合起来,成为一个统一的民族革命战线"。在这一思想的指导下,中国共产党在延安采用"三三制"原则建立抗日民主政权。在"三三制"原则下,左派人士和中间人士进入抗日民主政权。这可以说是中国共产党领导的多党合作制的雏形。抗日战争胜利后,国民党逐渐背弃了党派合作的政治协商理念和原则。1948 年 4 月 30 日,中国共产党发布纪念劳动节的"五一口号",号召"各民主党派、各人民团体、各社会贤达迅速召开政治协商会议,讨论并实现召集人民代表大会,成立民主联合政府"。中国共产党和绝大多数民主党派为了中国人民的利益齐聚北平,于 1949 年 9 月召开了中国人民政治协商会议,制定并通过了《中国人民政治协商会议共同纲领》(以下简称《共同纲领》)。

中国人民政治协商会议的召开和《共同纲领》的制定标志着中国共产党领导的多党合作和政治协商制度正式成型。参加 1949 年中国人民政治协商会议的民主党派有"中国国民党革命委员会、中国国民党三民主义同志联合会、中国民主同盟、中国人民救国会、中国民主建国会、中国民主促进会、中国农工民主党、中国致公党、九三学社、台湾民主自治同盟和中国新民主主义青年团"①。

1956 年,中国共产党在总结中华人民共和国成立初期与民主党派关系的基础上提出"长期共存、相互监督"的方针。这个方针既回应了取消民主党派的声音,又规划了中国共产党与民主党派的未来关系蓝图。1982

---

① 中共中央文献研究室、中央档案馆编:《建国以来周恩来文稿》(第一册),中央文献出版社 2008 年版,第 382—383 页。

年，中国共产党将八字方针扩展为"长期共存，互相监督，肝胆相照，荣辱与共"的十六字方针。

中国共产党领导的多党合作和政治协商制度是中华人民共和国的基本政治制度之一。中国人民政治协商会议是中国共产党领导的多党合作和政治协商制度的基本组织形式，也是各民主党派参政议政的主要途径。民主党派参政议政、共商国是的形式还有协商座谈会、专题研讨会、专题调研等。

第三节 政党与选举

> 政党是一个基于赢得选举以直接控制政府人员目的而成立的组织。
>
> ——谢茨施耐德[①]

政党的发展、党争的控制得益于政党制度和选举制度的发展。政党制度和选举制度的发展，以及二者有效整合进现代国家制度体系都促使政党在现代政治生活中发挥正面作用，而其负面影响得到有效抑制。接下来，我们简单地探讨政党、政党制度与选举制度之间的关系。

人民代表大会是中华人民共和国的国家权力机关，也是人民的代议机构。人民代表大会的构成人员，即人民代表经由选举产生。县乡两级人民代表由选民直接选举产生，县级以上的人民代表则由下一级人民代表大会选举产生。各政党、各人民团体，可以联合或单独推荐代表候选人；推荐代表候选人的政党、人民团体……可以在选民小组或者代表小组会议上介绍所推荐的代表候选人的情况。这是中国共产党领导的多党合作制度与人民代表选举制度相结合的体现。另外，我国政党制度与选举制度相结合的另一体现是，全国人民代表大会和地方各级人民代表大会代表的选举工作

[①] 〔美〕谢茨施耐德：《政党政府》，姚尚建等译，天津人民出版社2016年版，第187页。

坚持中国共产党的领导。①

在美国，除了大选之外，还有总统选举两年后的中期选举。中期选举中的重头戏是国会两院的议员选举，选民经由"选举人团"的制度设置间接选举总统，而直接选举产生国会参众两院的议员。在美国，虽然政党组织很松散，但政党制度和选举制度的约束能力很强。两党制和单一选区制使得候选人必须符合并代表大多数选民的意见才能获胜。这个整合机制有效抑制并避免了政党竞争带来的撕裂风险。

▶ 选举代表

一切权力属于人民，源于人民。这是现代政治中的人民主权原则。自从人民主权替代"君权神授"成为现代政治中最主要的正当性原则以来，现代国家都把权力的正当性诉诸人民。这在当代世界大部分国家的宪法中有直接表述。《中华人民共和国宪法》规定，"中华人民共和国的一切权力属于人民"；美国宪法关于人民主权原则的条文表述为："美国人民，为建设更完善之合众国，以树立正义……特制定美利坚合众国宪法。"

人民主权是一个政治原则，它要变成政治实践还需要相应的制度和具体的国家机构支撑。在现代国家，人民主权原则一般通过代议制度和国家机构变成政治实践。

全国人民代表大会是中华人民共和国的最高国家权力机关。中华人民共和国全国人民代表大会的代表每年三月初②齐聚首都北京，行使人民委托的权力。2018年3月11日，第十三届全国人民代表大会第一次会议通过了现行宪法的第五个修正案。③ 修正案的主要内容包括："中华民族"的表述首次进入中华人民共和国宪法；关于国家主席任期的修改；增加国

---

① 参见《中华人民共和国全国人民代表大会和地方各级人民代表大会选举法》第2条、第30条、第34条。
② 每年3月5日全国人大会议开幕并非法定，而是逐渐形成的惯例。第一届全国人大第一次会议的会期是1954年9月15日至9月28日；第二届全国人大第一次会议的会期是1959年4月18日至4月28日。
③ 中华人民共和国现行宪法由1982年12月4日第五届全国人民代表大会第五次会议制定通过。前四个现行宪法的修正案制定通过的时间分别是：1988年4月12日、1993年3月29日、1999年3月15日和2004年3月14日。

家监察委员会的内容等。

中华人民共和国全国人民代表大会五年一届,人民代表可以连选连任。全国人民代表大会的代表由下一级地方人民代表大会选举产生。全国人大代表,除军队代表外,其他人民代表都以地域为界限由省级人民代表大会选举产生。除第一、二届全国人大代表名额为1226名之外,其他各届全国人大代表的名额在3000名左右,从第六届全国人民代表大会开始,代表名额不超过3000名(如表11-1所示)。

表11-1 历届全国人民代表大会代表名额

全国人民代表大会届数	代表名额
第一届	1226
第二届	1226
第三届	3040
第四届	2885
第五届	3500
第六届	2978
第七届	2978
第八届	2979
第九届	2980
第十届	2985
第十一届	2987
第十二届	2987
第十三届	2980

数据来源:http://www.npc.gov.cn/npc/xinwen/node_24634.htm;http://npc.people.com.cn/n/2014/0912/c14576-25649395.html。

在全国人民代表大会之外,还有省级人民代表大会、市(地)级人民代表大会、县级人民代表大会和乡级人民代表大会。人民代表也有对应的级别。县乡两级人民代表由选民直接选举产生,县级以上的人民代表由其下一级人大会议选举产生。①

英国的代议机关是议会。英国议会由上院和下院组成。上院由贵族组

---

① 人民代表的产生方法详见《中华人民共和国全国人民代表大会和地方各级人民代表大会代表法》及其实施办法。

成；下院由选举产生的议员组成，是英国的最高立法机关，行使立法权。英国议会有着悠久的历史，在13世纪，依据1215年6月15日国王和贵族达成的《大宪章》，议会制度萌芽。英国议会历经曲折，在资产阶级兴起后，逐渐成了英国政治舞台的中心，掌握了英国的最高立法权力。

英国议员的选举经历了从复数投票到普选的艰难历史进程。在1832年英国人民争取普选权运动之后，经过1867年、1884年和1918年三次民主改革，英国议员选举取消了财产资格限制。从此，英国人民改以英国公民身份为标准获得选民资格参加议员选举。女性也在这个过程中获得了参与议员选举的资格。1969年，英国人获得选举权的年龄限制由21周岁改为18周岁。

美国国会由参议院和众议院共同组成。参议院按州为单位，不论各州人口和地域大小每州仅可选举两名参议员。当前，美国参议院有100个议席。副总统为参议院议长，一般情况下参议院议长不参与参议院的投票，只有当赞成和反对票数相等时，即投票结果是平局时参议院议长才参与投票。众议院以各州人口数分配每州应选出的议员数。众议院最初由13个州选出的65名议员组成。随着领土的扩展，众议院的议席最终确定为435个。议席由各州按每十年一次的人口普查数据分配。众议院的议长由众议院选举产生。按惯例，众议院议长一般由多数党领袖担任。

按照国会议员的选举制度，众议院议员的任期为两年，即每两年改选一次，可以连选连任。众议院议员的参选资格要求主要有三点：一是为美国公民已满7年；二是年满25周岁；三是当选时为所参选州的居民。参议院议员的任期为6年，每两年改选其中的1/3。参议院议员的参选资格要求为：一是为美国公民已满9年；二是年满30周岁；三是当选时为所参选州的居民。

不论是在中国，还是在英国或美国，要赢得选举的胜利，候选人得到政党的支持和提名是关键。除此之外，英美两国的政党还在选举经费、选民动员等方面给予候选人强有力的支持。在选举期间，参与选举的政党会以多种形式募款，并投放竞选广告。相较而言，英国的政党对候选人的约束力要强于美国。在选举制度上，英美两国比较接近，两国在议员选举上都实行单一选区制。

▶ 选举政府首脑

在现代政治结构中，政府首脑或直接或间接地由选举产生，这与现代政治的民主性质紧密相关。依据《中华人民共和国宪法》，中华人民共和国国务院是我国的中央政府，其首脑被称为国务院总理。国务院总理的任期为五年，和全国人大代表的任期是一致的。国务院总理连续任职不得超过两届。在"议行合一"的权力配置原则下，国务院总理由全国人民代表大会根据国家主席的提名决定。

在实行议会制的国家，政府首脑一般由议会多数党领袖担任。因此，政府首脑的产生依赖于议会选举的结果。在议会选举中，获得议席数达到法定标准（一般为获得半数以上席位）的政党可以单独执政。获得议会选举胜利的政党推选的内阁首相或内阁总理候选人在国家元首批准后负责组阁。若没有政党获得单独执政资格，那么就需要多个政党联合执政。这种情况下，政府首脑的人选一般是获得多数议席的政党领袖。2017年6月9日，英国大选结果揭晓，保守党虽然是议会第一大党，但席位并未过半。因此，特蕾莎·梅领导的保守党和北爱尔兰民主统一党联合组阁执政。在这之前，2010年，卡梅伦领导的保守党在议会选举中赢得第一大党的地位，但也没过半数。因此，保守党和自由民主党联合执政。德国前总理默克尔自2005年以来，四度领导德国政府，四度联合其他政党共同执政。

在实行总统制的国家，政府首脑即是国家元首，一般由选民直接选举产生。随着民主机制等现代政治结构要素的逐渐生成和嵌入，政治生活的传统面貌发生了改变。公开、竞争、大众参与、注重程序、权力制约、有限任期等成了描绘政治生活的常用词汇。虽说现代政治的民主机制让个人拥有制度化介入权力运行过程的资格，但是实际上个体很难凭一己之力赢得选举。要赢得选举，获得政府高位，背后要有强有力的政党力量支持。唐纳德·特朗普在最近几届美国总统中最具个性特色且富有，然而，他也是通过获得美国共和党的力量支持而赢得总统大选的。由此可见，现代政治中，政党的作用非常强大。

大众政治特别是普选是现代政治发展的重大成就。同时，大众政治也给现代政治带来了一些隐患，特别是对政治稳定的影响。为了避免大众政治带来的冲击，有些国家在现代政治制度设计之初就采取措施平衡大众政治，有些国家则在政治实践中逐渐加入平衡大众政治的机制。在美国总统选举中，选民并非直接投票选举总统，而是通过选举人团选出总统。法国总统选举则采用多数两轮投票制。如果在第一轮选举中没有候选人获得半数以上选票，那么由第一轮得票最高的两位候选人进入第二轮选举。现任法国总统埃马纽埃尔·马克龙第一次当选总统时就是在第二轮选举中获得超过65.5%的选票而获胜。

■ 知识栏：多数两轮投票制

据法国现行宪法规定，法国总统普选采用"多数两轮投票制"：在第一轮投票中如无人获得超过半数的选票，则得票居前的两名候选人进入第二轮角逐，由选民对两位候选人进行投票，得票多者将当选总统。如进入第二轮的两名候选人中有人退出竞选，则由其他候选人按第一轮得票多少的顺序递补（但其得票率应达到5%）。第二轮投票在第一轮投票后的第二个星期日举行。

▶ 选举司法人员

司法权力是现代政治结构中的核心要素之一。司法权力既是防止权力专制的制度设计，也是防止民主政治走向民粹政治的制度设计。司法权力的双重功能不仅体现在与立法权力、行政权力的关系之中，也体现在司法人员特别是法官的产生方法中。当今世界主要国家的司法人员的产生方法大致有两种：一是任命，二是选举。现代政治的制度设计大多力图排除政党对司法人员产生的直接影响。但不可否认，现实政治中，司法人员的产生或多或少都会受政党政治的影响。这一点在美国联邦法院系统的法官提名任命过程中体现得尤为明显。

美国联邦法院系统的法官由总统提名，国会通过。英国法官由任命产生。法国法官则由任命和选举两种方式共同产生。一般而言，我国各级法院法官是由同级人民代表大会及其常委会选举或任命产生。

■ **信息栏：法官的产生**

我国法官的产生

依据我国宪法和法官法，人民法院的法官都由各级国家权力机关，即各级人民代表大会选举产生，以及由各级人民代表大会的常委会任命。

最高人民法院院长由全国人民代表大会选举；

最高人民法院副院长、审判委员会委员、庭长、副庭长和审判员，由院长提请全国人民代表大会常务委员会任命；中国人民解放军军事法院院长，由最高人民法院院长提请全国人大常委会任命；各级军事法院的其他干部，均由军队按干部任免权限任命；

地方各级人民法院院长由本级人民代表大会选举；地方各级人民法院副院长、审判委员会委员、庭长、副庭长和审判员，由院长提请本级人民代表大会常务委员会任命；

在省、自治区内按地区设立的和在直辖市内设立的中级人民法院的院长，由省、自治区、直辖市人民代表大会常务委员会根据主任会议的提名决定任命；在省、自治区内按地区设立的和在直辖市内设立的中级人民法院的院长、审判委员会委员、庭长、副庭长和审判员，由高级人民法院院长提请省、自治区、直辖市人民代表大会常务委员会任命；

新疆维吾尔自治区高级人民法院生产建设兵团分院院长、副院长、审判委员会委员、庭长、副庭长、审判员，新疆维吾尔自治区生产建设兵团中级人民法院院长、副院长、审判委员会委员、庭长、副庭长、审判员，由自治区高级人民法院院长提请自治区人民代表大会常务委员会任命；基层人民法院院长、副院长、审判委员会委员、庭长、副庭长、审判员，由新疆维吾尔自治区高级人民法院生产建设兵团分院任命；

海事法院院长由所在地的市人民代表大会常务委员会主任提请本级人民代表大会常务委员会任命；海事法院副院长、庭长、副庭长、审判员和审判委员会委员，由海事法院院长提请所在地的市人民代表大会常务委员会任命；

知识产权法院院长由所在地的市人民代表大会常务委员会主任会议提请本级人民代表大会常务委员会任命；知识产权法院副院长、庭长、审判员和审判委员会委员，由知识产权法院院长提请所在地的市人民代表大会常务委员会任命；

海南自由贸易港知识产权法院院长由海南省人民代表大会常务委员会主任会议提请海南省人民代表大会常务委员会任命；海南自由贸易港知识产权法院副院长、审判委员会委员、庭长、副庭长、审判员由海南自由贸易港知识产权法院院长提请海南省人民代表大会常务委员会任命。

第四节　政治性组织

> 利益集团一词在争论中获得了感情色彩，在政治分析中显得模棱两可。
>
> ——戴维·杜鲁门①

在政党之外，人们还通过形式各样的组织参与社会政治过程。这类组织可以统称为政治性组织。政治性组织提供了更为丰富的利益表达渠道和政治社会化途径。在现代政治中，政治性组织扮演的角色复杂多变，既有积极的影响和作用，也有消极的影响和作用。有些组织直接介入政治过程，有些组织则只专注于社会性事务而间接影响政治过程。依政治性组织与政治过程的关系远近，本节将分别介绍利益集团、群团组织和非政府组织三类组织。

▶ 利益集团

利益集团是西方政治中常见的政治组织。利益集团是围绕特定利益形

---

① 〔美〕戴维·杜鲁门：《政治过程——政治利益与公共舆论》，陈尧译，天津人民出版社2005年版，第37页。

成的具有明确指向目标的社会团体或组织，它经常通过游说等合法方式影响法律和政策的制定过程。在经济领域，按行业、产业和职业为界限组成利益集团是常见现象。如美国制造商协会、美国进出口商协会、美国劳联—产联、英国工业联合会和全国农民联盟等。还有一类利益集团出于公共利益而形成。如美国全国有色人种促进会即是促进黑人平等公民权实现的利益集团。类似的利益集团还围绕环境保护、弱势群体保护、动物权益保护和国际公共安全等议题形成，不过这类利益集团多称为非政府组织。

利益集团在政治过程中施加影响主要通过积极采取行动游说政府、立法机关或法院等部门。利益集团也以公民为对象，向公民广泛传递自己的诉求。利益集团以公民为活动对象的主要目的在于动员支持。一般而言，特定的利益集团只在与自身利益诉求相关的议题上施加影响，而并不会在所有议题上发声，如美国劳联—产联常参与有关劳动条件、工作机会等相关议题的讨论和政策辩论。

利益集团不仅在行政部门发挥影响作用，当国会活动或法院行为涉及自身利益时，相关利益集团也将国会或法院列为游说对象。美国全国步枪协会就阻挠过国会关于控枪的立法，也反对过总统提名持控枪立场的联邦最高法院大法官人选。利益集团还通过政治献金的方式影响总统选举和国会议员选举。利益集团丰富了利益聚合和利益表达的渠道，并深度影响政策制定。但当不存在相反的、起平衡作用的利益集团时，政策的利益平衡作用就会受到极大影响。美国的枪械管理就是一个非常典型的例子，在美国，几乎不存在能够平衡全国步枪协会的利益集团，即使持控枪立场的总统也无法抗衡全国步枪协会的强大游说力量。

群团组织

群团组织是非常典型和特殊的中国社会组织的一种，它是群众性团体组织的简称。群团组织是中国共产党推动组建的，围绕青年、妇女、工人、工商业者和文化人士等特定对象而展开活动的社会组织。这些群团组织是中国共产党联系各界群众的桥梁。共青团全称是中国共产主义青年团，它是中国共产党联系青年的纽带、开展青年工作的有力帮手，是党培养后备力量的重要组织。妇联全称为中华全国妇女联合会，它是中国共产党开展妇女工作的助手。工商联全称是中华全国工商业联合会，是中国共产党联系工商业界的组织和桥梁。残联全称为中国残疾人联合会，是由残障人士和服务残联人士的人员共同组成的以为残障人士谋福利的人民团体，它是中国共产党联系残障人士的组织和桥梁。

群团组织在中国共产党的领导下在各自的领域聚合人民的利益诉求，并通过参政议政的方式进行利益表达，为人民谋福利。工商联一般会就企业经营环境和经济发展等相关议题向政府提出政策建议。改革开放以来，工商联就民营经济的发展做过一系列的专题调研，并形成调研报告提交给政府及其相关部门，工商联为社会主义市场经济发展提出大量政策建议。共青团在青少年的教育和健康等议题上发挥作用，素质教育和青年发展是共青团各级组织关注的重点议题。大学生暑假"三下乡"社会实践、村官和基层选调等政策实践中都有共青团的身影。共青团在这些具体政策的形成中发挥明显而积极的作用，也是这些政策执行中的主要行动者。

非政府组织

非政府组织（NGO）是一类以社会公益为主旨的社会组织。这类社会组织的目标集中，往往持续关注特定社会问题，如环境保护、动物保护、弱势群体权益维护等。

1978年以后，随着中国经济起飞，经济发展的负外部性日益显露，这些负外部性的典型表现之一即是经济发展对环境的压力越来越大。快速的经济发展一方面加剧了原已存在的环境问题，另一方面还引发了新的环境问题。"自然之友"应势而起。一批环境意识超前的有识之士在梁从诫和杨东平的带领之下成立了"自然之友"环保公益组织，致力于培育社会的环保意识，推动社会的环保行动。在社会的发展中，中国的各类非政府组织发展迅速。非政府组织的发展推动了社会进步，同时也带来了一些问题。

一般而言，非政府组织围绕特定议题往往开展三个方面的活动：一是政策倡导；二是集体行动；三是公众教育。

（1）政策倡导。让关注的议题进入政策过程或立法程序是大部分非政府组织的主要行动目的之一。非政府组织通过呼吁、提交政策建议或立法建议、吸引公众注意等方式使特定社会问题进入公众舆论，进而进入政策议程或立法程序。

（2）集体行动。非政府组织有时候会采取直接行动以推动特定社会经济问题的解决，达到社会组织的目标。不论是哪种类型的非政府组织，其行动策略"工具箱"中都包括直接的集体行动。在其能力范围之内，非政府组织采取直接行动是缓解或解决特定社会问题的有效方式，如动物保护类非政府组织直接救助目标动物；弱势群体保护类非政府组织直接援助老年人、残障者和受伤害的女性与儿童等。

（3）公众教育。就特定议题向公众普及知识、供给信息是非政府组织常用的方式。通过这种公众教育的方式，非政府组织可以获得更广泛的支持。这也是传递非政府组织自身观念、凝聚共识的途径。非政府组织进行公众教育的方式一般有知识讲座、宣传片、展览和公益行动等。

非政府组织是现代社会常见的社会性组织。它们是社会组织化程度的直接体现。非政府组织既有利于推动特定社会经济问题得到关注、解决，也有利于提高民众的自我组织能力，还有利于降低社会沟通协调成本。

第三篇

政治行为

政治制度设计需要通过具体的政治行为成为政治现实。现代政治中，最主要的政治行为是公民参与和公共政策制定。现代政治的公民参与是现代国家与传统国家界分的标准。①

在传统国家中，参与政治是少数人的特权。在现代国家中，参与政治是公民的基本权利。当今世界，绝大多数国家都规定，凡年满十八周岁的公民都享有选举权。选举是现代政治中常见的政治行为。选举也是现代民主政治的主要手段，是公民参与的主要形式。

除选举外，公民参与政治过程的行为还有其他形式。从公民参与的对象来看，公民可以通过行政和司法部门参与政治过程。"中华人民共和国公民……有提出批评和建议的权利……有向有关国家机关提出申诉、控告或者检举的权利"②。

协商民主是中国特色社会主义民主政治的特有形式和独特优势。习近平在党的十九大报告中指出，"加强协商民主制度建设，形成完整的制度程序和参与实践，保证人民在日常政治生活中有广泛持续深入参与的权利"。

公共政策制定则是行政权力运行中产生的政治行为。公共政策制定是以公共利益为依归的政府施政行为。从行为者角度而论，公共政策制定涉及政府、企业、社会组织和个人等。政府是公共政策制定的主体，企业、社会组织和个人是公共政策的施政对象。企业、社会组织和个人也有可能是负责政策评估的第三方。

---

① 〔美〕塞缪尔·P.亨廷顿：《变化社会中的政治秩序》，王冠华等译，上海人民出版社2008年版，第34页。
② 《中华人民共和国宪法》第41条。

第十二章 公民参与

> 一个不关心公共事务的人不是一个没有野心的人，而是一个无用之人。
>
> ——伯里克利

"公民参与"是政治学研究中的一个重要课题，它有着悠久的研究传统。在古希腊城邦（尤其是雅典与斯巴达）制度中，公民参与不管是在思想家的理论建构中，还是在政治家的政治实践中都得到了充分的展示。前一种情况集中体现在亚里士多德的"人在天性上是政治动物"的人性规定上，后一种情况则典型地反映在伯里克利在对伯罗奔尼撒战争中阵亡将士的国葬典礼上的演说中：

> 我们的制度之所以被称为民主制，是因为城邦是由大多数人而不是由极少数人管理的。我们看到，法律在解决私人争端的时候，为所有的人都提供了平等的公正；在公共生活中，优先承担公职所考虑的是一个人的才能，而不是他的社会地位，他属于哪个阶级；任何人，只要他对城邦有所贡献，绝对不会因为贫穷而湮没无闻。我们在政治生活中享有自由，我们的日常生活也是如此……①

在古希腊文化基础上壮大起来的古罗马共和国，发展出了一种古典共

---

① 〔古希腊〕修昔底德：《伯罗奔尼撒战争史》（上册），徐松岩译注，上海人民出版社2012年版，第150—151页。

和主义传统。这个传统也非常重视公民参与，并将其视为公民美德的重要部分之一。总而言之，在整个古希腊古罗马传统中，公民参与作为一个重要的伦理—政治问题被研究和实践。公民参与与其说是有别于非公民群体的政治权利，不如说是一种必须履行的伦理—政治责任或义务。在这种公民参与过程中，不仅公民的德性得到了培养、发展和完善，而且公民参与活动本身也被视为公民美德的重要体现。尽管马基雅维利实现了政治与道德的分离，使政治成为一个边界清晰的领域，从而拉开了现代政治秩序的序幕。然而，在他那里，公民参与是实现政治自由（无支配自由）必不可少的手段和方式。此后，众多民主理论家如卢梭、密尔、托克维尔，以及汉娜·阿伦特、哈贝马斯、罗尔斯等都对公民参与进行过重要的理论阐述。

■ 知识栏：民主理论者论政治参与（参与民主理论）

建立于公意之上的社会契约只有在公民平等地参与政治决策时才能得到有效实现，才能保护公民的个人权利和私人利益。同时，公民在政治参与过程中做出的行为具有教育意义。一方面，这使公民能够成为自己的主人，所有人都平等地服从公意、遵守法律，从而实现个人自由。另一方面，参与的过程提高了公民的归属感，使他和社会连接起来，使社会成为一个共同体。卢梭倡导公民直接参与政治过程，反对代议制。

"如果不是因为没有一个人不是把'每个人'这个词都当作他自己，并且在全体投票时所想到的只是自己本人的话，公意又何以能够总是公正的，而所有人又何以能总是希望他们之中的每个人都幸福呢？"①

在一个好政府之下，公民的政治参与带来了他们在知识、品德、实践活动和效率方面的进步，培养了一种积极的公共精神。"看重不属于他自己的利益；在遇到各种冲突的要求时，接受超越于他私人特殊性的另一个法则的引导；在每一个环节，按照公共善的目标运用各种理性的原则和公理。"② 同时，公共精神的建立应从地方层次逐渐融入人们的生活日常，

---

① 〔法〕卢梭：《社会契约论》，何兆武译，商务印书馆1980年版，第38页。
② 转引自〔美〕卡罗尔·佩特曼：《参与和民主理论》，陈尧译，上海人民出版社2006年版，第28页。

让公民学会自己管理自己。如此,才能有效地参与政治过程,建立民主政府,实现政治自由。与卢梭不同,密尔承认代议制的存在是必要的。

英裔美国人成功建立民主共和制度的三大影响因素是自然环境、法制和民情。托克维尔将民情看作建立政治制度最重要的影响因素。美国乡镇有一种天然的乡镇精神,即公共精神,它使每个公民自觉地关注公共事务并参与其中。同样,英裔美国人的知识水平恰好在一个适中的程度,具有一定的知识,但少有理论家。他们强调实用主义,更重要的是具有将知识转化为实践的行动能力,从而能够自己管理自己。

代议制并没有给公民留有太多的参与空间,他们在投票之后就把权利交给了政治家和党派。阿伦特主张公民积极参与政治生活,"公共领域是个人展现自己的地方,而'展现'对我们来说构成了'存在'"①。她提出了参议会制度,即建立一个金字塔形的自下而上的每个人都能直接参与的组织结构。公民通过表达自己的意见,推举出一位代表进入下一层级的讨论,直到最高层。

哈贝马斯的交往行动理论认为,实行间接民主在选举这项政治活动中是合理的,但是在其他公共领域有必要创造一个公民直接表达自身意见、利益诉求的平台。通过公民的政治参与、表达、对话和协商,最后各自妥协从而达成共识。协商民主既强调了公民政治参与的重要性,又保留了国家与个人生活之间的界限,力图通过完善民主程序、加强对话体系来保证公共理性和个人利益的实现,从而弥补了代议制的缺陷。

公共理性只限于与宪法和正义原则相关的政治问题,不适用于个人对政治问题的思考和看法。因此,立宪过程应满足所有公民都拥有平等的权利来参与宪法的制定过程并决定其结果,保证程序正义和平等自由,是一种协商民主。"所有健全的成年人都有权参与政治事务,并且每一个有选举权的人都有一张选票这一规则得到尽可能的尊重。"②

---

① 〔美〕汉娜·阿伦特:《人的条件》,竺乾威等译,上海人民出版社1999年版,第38页。
② 〔美〕约翰·罗尔斯:《正义论》,何怀宏等译,中国社会科学出版社2009年版,第174页。

我们之所以要对公民参与进行简单的思想史溯源，意在突出公民参与研究的重要性。本章内容主要从公民参与的含义、公民参与的主要途径和方式以及公民参与的作用三个方面展开。

第一节 公民参与的内涵和类型

> 个人和群体能否获得用以达到他们目标的各种替换手段，这将左右个人和群体试图影响政府的倾向。
>
> ——塞缪尔·P. 亨廷顿①

▶ 公民参与的内涵

从不同的分析角度出发，不同的学者对公民参与的概念有不同的理解和认识。《布莱克维尔政治学百科全书》将公民参与定义为："参与制定、通过或贯彻公共政策的行动，这一宽泛的定义适用于从事这类行为的任何人，无论他是当选的政治家、政府官员或是普通公民，只要他是在政治制度内以任何方式参加政策的形式活动。"②但大部分的学者都将政治家或政府官员排除在公民参与之外，如亨廷顿和纳尔逊所言，"公民参与是普通公民试图影响政府决策的活动，公民将利益和诉求通过公民参与活动'输入'到政治系统之中，影响政府的政策决策过程，进而影响政府的政策'输出'"③。进一步，诺曼·H. 尼和西德尼·维巴从"合法"地影响政府活动角度出发，认为公民参与是"平民或多或少以影响政府人员的选择及（或）他们采取的行动为直接目的而进行的合法活动"④。

马克思主义的公民参与观
公民参与是工人阶级和人民群众直接管理国家事务，实现政治权利和人民民主的必要途径。

---

① 〔美〕塞缪尔·P. 亨廷顿：《难以抉择：发展中国家的政治参与》，江晓寿等译，华夏出版社1989年版，第17页。
② 〔英〕戴维·米勒、韦农·波格丹诺主编：《布莱克维尔政治学百科全书》，邓正来译，中国政法大学出版社2002年版，第563页。
③ 〔美〕塞缪尔·P. 亨廷顿、琼·纳尔逊：《难以抉择——发展中国家的政治参与》，江晓寿等译，华夏出版社1989年版，第3页。
④ 〔美〕格林斯坦、波尔斯比编：《政治学手册精选》（下卷），竺乾威等译，商务印书馆1996年版，第290页。

综上，我们可以将公民参与定义为：普通的公民或公民团体在特定的政治体制之下，就某些个人的或共同的利益诉求，通过各种合法途径输入到政治系统中，进而影响政治体系的构成、运行方式以及政策过程的行为。根据这一定义，公民参与主要有五个方面的内涵：

1. 参与主体

公民参与是普通公民或由公民构成的团体的政治活动。在这里，参与主体首先指的是一般意义上的普通公民，他们有别于政府官员和职业政治活动家。之所以要进行这样的区分，是为了将单纯的公民参与行为与其他政治行为区别开来。这里的参与主体除了单个的公民个体外，还有由公民个体组成的公民团体。另外，公民身份是公民参与的前提，不具备公民身份的人的活动不构成公民参与行为，如奴隶制社会中的奴隶、封建制社会中的臣民以及现代国家中被剥夺公民权利的人。

2. 参与属性

公共性是公民参与的根本属性。公民参与是普通公民就个人的或共同的利益主张进行的政治活动，但无论是个人利益还是共同利益，都必须表现为公共诉求，因而，公民参与的内容必须紧紧围绕公共性利益展开，一切偏离公共性利益的政治行为都不是公民参与行为。

3. 行为边界

公民参与是在特定体制内以合法手段影响政府活动的政治行为。这表明，一切以非法手段（如暴力、革命、起义以及骚乱等）影响政治过程的活动都不是公民参与行为。

4. 参与途径

"各种合法途径"表明了公民参与的途径并非一种，而是多种多样的。最为常见的有政治选举、公民结社、公民治理、政治表达等。

5. 行为目标

公民参与指向公民对于公共性利益的要求，试图通过这一活动影响政府对"社会价值的权威性分配"。不管这一诉求输入是否最终体现在输出的政策之中，输入这一行为本身就属于公民参与范畴。此外，公民参与本质上属于普通公民的一项基本政治权利，它必然也将对政治权力构成约束，使政治权力无法越过公共利益的边界。

公民参与的类型

根据公民参与的行为态度，公民参与可以分为自动参与、动员参与和消极参与三种，它们往往与具体的政治文化联系在一起。在《公民文化》一书中，阿尔蒙德和维巴对个体"作为一般对象的体系""输入对象""输出对象""作为对象的自我"等方面的政治取向进行了考察，将政治文化划分为"村民型政治文化""臣民型政治文化"和"参与型政治文化"三种。① 在村民型政治文化中，公民参与往往是消极的，公民总是出于自觉或不自觉的原因对公共事务漠不关心，持一种消极的参与态度；臣民型政治文化中的政治参与往往是需要动员的，虽然公民具有了一定公共意识，然而并没有很强的自觉意识，只有政府动员才能激起公民参与的积极性；而参与型政治文化中的公民参与则是一种主动的公民参与，公民有很强的公共意识，很关切自身的利益与需要，他们总是积极主动地进行公民参与，试图以这样的方式影响政府决策，从而实现自身的利益诉求。

当然，在政治实践中，三种公民参与类型并非泾渭分明的，任何一个政治体中都是三种类型混合在一起的，这与政治体制、政治文化、公民的受教育水平以及政治经历有关。总体而言，民主化程度与公民参与的积极性呈一种正相关的关系，即一国的民主化程度越高，公民参与的积极性往往也越高。而且两者往往还是一种相辅相成的关系，一方面民主化为公民参与提供了更多的途径与机会，另一方面公民参与也巩固和发展了民主。良性的公民参与是现代国家良性运转的重要条件，如何培育一种良性的公民参与既是政治实践的重要议题，也是政治学的重要课题。

第二节　公民参与的途径和影响因素

民主决定于参与。

——科恩②

---

① 〔美〕加布里埃尔·A. 阿尔蒙德、西德尼·维巴：《公民文化：五个国家的政治态度和民主制》，徐湘林等译，华夏出版社1989年版，第20—23页。

② 〔美〕科恩：《论民主》，聂崇信等译，商务印书馆1988年版，第12页。

公民参与的途径

公民参与的合法途径和方式呈现出多样性，具有代表性的主要有政治选举、公民结社、公民治理和政治表达。

1. 政治选举

作为现代民主制度三大基石之一的选举制度，是公民实现公民参与的重要途径和方式。它是指公民通过选举产生国家权力机关的组成人员及其他国家机关公职人员的制度，是由一系列关于选举的法律、法规和规则构成的整体，包括选举的原则、程序和方法等，如选民与候选人的资格、选区划分、竞选规则以及投票计票方式等。政治选举一般分为直接选举和间接选举。直接选举由选民按选区直接投票产生公职人员，间接选举由选民选出代表，再由当选代表进行投票选举。

我国各级人民代表大会的代表通过直接选举和间接选举产生。县乡两级的人大代表是由选民直接选举产生；县级以上各级人大代表由间接选举产生。各级人民政府、人民法院、人民检察院、监察委员会都是由对应的人民代表大会选举（决定）产生。从选民（公民）的角度来说，这即是间接选举。

政治选举不仅是"主权在民"或"人民当家作主"的重要体现，而且是政权合法性的基础来源。有没有政治选举成为判断一个国家是否是民主国家的基本指标；如果说有政治选举也不一定是民主国家的话，那么没有政治选举则一定不是民主国家。政治选举还增强了公民的公共意识和公共责任感，是公民参与最基本也是最重要的方式。

政治选举是西方学者对民主进行界定的一个核心要素。熊彼特在《资本主义、社会主义与民主》中指出："民主方法就是那种为作出政治决定而实行的制度安排，在这种安排中，某些人通过争取人民选票取得作决定的权力。"[①]熊彼特的民主定义倾向于将民主视为一种竞争性的选举制度，大众参与和精英的政治竞争是两项关键性安排。此后，这一定义逐渐成为

---

① 〔美〕约瑟夫·熊彼特：《资本主义、社会主义与民主》，吴良健译，商务印书馆1999年版，第415页。

政治学界对民主的一般性定义。当然，也有学者对这一定义提出了批评，认为程序性民主过分强调选举而忽略了民主的实质内容。因而，熊彼特的民主定义也被视为民主的最低标准。熊彼特关于民主的程序性定义让现代民主具有可操作性，也让人们由对实质民主的追求转到对程序民主的推崇。民主带来的政治稳定逐渐替代了暴力威胁。

达尔在《多头政体——参与和反对》一书中认为："民主国家的一个重要特征就是政府不断地对公民的选择作出响应，公民在政治上被一视同仁。"①达尔将竞争与参与两个维度视为现实主义民主或多头政治的关键。在沿袭了熊彼特和达尔的民主概念基础上，亨廷顿对民主体制作了界定："它的最有影响力的集体决策者是经由公平、诚实和定期的选举产生，在这些选举中，候选人自由地竞争选票，并且几乎所有成年人都具有投票资格。"②在民主的界定问题上，亨廷顿作了进一步补充：第一，选举意义上的民主定义是一种最简单的定义；第二，一个社会能够以民主方式来选择它的政治领袖，但这些政治领袖未必行使真正的权力；第三，民主和非民主的体制可以被创造出来，但它们既可能延续下去，也可能不幸夭折，一种体制的稳定有别于这一体制的本质；第四，非民主国家不存在选举上的竞争和广泛的投票参与。③

2. 公民结社

在现代社会，"结社自由和集会自由被认为是构成民主社会的基石，因为在一个民主社会里，为了使公民所持有的不同观点具体化和系统化，不同社会团体之间的协同和互动是必要的"④。结社权作为一项基本的公民权利，是社会对抗国家强制性权力的产物。一般而言，公民结社是指具有共同利益的公民结成持久性的集团组织的一种行为，它主要具有五个方面的特征：

---

① 〔美〕罗伯特·达尔：《多头政体——参与和反对》，谭君久、刘惠荣译，商务印书馆2003年版，第1—3页。
② 〔美〕塞缪尔·P. 亨廷顿：《第三波——20世纪后期的民主化浪潮》，欧阳景根译，中国人民大学出版社2013年版，第4页。
③ 同上书，第6—8页。
④ 〔美〕阿米·古特曼：《结社：理论与实践》，吴玉章等译，生活·读书·新知三联书店2006年版，第28页。

(1) 契约性

公民们加入或退出某一社会团体完全是自愿和自由的，不存在干涉或强迫。而这种结社行为的一个重要基础就是个人利益与社团所主张的利益之间的高度相似性。公民们是否愿意加入某一社团，完全基于其对自身利益的判断。在社团内部，人们处理相互之间的关系以及对权利义务的规定形成的规章准则，本质上也是公民间的一种契约关系。

(2) 自治性

公民社团是一种自治性的组织，这也是社团区别于政府机构的基本特征。社团本身就是市民社会对抗公权力的结果，其目的也是为了约束公权力，防止公权力对个人利益、市民社会的侵犯，从而达到维护社会利益的目的。

(3) 法律主体性

社团是一种具有独立人格的法律主体。尽管社团是公民个体联合而组成的，但社团一旦成立，便有别于公民的私人身份："所有社团法人都具有一个重要的共同特征，那就是它们都有能力参与法律诉讼以及从事其他法律事务……获得在法院出庭的资格往往是成立社团或法人社团的主要理由。"①

(4) 公共性

结社的目的是从事一些公共性活动。社团具有一定的公共利益指向性，因而，它不以营利为目的。它主要是将某些具有相同利益主张的个人联结起来，形成公共意见，展开社会合作，提供公共服务。

(5) 合法性

公民结社必须依法进行。以从事违法犯罪或其他危害性行为的组织活动，是与社团的公共利益指向性背道而驰的，因而不构成社团行为。②

公民结社作为公民的一项基本权利，同时也是公民参与的主要方式，对于公民个体、政府以及公民社会都具有重要的意义。一方面，公民社团能够防止国家公共权力的滥用，由公民结社形成的社会权力对公共权力构成了很大的约束和监督作用。另一方面，公民结社本身除了是公民权利的

---

① 〔荷〕埃弗尔特·阿尔科马：《结社自由与市民社会》，毕小青译，载《环球法律评论》2002年第2期。
② 肖斌主编：《政治学导论》，中山大学出版社2009年版，第162—164页。

体现，也是维护其他公民权利的重要武器。公民结社可以将公民们的利益和要求整合成公共意见，然后通过其他渠道输入到政治系统之中，影响政府的政策决策和最终的政策输出。通过影响政治过程，公民的权利得到了尊重和维护。当公民权利受到侵害时，公民社团本身也可以提供救济。此外，公民结社还可以促进公民个体的政治社会化，增强公民的公共意识、公共精神、集体感以及投身公共事业的热情。

3. 公民治理

随着政府行为模式从传统的统治到管理再到治理的转变，治理问题已经成为政治学和公共管理学科的一个研究热点和重点。公民治理成为公民参与的重要体现，其主要表现在农村的村民自治、城市的社区治理和公民参与公共政策制定三个方面。

（1）村民自治

> **案例：山西永济农民协会**
>
> 农村地区的各种村民自治组织的合法性认可程度不一。农村专业经济技术合作组织已经在大多数地区得到了政府认可，但经济合作社和金融组织的地位还很模糊，而更具有综合性的农民协会尚未取得法律和政治上的合法性。在这种情况下，山西永济农民协会的成立和参与村务治理对中国农村自治的发展提供了诸多借鉴意义，它也是目前可知的唯一得以正式注册的农民协会。该协会的发展路径是：首先源于妇女的非正式互助小组，通过文化素质建设吸引更广泛的村民参与，讨论议题逐渐扩展到与村风村貌相关的公共事务，如垃圾处理、村居环境。逐渐在乡村公共事务中显现作用，包括经济、金融发展，甚至通过号召志愿参与和协调经济投入，自主完成了几届村委会不能解决的村内一条道路的整修，并创造组织一千名农村妇女参加全市节庆游行活动的奇迹，引起市政府的注意，注册为农民协会。这是个典型的农民内生、自下而上的形成参与式治理的模式。它的成长是从互助到自治，从文化风貌到公共事务，采取建设性姿态，与村委会等正式村务治理结构无争，逐渐积累了自身的社会资本，形成对社会资源的吸纳与动员能力，自然参与到村务治理之中。

村民自治是实现公民参与的重要途径，它旨在实现村民自我管理、自我教育和自我服务，村民自治为农村的公共事务治理提供了基本的组织形式，也是中国特色社会主义民主的重要组成部分。随着《中华人民共和国村民委员会组织法》的颁布和实行，村民自治越来越规范化、制度化，以"民主选举、民主决策、民主管理和民主监督"为内容，对我国村民自治制度的发展起到了重要作用。

（2）社区治理

社区治理是公民治理的基本形式之一，也是公民参与的主要途径之一。1990年，我国开始实施《中华人民共和国城市居民委员会组织法》，社区自治构成了我国城市治理的基本模式和主要内容。

> **案例：浙江省宁波市海曙区社区参与式治理**
>
> 在浙江省宁波市海曙区，政府与非政府组织、社区合作，进行社区参与式治理的试点，就是一种有意义的尝试。其中，政府的角色是放权、支持，即承诺将社区政务减少到最低，其他事务交由社区自治，同时政府以项目制的形式予以资金扶持；推动社区参与式治理的非政府组织"社区参与行动"，负责当地的参与式理念与方法培训、参与模式共建等。目前社区的公民自组织还不是动员资源的主要途径，半行政色彩的居民委员会仍是治理主体。

随着城市的单位体制改革，原来由单位承担的行政整合职能开始越来越多地转移到社区，政府职能逐渐在社区扩展和延伸。政府在通过社区贯彻服务的指导思想下，构建起越来越细化的社区政务网络。但在部分个体经济发展较早的地区，政府控制社区的思想相对较弱。通过宁波市海曙区的社区治理情况可见，社区决策、政府支持的治理思路，是向公民治理的积极迈进。

（3）公共政策的制定

20世纪90年代以来，我国公民参与政策制定的深度和广度都日益加强，并逐步建立起了相应的制度和实施措施。1997年出台的《中华人民共和国价格法》规定，"制定关系群众切身利益的公用事业价格、公益性服务价格、自然垄断经营的商品价格等政府指导价、政府定价，应当建立听证会制度"。而2000年7月1日起正式实施的《中华人民共和国立法法》不仅规定"立法应当体现人民的意志，发扬社会主义民主、保障人民通过多种途径参与立法活动"，还列举了一些公民参与立法的形式，如座谈会、论证会、听证会等。2003年9月1日起正式实施的《中华人民共和国环境影响评价法》明确规定："除国家规定需要保密的情形外，专项规划的编制机关对可能造成不良环境影响并直接涉及公众环境权益的规划，应当在该规划草案报送审批前，举行论证会、听证会，或者采取其他形式，征求有关单位、专家和公众对环境影响报告书草案的意见。"这些规定的出台表明政府对公民参与的要求不断作出积极的回应。

4. 政治表达

政治表达是公民参与的重要途径和方式，它是指公民通过合法的途径和方式表达自己的政治观点和政治态度，从而影响政府政策制定的行为，主要包括政治集会、政治请愿与政治言论等。

政治集会指某些具有相同利益要求的公民为了共同的目的而临时聚集起来举行会议，联合表明政治观点，向政府提出某种利益要求，试图影响政府的政策输出。政治请愿是公民个体或由公民组成的公民团体就某些公共事务和公共政策的事项向政府表达自己的意见和希望的行为。政治言论则是公民通过口头或书面两种形式表达和宣传自己的政治主张和政治见解的行为。

总的说来，以上四种具有代表性的公民参与途径和方式基本上都体现了一种积极的公民参与形式，但有一种消极的参与形式也不能忽视，那就是政治冷漠。政治冷漠虽说是一种消极的参与行为，但它本身也是一种参与形式，即用一种冷漠和不作为的态度来表达对政府的不满。

公民参与的影响因素

公民参与的方式和途径是多种多样的，影响公民参与的因素也是多种多样的。一般说来有以下几点：

1. 经济发展水平

通常来讲，经济发展水平与公民参与呈正相关的关系，市场经济的发展壮大了社会的力量,公民的参与意识和参与能力也会相应增强。利益关系的变动使公民的利益意识增强,公民开始主动采取一些政治行为来维护自身的利益。

经济发展水平影响民主化和公民参与是民主研究中的经典话题。美国政治学者西摩·马丁·李普赛特认为经济发展水平与公民政治参与、民主化呈正相关。[①] 然而,后来的研究者认为,经济发展与民主化及公民参与的关系并非呈线性相关,经济发展并不一定促使民主化转型,但民主制度要有好的制度绩效则需要一定的经济发展水平的支撑。[②]

2. 政治体制

公民参与作为一种政治行为,必然会受到特定的政治体制的影响,一个国家的选举制度、政党制度、监督制度等都会对公民参与产生重要的影响。现代政治的制度特征之一即是逐渐开放边界,从世界范围来看,各国在20世纪逐渐赋予女性公民地位,让公民参与范围进一步扩大。总体而言,公民参与跟政治民主化也呈一种正相关的关系。

应当注意到,欧美国家的公民参与程度是有差别的,总体呈现欧高美低的形势。以大选的投票率为例,欧洲特别是西欧各国的大选投票率都在70%以上,而美国的大选投票率在50%—60%之间。政党制度的不同是导致这种公民参与程度差异的主要原因,美国的政党制度较为松散,而欧洲各国的政党制度则具有较强的动员能力。

3. 政治文化

按照阿尔蒙德的定义,"政治文化是一个国家在特定时期流行的一套政治态度、信仰和感情"[③]。政治文化不是凭空产生的,也不是能瞬间改变转型的。它是"本国的历史和现在社会、经济、政治活动进程中所形成的"[④]。因此,不同国家的历史和现实会促成不同类型的政治文化。

---

① 〔美〕西摩·马丁·李普赛特:《政治人——政治的社会基础》,张绍宗译,上海人民出版社1997年版,第7页。
② Adam Przeworski, *Democracy and development*, Cambridge University Press, 2000, p.93.
③ 〔美〕加布里埃尔·A. 阿尔蒙德等:《比较政治学——体系、过程和政策》,曹沛霖等译,东方出版社2007年版,第29页。
④ 同上书,第29页。

政治文化对公民具有很强的塑造作用，从而影响公民的政治行为。一般说来，参与型的政治文化往往会塑造出一批积极的公民，他们有很强的公共参与意识。

4. 社会环境

一个开放、包容、多元的社会对公民参与具有重要的促进作用。相反，一个封闭、单一的社会则会对公民参与产生限制作用。

第三节 公民参与的影响与作用

> 人民是一切事物的原因和结果，凡事皆出自人民，并用于人民。
> ——托克维尔①

有什么样的公民，就有什么样的政府。因此，作为维护公民利益和公民权利的公民参与在政治生活和社会生活中发挥着重要的作用。

▶ 政治作用

公民参与的政治作用主要体现在以下四个方面：

1. 保持政府合法性

政府的合法性体现在政治体制内的公民对该政治体制的心理认同，这种认同是政治体制得以合法存在的基石。政府行为或政府的公共政策并不一直都符合公民的心理要求，当政府行为或输出的公共政策不能获得公民的心理认同时，公民可以通过公民参与将新的利益和要求输入到政治系统中，从而促使政府调整政策和矫正政府行为。"政治参与反映出公民的意愿。当政府顺应民意，而且当公民通过政治参与与国家保持一体感时，其政治体制是稳定的；反之，当政府违背民意，公民对政府怀有明显的不信

---

① 〔法〕托克维尔：《论美国的民主》，董果良译，商务印书馆1988年版，第64页。

任感时，政府和公民的关系将变得日益紧张。"①

2. 实现和维护公民权利以及有效监督政府

公民参与本身就是公民的基本权利之一，公民参与一方面使参与这一权利得以实现，另一方面也对其他权利有着维护作用。因为公民可通过公民参与表达自己的利益诉求，影响政府对社会价值的权威性分配。此外，公民参与还对政府起到很好的监督作用，对政府侵犯公民权利的各种行为进行救济，公民通过各类参与活动表达对政府侵害的不满，从而规范和约束政府行为。

3. 影响政治的民主化和决策的科学化

政治民主化与公民参与呈一种正相关的关系。政治民主化的一个表现就是公共权力是受制约和监督的，而由公民参与形成的社会权力就会对公共权力形成很好的监督和约束。政治民主化必然要求公民参与，民主化因而促进了公民参与的发展，公民参与反过来又发展和巩固了政治民主化。此外，公民参与还使政府的公共政策制定更民主化和科学化，只有当公民随时都能将自身的利益和要求通过合法的途径输入到政治系统中，并被政策制定者所考虑之后，制定出来的公共政策才更科学化和民主化，这样的政策更能得到公民的认同，政策执行的成本也将大大降低，政府公信力将得到很大的提升。

4. 影响公民文化的发展和社会政治的稳定

政治文化包含公民的政治态度和政治意识。某种类型的公民参与往往与某种公民文化联系在一起，公民文化与公民参与也是相互作用和相互影响的，在一种参与型的公民文化中，公民的参与意识往往是积极主动的，这种积极主动的公民参与反过来也会促进和巩固这种参与型的公民文化。另外，公民参与与社会政治的稳定也存在复杂的关系，之所以是一种复杂的关系，是因为公民参与和政治稳定并不是一种简单的正相关或反相关关系。亨廷顿在分析发展中国家的政治发展时就指出，政治参与并不一定会带来政治稳定和政治发展，当一国的制度能力较为低下时，政治参与往往

---

① 〔日〕蒲岛郁夫等：《政治参与》，解莉莉译，经济日报出版社1989年版，第5页。

会加剧政治动乱。政治发展是多种因素的共同结果，虽说政治参与发挥了重要作用，但在亨廷顿那里，政治的制度化能力则更为关键（至少从单纯的政治稳定的角度来说是如此）。①如果从长远的政治发展和政治民主来看，公民参与无疑具有非常重要的作用，公民参与不仅能促进政治的制度化能力，使这种制度能力的适应性、自主性更强，而且能使这种制度朝着更民主的方向发展，这种民主制度的能力必然使政治更加稳定，所以，公民参与对于政治稳定来说是至关重要的。公民参与还起着一个安全阀的作用，当公民对既有的体制存在明显的不满，而又得不到有效的途径进行宣泄时，公民往往会诉诸暴力等极端方式来改善境况。而当公民参与的渠道是畅通的，政府便可以及时地了解公民的诉求，迅速做出政策调整，从而稳定社会政治秩序。

社会作用

就公民参与的社会作用来说，公民参与的作用主要体现在影响经济发展、社会公平正义以及政治社会化方面。

1. 影响经济发展

公民参与与经济发展的关系往往很复杂，经济的发展要求政府开放和扩大参与。在开放和扩大参与的初期，公民参与的扩大化往往会对经济的发展造成短暂的抑制作用。比如说，公民参与的扩大往往会对政府权力造成约束，从而影响政府权力对经济发展的促进作用，公民参与扩大的初期往往也会带来社会政治的不稳定，从而对经济发展造成一定的阻碍。从成本—收益的角度来看，公民参与的扩大会影响政府对社会价值的权威性分配，使资源配置更科学、更合理，资源所产生的经济和社会效益会最大化。公民参与还会使公共政策的制定更加科学化、民主化，这将大大降低政策执行的成本。公民参与能增强社会的活力，为经济的发展提供动力。

2. 影响社会公平

公民参与是公民进行利益表达以及维护公民权利的重要途径，公民通

---

① 〔美〕塞缪尔·P. 亨廷顿：《变化社会中的政治秩序》，王冠华等译，上海人民出版社 2008 年版，第 42 页。

过公民参与将利益诉求输入到政治系统之中，使政策制定者了解公民的利益要求，从而在政策的制定过程中充分考虑公民的不同利益诉求，使政策更加符合公民的共同利益。当旧有的政策不再适应社会的发展，妨碍社会公平时，公民可以通过公民参与将新的利益诉求、社会公平要求输入政治系统，促使政府对不适宜的政策进行调整，从而促进社会公平。

3. 影响政治社会化

政治社会化一般指人们在政治生活和政治实践中，获得政治知识和政治技能，形成特定的政治心理或政治思想的过程。充当政治社会化媒介的一般有家庭、学校、特定的政治符号、大众传播工具、社会政治组织以及政治实践等。公民参与作为一种政治实践活动，对人的政治社会化具有根本性的意义。通过公民参与，人们学到了政治知识，政治能力得到了提升，公共意识得到了发展，参与意识和参与热情都得到了提高。

综上，公民参与的作用主要包括政治和社会两个方面。良性的公民参与是现代国家得以正常运转的必要条件之一，如何实现良性的公民参与是一个重要的研究课题。

第十三章
公共政策与政策过程

公共政策学研究主要聚焦公共政策过程，一般包括政策决策、政策执行和政策评估，亦可理解为政策制定、政策实施和政策监督。政策科学创始人哈罗德·拉斯韦尔将政策过程划分为情报、建议、规定、合法化、应用、终止和评估七个阶段。① 后续的政策科学学者对政策过程的理解和划分基本上都参考了拉斯韦尔的标准。因此，公共政策学要研究的实际上是公共政策过程，这个过程被我们划分为政策制定、执行和评估三大部分，又可以被细分为问题提出、议程设置、政策制定、政策合法化、政策执行、政策评估、政策终结七个阶段。本章关注的焦点是以政策过程为核心的公共政策学，主要讨论的问题依次为：公共政策的基本概念、特点和途径；政策制定的难题；政策执行的情况；政策评估的方式方法。

第一节 公共政策的基本概念、特点和途径

> 公共政策研究应将"对部分知识的可靠描述"作为未来的重要发展方向。
>
> ——查尔斯·曼斯齐②

---

① 转引自〔美〕詹姆斯·E. 安德森：《公共决策》，唐亮译，华夏出版社1990年版，第27页。

② Charles F. Manski, *Public Policy in an Uncertain World: Analysis and Decisions*, Harvard University Press, 2013, p. 37.

什么是公共政策？伍德罗·威尔逊认为，公共政策是由立法者制定的并由行政人员执行的法律法规；政策科学提出者拉斯韦尔认为，公共政策是一种含有目标、价值和策略的大型计划；政治系统论提出者戴维·伊斯顿认为，公共政策是政府对全社会的价值进行权威性的分配；当代公共政策研究学者托马斯·戴伊认为，公共政策就是政府选择要做的或者不要做的事情；日本公共政策学者药师寺泰藏认为，"公共政策"的意思与其字面意思相同，即为"公共"而制定的"政策"。我国台湾地区学者林水波、张世贤先生根据托马斯·戴伊的观点，认为公共政策是指"政府选择作为或不作为的行为"。

■ **知识栏：国内学者论公共政策**[①]

政策是党和政府用以规范、引导有关机构、团体和个人行动的准则或指南。其表达形式有法律规章、行政命令、政府首脑的书面或口头声明和指示以及行动计划与策略等。

政策是管理部门为了使社会或社会中的一个区域向正确的方向发展而提出的法令、措施、条例、计划、方案、规划或项目。

公共政策是政府依据特定时期的目标，在对社会公共利益进行选择、综合、分配和落实的过程中所制定的行为准则。

公共政策是国家（政府）、政党及其他政治团体在特定时期为实现或服务于一定社会政治、经济和文化目标所采取的政治行动或规定的行为准则，它是一系列谋略、法令、措施、办法、条例等的总称。

公共政策是公共权力机关经由政治过程所选择和制定的为解决公共问题、达成公共目标、以实现公共利益的方案。

[①] 参见张金马主编：《公共政策分析：概念·过程·方法》，人民出版社 2004 年版；陈庆云主编：《公共政策分析》，北京大学出版社 2006 年版；汪大海主编：《现代公共政策学》，清华大学出版社 2010 年版；陈振明编著：《公共政策分析导论》，中国人民大学出版社 2015 年版；谢明编著：《公共政策导论》，中国人民大学出版社 2015 年版；麻宝斌、王庆华主编：《公共政策学》，高等教育出版社 2016 年版；宁骚主编：《公共政策学》（第三版），高等教育出版社 2018 年版。

综上所述，公共政策就是由国家（政府）、执政党及其他政治团体在特定时期为实现一定的社会政治、经济和文化目标所采取的政治行动或所规定的行为准则，它是一系列谋略、法令、措施、办法、方法、条例等的总称。这个定义告诉我们：（1）公共政策有特定的主体，即由执政党、政府及其他政治团体所制定及执行，体现了主体的意志；（2）公共政策具有特定的价值取向，要实现特定目标或目的；（3）公共政策表现为由一系列行为所构成的行动过程，是政府为解决特定社会问题及调整相关利益关系而采取的政治行动过程；（4）公共政策是一种行为准则或行为规范。因此，公共政策主体是公共政策的制定者和执行者；客体是公共事务；过程是一个政治行动。党的十九大报告提出："中国特色社会主义进入新时代，我国社会主要矛盾已经转化为人民日益增长的美好生活需要和不平衡不充分的发展之间的矛盾。"根据新时代中国社会主要矛盾界定，本书认为中国公共政策就是党和政府通过一系列正确、科学和英明的政策设计和政策安排，以满足人民日益增长的美好生活需要。

基于国家治理发展目标与政府政策实践活动的复杂性和变动性，公共政策研究也具有以下特点：

一是复杂性。公共政策主要是为了解决社会问题，公共政策解决问题的逻辑是任何问题要进入政策议程，必须经由一般的社会问题成为重大公共问题再转换为政府关注并加以解决的政策问题逻辑，这个过程既是体制内的渐进改革要求使然，也源于体制外的公共事件冲击压力，在整体演进过程中需要有具体而细微的类型学追踪和回溯，所以是复杂的。

二是动态性。任何公共政策都处于变动的状态，没有一成不变的政策，更没有一劳永逸的政策。政策过程变迁周而复始，这是客观的真实状态，任何公共政策都必须随着政治经济社会环境的变化而不断调整、更新甚至废止。

三是多样性。公共政策必须满足民众不同层次和不同方面的需求，民众需求的多样性决定了政策的多样性。一般来讲，一个公共政策只能解决一个特定的问题，如教育政策、交通政策、能源政策、婚姻政策等。

四是层级性。公共政策的制定权一般属于更上一级政府和中央政府,自上而下的政策制定和实施系统决定了公共政策不可避免地具有层级性。层级性来自于政府管理体系的科层制结构,全世界没有一个没有层级的政府,这也在一定程度上保障了政策的超脱性、独立性、公正性。

五是公共性。公共政策在制定环节始于"公共",在执行环节也要回归"公共"。整个公共政策过程根本价值是要坚持公共性,而非私利性。例如,我党提出"以人民为中心""让人民过上好日子",作为执政的根本追求,就是基于公共性的考量。一言以蔽之,为人民服务应当是当今世界所有国家政府的共同目标。所有政策的制定、实施和评估以及终结都要围绕这个目标来进行,否则政策就丧失了正当性。

依据公共政策研究的特点,可以将其分为三类:

(1) 以政策工具为途径的政策研究。例如,经济学、管理学中的诸多定量分析模型(主要以成本—收益分析为导向),政策工具理论中的类型划分和方法运用(以强制程度和覆盖范围为标准)。

(2) 以政策过程为途径的政策研究。这个过程不是政策过程的具体阶段,如问题提出→议程设置→政策制定→政策合法化→政策执行→政策评估(亦可简称为"政策制定→政策实施→政策监督"),而是指采用具体理论、方法、框架、模型或途径对政策形成的全过程进行分析。

(3) 以政策报告为途径的政策研究。主要指大学、社科院、党校、政府内设智囊机构(法规处、发展中心、研究院),以及社会第三方组织等各类机构为不同层次、不同领域的政府决策所提供的各式各类研究报告,主要形式是参与决策咨询,主要目的是帮助政府改进和优化决策,以满足决策科学化、民主化和法制化的要求,达到实现国家治理现代化的目的。

学习以政策过程为核心的公共政策学具有三个方面的意义:第一,聚焦于发展政策过程、了解政府治理的科学理论;第二,采用跨国或跨学科比较研究的方法呈现更加真实的结论;第三,努力使公众尽可能地接受研究结果,促进政策过程知识的持续增长。

第二节　政策制定过程中的难题

管理就是决策。

——赫伯特·西蒙①

人类社会治理受制于"模糊性"由来已久。② "模糊性构成了国家治理的障碍，但实际上又是难以消除的。"③ 那么，模糊性是一个不得不接受的事实，还是一个可以解决的问题？决策是回答这个问题的核心视角。因为决策是一切政策的开始，没有决策，就没有执行，更不会有监督；没有好的决策，就不会产生好的治理，毕竟决策失误产生的恶果古往今来比比皆是。因此，研究决策模糊性是探究和破解治理模糊性的主要途径。根据赫伯特·西蒙的"管理即决策"观点，理解国家治理能力要运用决策模型，提升国家治理能力要优化决策环节。

---

① 〔美〕赫伯特·西蒙：《管理决策新科学》，李柱流等译，中国社会科学出版社1982年版第2页。

② 在古希腊时代，当领导者在面对政治生活中的关键时刻时，他们常去德尔菲神庙寻求阿波罗神的建议。神灵的话由女祭司皮提亚（Pythia）模糊地传达，并由牧师巧妙地解释。一方面，神谕被精心设计用来取悦和安抚朝圣者，牧师们在这种选择性理解优势中获取了大量财富和声望；另一方面，精心组织的清洗和庆祝仪式又使神明启示与人类理性得到连接，为神谕的模糊性传达提供了合法性。这是人类社会治理模糊性的一个重要起源。中国古代也经常面临"知屋漏者在宇下，知政失者在草野"的皇权不下乡的科层制治理模糊性难题。时至今日，国家治理依然很像一个混合了人、意义、资源、自利和机构的皮提亚居所，过程充满了模糊性。现代国家治理的模糊性来自于社会调控方面的基本矛盾，即为"贫弱的社会资源总量与社会调控对象（即全体人口）的超大规模之间的矛盾"。而这个矛盾既产生于包罗万象的社会事实和错综复杂的社会信息之中，又面临着政治系统中政治过程"黑箱"的困扰，还受到政策体系中决策权力不对称、执行主体不作为和监督对象不规范的影响。参见杨志军：《模糊性条件下政策过程决策模型如何更好解释中国经验？——基于"源流要素+中介变量"检验的多源流模型优化研究》，载《公共管理学报》2018年第4期。

③ 韩志明：《在模糊与清晰之间——国家治理的信息逻辑》，载《中国行政管理》2017年第3期。

案例：延迟退休政策决策中的模糊性①

延迟退休，也称延迟退休年龄，简称"延退"，是指国家结合国外有些国家在讨论或者已经决定要提高退休的年龄来综合考虑中国人口结构变化的情况、就业的情况而逐步提高退休年龄或延迟退休的制度。

目前，我国现行退休政策规定退休分为提前退休、到龄退休以及延迟退休三种情况，提前退休分为三种情形，分别为特殊工种退休（男55周岁，女50周岁）、病退以及退职（男50周岁，女45周岁）、矿产企业员工提前退休；而到龄退休则是男60周岁，女工人50周岁，女干部55周岁；而干部和专业技术人员则可以延迟退休，男干部、专业技术人员60—70周岁，女干部、专业技术人员55—60周岁。

按照退休年龄改革方案：从2018年开始，女性退休年龄每3年延迟1岁，男性退休年龄每6年延迟1岁，直到2045年同时达到65岁。支持的代表观点是：中国的退休年龄和其他国家比起来算早的，我国当前的法定退休年龄为男60岁，女55岁（干部）或50岁（工人）。而在欧美国家普遍的退休年龄都为65岁，美国为67岁，日本为男65岁，女60岁。随着生活水平的进步，人们的寿命不断提高，所以延迟退休年龄是必然趋势，而且在很多岗位上也需要这些有经验的"老人"继续发光发热。

反对者最普遍的理由是"在工作岗位撑不到65岁"（59.6%）；同时，"可能成为部分权力阶层继续保有权力的借口"（52.4%）也成为反对者的第二大隐忧。给青年人就业带来压力、想尽早拿养老金享受生活等都是反对的主要因素。对普通劳动者而言，辛辛苦苦一辈子好不容易熬到了退休，却又赶上了延迟退休，自然有所不满。

绝大部分社会民众都相信人社部提出延迟退休方案是因为养老金缺

---

① 资料来源：《延迟退休的案例分析》，http：//www.9d4d.com/DuTeXueShu/91866.html，2022年1月20日访问；《关于延迟退休，看看国外怎么做》，http：//www.chengchen.com.cn/show-content-5178.html，2022年1月20日访问；《退休年龄的最新规定2018以及延迟退休新消息》，http：//www.66law.cn/laws/106470.aspx，2022年1月20日访问；《人社部专家：延迟退休年龄宜小步慢走》，http：//news.makepolo.com/4359178.html，2022年1月20日访问。

口的压力。据国际经济合作与发展组织（OECD）预测，从 2010 年至 2050 年，各国政府在养老金上的投入占 GDP 比率将从 8.4% 升至 11.4%。2011 年我国 GDP 总量为 471564 亿元，按照这一比例，政府应投入养老金的金额应为 471564 亿×8.4% = 39611 亿元，接近 4 万亿元。而 2011 年我国各级政府财政补贴养老金仅有 2272 亿元，占 GDP 比重仅为 0.48%，连 1% 都不到。有专家指出，到 2035 年，中国将面临两名纳税人供养一名养老金领取者的情况（目前我国是 9 个劳动年龄人口对应 1 个 65 岁以上老年人口）。另外，也有专家算过一笔账，"延退"政策实行后，退休年龄每延迟一年，我国养老统筹基金可增长 40 亿元、减支 160 亿元，减缓基金缺口约 200 亿元。这将极大缓解中央政府和各级地方政府的财政压力。

虽然上至中央下到各级地方政府均竭力推行"延退"，但是中国青年报社会调查中心通过搜狐新闻客户端，对 25311 人进行的一项题为"你对延迟退休持什么态度"的调查显示，94.5% 的受访者明确表示反对延迟退休，仅 3.2% 的受访者表示支持，2.3% 的受访者表示中立或未表明态度，受访者中，60 后占 19.1%，70 后占 39.4%，80 后占 32.9%。

正是因为延迟退休牵涉面广、社会影响大，所以"十四五"规划和 2035 年远景目标纲要明确提出，按照小步调整、弹性实施、分类推进、统筹兼顾等原则，逐步延迟法定退休年龄。小步调整，就是延迟退休改革不会"一步到位"，而是采取渐进式改革，用较小的幅度逐步实施到位，每年延迟几个月或每几个月延迟 1 个月，节奏总体平缓。弹性实施，也就是说延迟退休不会搞"一刀切"，不是规定每个人必须达到延迟后的法定退休年龄才能退休，而是要增加个人自主选择提前退休的空间。这也是延迟退休改革最大、最重要的一个特征。分类推进，意味着延迟退休不是"齐步走"，而是要与现行退休政策平稳衔接。我国现行法定退休年龄是男职工 60 周岁、女干部 55 周岁、女工人 50 周岁，政策有所不同。实施延迟退休改革将区分不同群体，采取适当的节奏，稳步推进，逐步到位。对于现有不同职业、地区、岗位存在的一些政策差异，改革后也会保持政策延续性，确保政策调整前后有序衔接，平稳过

> 渡。统筹兼顾，即延迟退休不能"单兵突进"。退休年龄问题涉及经济社会方方面面，因此，延迟退休改革是一项系统工程，与之相关的配套和保障政策措施非常多，需要统筹谋划、协同推进。

公共政策的实质是对社会资源、价值和权利进行权威性分配，延迟退休政策制定是一个渐进连续的过程，既必须根据现实条件开展政策制定，又必须因应环境和局面的变化不断调整，这就注定政策制定是一个充满模糊性的过程。在必要决策的情境下，政策制定方、政策咨询方和政策受众方对现行政策和政策制定本身都存在各自的考量，正是这种考量使得政策制定陷入矛盾状态。正是由于参与者具有不清晰甚至相互矛盾的信息以及问题本身的复杂性所形成的模糊性状态让政策决策成为一种困难。延迟退休与整个社会保障体系改革紧密联系，牵一发而动全身，互相制约。改革的实质是一场社会利益关系的调整，应该兼顾公平与效率。改革的核心是要进行科学化、民主化和法制化的政策决策。所以，关注和破解政策决策模糊性的根本之策应该是寻求绝大多数人的利益，在保证绝大多数人的利益以后，再去想办法解决小部分人的困难，降低民众抗议情绪，接受新政策，让政策合理化、合法化。

模糊性是在公共政策过程中形成的一种状态，浸透于政策过程的始终，是政策过程不可或缺的一部分。模糊性具有多层意涵，并不是单纯地指人们的思考状态、主观体验，也不仅仅局限于政策执行阶段，既有行动者方面的参与，也有组织结构方面的限定。模糊性对公共政策能够产生限制性的影响，因此政策决策主体需要通过改变政策共同体的耦合策略来影响政策方案的选择，进而影响政策产出。

同时，模糊性与一个相近概念——不确定性不同，模糊性关注的是进行中的状态，不确定性则更关心未来的状态。虽然信息社会的高风险特征会产生不确定性，却并不必然带来模糊性，有时甚至还有利于破解模糊性。例如，更多更先进的（医学技术）信息可以告诉我们艾滋病是怎样传播的，并且有利于诊断和治疗，但是却不能告诉我们艾滋病究竟是一个健康问题，还是教育、政治甚至是道德问题。

第三节　政策执行过程中的情形

> 执行研究聚焦于两方面的事情，即分别关注于解释执行"发生了什么"和影响执行"发生的事情"。
>
> ——迈克·希尔、彼特·休普①

政策执行的好与坏事关政策目标能否实现，也是检验政策目标的试金石。政策在执行过程中总会出现这样或那样的情况和问题，政策执行得好一定是执行机构在一些方面做得比较好，如避免和克服了一些问题的发生，或者很好地解决了一些问题；而一项政策执行得不好也一定是执行机构在某些方面出现了问题，没有处理好一些关系。武汉大学丁煌教授很早就指出：我国国民经济和社会发展过程中，在相当程度上还存在着诸如"有令不行、有禁不止""上有政策、下有对策"等政策在执行过程中变形、受阻乃至停滞等政策执行阻滞现象。他将政策执行出现的问题概括为"象征性执行""选择性执行""替换性执行"。② 应该说，政策执行中出现梗阻或阻滞是较为正常的事情，这些问题我们可以统称为"执行走样"，可以在现实的案例中得到很好的观察和思考。

案例：基层执行走样及其治理创新③

习近平总书记强调，"中央通过的改革方案落地生根，必须鼓励和允许不同地方进行差别化探索""要把鼓励基层改革创新、大胆探索作为抓改革落地的重要方法"。中央的改革政策在地方落细落实，离不开

---

① 〔英〕迈克·希尔、〔荷〕彼特·休普：《执行公共政策：理论与实践中的治理》，黄健荣等译，商务印书馆2011年版，第2页。
② 丁煌：《我国现阶段政策执行阻滞及其防治对策的制度分析》，载《政治学研究》2002年第1期。
③ 参见孙振、何勇：《政策落地，怎样精细配套——关注改革最后一公里·改革如何落细落实（上）》，载《人民日报》2018年10月09日第04版；孙振、何勇：《政策落地，怎样精细配套——关注改革最后一公里·改革如何落细落实（下）》，载《人民日报》2018年10月15日第04版。

基层结合实际制定实施细则、出台配套举措。如何既发挥好顶层设计对基层实践的引领、规划、指导作用，又鼓励各地从实际出发进行探索，"把握好政策界限范围、尺度、节奏"，值得深入探讨。

水洼取水，房檐接雨，"饮水安全"形同虚设；跨省拉水，纱布过滤，吃水为何这么难？2021年4月23日晚，中央广播电视总台财经频道在《经济半小时》栏目中报道了陕西省商洛市洛南县灵口镇两个村脱贫攻坚工作存在的相关问题。① 2021年4月26日，陕西省政府新闻办发布关于央视报道洛南县"掺假的脱贫摘帽"问题核查的初步结果：两个脱贫村及脱贫户的脱贫退出，达到了国家和陕西省关于"两不愁三保障"的标准，退出程序符合要求。但安全饮水保障水平不高、季节性缺水、管护水平不高、干部作风不严不实等问题确实存在。

党的十八大以来，中央把脱贫攻坚摆在治国理政突出位置，团结带领全党全国各族人民，经过8年持续奋斗，取得了脱贫攻坚战的全面胜利，完成了消除绝对贫困的艰巨任务，现行标准下农村贫困人口全面实现了脱贫。与此同时，脱贫攻坚成果容不得半点掺假，精准帮扶政策必须得到有效落实。摆脱贫困，是实现中华民族伟大复兴中国梦的重要内容。我国脱贫攻坚战取得全面胜利，现行标准下9899万农村贫困人口全部脱贫，832个贫困县全部摘帽，12.8万个贫困村全部出列……决不能落下一个贫困地区、一个贫困群众，决不能"掺假"一个贫困地区、一个贫困群众。

有的基层政策任意发挥、走样变形，成为发展绊脚石。东北一省份某县的县委组织部部长说：几年前，有的地方用所谓的"土政策"来"封官许愿"，超职数配备干部，超编制进人。比如有的答应招商引资达到一定数额，就给办理事业单位编制。也有基层干部反映，有的地方出台政策，把开发区、工业园区搞成"政策特区"，搞"封闭运行"，规定环保、安监等部门不经主要领导批准不得检查，造成个别工业园区里

---

① 资料来源：https://news.cctv.com/2021/04/25/ARTIfj7PGTVPEUXWrYyyq9z8210425.shtml，2021年10月25日访问；https://news.china.com/domestic/945/20210426/39517728_all.html，2021年10月25日访问。

甚至连污水处理厂都不配备，安全隐患多。

还有的地方出台配套政策的初衷是好的，但政策设计和执行较为草率，引起非议。如投资商刘某冲着奖励政策，几年前投资约1亿元在东部一省份某县建设一家四星级酒店。此前，县里为吸引招商引资，出台配套政策，对投资新建的前三家四星级酒店，按先后顺序分别奖励1500万元、1000万元、500万元。酒店建成后，县政府同意兑现政策，拟奖励1500万元。消息发布不久，"政策是否合理"的质疑声出现了，该县随即叫停了奖励政策，奖金最终没有兑现。说奖就奖，说停就停，基层政策出台和执行的随意性引发争议。

有的基层政策上接天线、下接地气，成为改革好经验。一些地方在政策执行过程中进行了不少有益尝试，抓好政策落实，不打折扣，对落实中遇到的新情况新问题，能够及时研究、提出对策、积极化解。

例如，根据政策要求，安徽省合肥市各区从2013年开始，对辖区沿街商户实行市容和环境卫生责任区制度管理，加大对居民占用公共空间、流动摊点等的整治，每个社区还要配备一名正式的城管队员定人定责。政策要求合情合理，可到基层执行时却遇了难。合肥市瑶海区和平路街道茂林路社区党委书记唐海川回忆，当时街道城管中队进行了多次治理，但收效甚微。"检查人员一来，他们就往回收，人走了就又出摊。执法本是为群众打造舒适环境，但往往不被理解。"

执法人员因为不被理解而委屈，居民对街道管理现状也不满意。上级的政策规定要执行，但不能机械化、僵硬化，对执行过程中出现的问题，需要及时调整施策，茂林路社区想出了成立"城管群众议事会"的办法。通过居民投票、自我推荐，茂林路社区选出了10名热心社区工作的议事会成员，包括社区网格员、街道城管网格员、物业工作人员、经营户代表和社区居民，由过去的城管单方执法，转变为"众人的事众人商量"。

2018年3月，茂林路社区一商业街占道经营、餐饮油烟污染等问题严重，城管没有硬性执法，而是由"城管群众议事会"召开了商讨会，商量解决办法。环保治污的红线不可破，占道经营影响安居的行为要停

> 止,这两个原则得到各方认可,最终形成了新的经营规范6项标准和整治方案,得到大家的拥护和执行。
>
> 基层政策的制定、细化、执行等过程考验着基层干部干事创业、狠抓改革落实的能力和水平。制定出的好政策重在落细落实。基层政策在落实过程中易遇到哪些难题,应遵循哪些科学的工作方法,以确保理解政策不走偏、贯彻政策不打折、推广政策不变形。政策越往基层延伸,领导干部抓落实的工作情况就越多样、越复杂。

要分析政策成功执行的构成条件,必须着眼于政策目标的可及性、组织管理的科学性、政策过程的合理性以及政策创新的适用性四大因素。其对应条件是:

(1) 响应中央精神和号召,从中央部门到地方再到基层,各级党和政府执行政策目标、开展政策行动,就意味着必须坚持全国一盘棋观念,保证政策执行不走样、不偏离。

(2) 政策越往基层延伸,领导干部抓落实的工作情况就越多样、越复杂。需要强化基层政策的执行落实,在组织管理上既要杜绝上热下冷的落实"温差",又要因地制宜、逐层细化,力求精准有效。

(3) 政策执行不仅仅是基层的事,也不仅仅是一个部门的事,要处理好政策顶层设计与分层对接、政策统一性与差异性等之间的关系,机构间、部门间、上下级间必须协同联动,积极作为,发挥整体联动的政策执行效果。

(4) 政策执行中还要重视创新推广,对执行中遇到的老问题、顽固性问题,要分析好、解决好,对落实中形成的好经验、规律性认识,要总结好,推广好。

"上面千条线,下面一根针"。基层政府处于行政体系的"终端"和治理体系的"底盘",针对基层干部抓落实中的痛点,需要给予"靶向治疗",着力提高调查研究实效,避免"空中政策""本位政策"。首先应增强政策针对性和可操作性,关键在于全面深入了解实际情况,加强对调查情况的分析研究。进而言之，避免"空中政策""本位政策"，目的是把基层干部从形式主义的束缚中解放出来。

政策执行离不开广大基层干部和人民群众积极参与改革实践。判断政策执行是否"走偏"，重要的是看政策制定的目标是否紧扣中央精神、导向明确；是否具备执行的现实条件；推行的手段是否合情合理、合法合规；是否促进经济发展、社会稳定和民生福祉。一方面，要按照全国一盘棋，坚持政策执行不走样、不偏离；另一方面，也要鼓励地方政府在发现政策问题时及时反馈，并及时总结推广一些行之有效的基层政策，形成理性认识，推动面上的制度创新。同时还要注重强化对政策执行过程的督察，切实把政策转化为行动。

综上所述，政策执行研究以检验政治行动的实施过程为主要对象，即当公共政策付诸实践时，它在执行过程中发生了什么，产生了哪些问题，对政策的最终效果产生什么影响。换言之，政策执行就是以实施中的政策行动为中心，研究在何种条件下通过政治决策作出的政策行动计划能够成为现实。

我们可以将政策执行效果好的因素归纳为以下几个方面：

一是制定科学。制定科学是一项政策得以顺利有效实施的先决条件，只有政策决策是科学的、民主的和法制的，政策实施起来才具有较强的可信服力。政策制定的科学性决定政策的规范性，一项政策制定得越科学，执行起来的难度和阻力就越小。

二是中央超脱。一项政策制定的科学性来自于中央作顶层设计时的超脱性，超脱下属机构的利益固化格局，超脱利益集团的干扰、影响乃至控制，能够独立地作出决策，使政策制定具有权威性，有效保障政策执行的效果。

三是地方配合。政策执行是从中央到地方或者以省级行政区域为单元逐层往下的过程，一项政策制定的级别越高，越能体现出国家表达的意志；一项政策在实施过程中各级地方政府乃至基层政府越配合，政策执行的效果就越好。反之，政策执行会遇到梗阻或者效果大打折扣。

四是公众支持。政策执行有效在横向上的有利因素是要得到社会公众的认同和支持，对政策的认同会大大提升政策执行效度。一项政策也只有得到最广大民众的认同，才能获得强大的社会支持度，否则只会损耗政策信度，造成政策执行难以落地。

五是宣传及时。一项政策在执行过程中还要有地方政府作出政策营销的努力，这种政策营销行动可以被理解为各级政府的宣传工作，党、政府借用传统媒体和新兴媒体加强宣传，能在很大程度上提高民众对政策的认知，从而树立政策形象，增强政策执行力。

六是奖惩到位。政策执行的好与差都要有结果评价，采用绩效导向的政策执行结果评价，能够很好地激发各方面的积极性，促使政策执行主体和客体以及政策执行的标的产生协同联动的力量，在目标性上产生合力，有一致的认知，更好地推动政策执行。

这些方面是政策执行得以顺利实施的有利因素。反之，政策制定不够科学、中央决策不够超脱、地方政府不够配合、社会公众不够支持、政策宣传不够到位、奖惩措施不够明确，就会导致政策执行效果大打折扣或者无法收到政策制定预期效果和达到政策决策预期目标。除此以外，还有其他一些政策执行问题。

在政策执行研究上，存在两种不同的解释路径，即"自上而下"和"自下而上"。前者将政治程序所确立的政策目标作为分析的出发点，而后试图分析执行过程，再来看是否实现了政治意图和计划目标。与之相比，后者更关注承担执行政策项目组织的实际作为，之后再试图分析其结果，而无须过多考虑政治程序所确立的政策目标对其执行产生何种重要影响。从经验的角度来看，"自下而上"的方法更有优势，它更能考虑到不确定性以及上述提到的组织调整的需要。但从规范的角度看，这种方法也存在很大的问题，因为按照这条思路进行调查的研究者常常把实际的管理者能够做什么（他们的兴趣在什么地方）作为分析他应该做什么的出发点。由此，经验分析没有经过明确的规范分析，就转换为从规范性的观点出发。更为重要的是，规范分析和经验分析之间的疏离、紧张和冲突，增加了政策执行研究在解释公共政策执行现状和预测其发展前景尤其是给出可行性改进方案上的困难。①

第四节　政策评估过程与具体方法运用

> 政策评估关注四个层面，政策本身、政策执行、政策产出和政策效果。
>
> ——伊兰·卡兹②

政策评估，是对一项政策的科学性、可行性及实施后的社会效益的综合评价。政策评估，贯穿于政策制定和实施的全过程，是政策制定部门决定一项政策的出台、延续或终止的关键，是政策决策的重要手段。随着管理理念和政府职能的转变，政策评估在20世纪90年代成为全球学术界和政界的研究热点。面对复杂多变的政策环境，政策评估的理论与方法也不断丰富和发展。国内外学者从不同的研究视角、维度对政策评估的内涵释义或某一方面的特征进行强调或解释。目前学术界主流的关于政策评估的定义大致可以分为三类：

第一类观点认为，政策评估就是根据以往的经验性的证据，针对面临的实际政策环境，根据收集到的相关信息，对制定的政策或政策方案的可行性、科学性和适用性进行分析论证，从而从多项备选的方案中选出最优的决策方案。

第二类观点认为，政策评估就是对政策结果的评估，检验政策实际运行的结果与预期目标之间，以及投入成本与政策效果之间是否一致。

第三类观点认为，政策评估就是对政策全过程的各个环节进行的评估，包括对政策方案内容本身、政策执行过程和政策执行效果的评估。

---

①　靳继东、华欣：《政策缘何失败：执行研究的关系、限度和框架》，载《财经问题研究》2014年第7期。

②　转引自梁晨：《中澳学者讨论复杂政策的评估方法》，载《社科院专刊》2017年总第408期。

公共政策评估的演进经历了纯技术理性时期、政治社会理性时期和多元复合时期，政策评估的标准也经历了从以事实评估为主到以价值判断为主，再到以事实和价值相结合的演进过程。第一代政策评估以测量为主，对政府行动计划或方案的实施效果进行测量，评估者主要是技术人员。第二代政策评估以描述为主，具有目标导向性，按照预期的目标，对政策实施效果的优劣进行客观描述。第三代政策评估以判断为主，评估者根据自身经验对政策的优劣进行判断。第四代政策评估以谈判协商为主，开始关注政策的利益相关者，要求在评估者和政策相关者的谈判协商中进行政策评估（见表13-1）。

表13-1 公共政策评估研究发展阶段

	第一代 （效果评估）	第二代 （使用取向评估）	第三代 （批判性评估）	第四代 （建构主义评估）
时间	19世纪末至二战前夕	二战至20世纪70年代初	20世纪70年代初至80年代中期	20世纪80年代中期以后
关注点	政策实施的效率和政策目标的实现程度	评估结果的价值和实用性分析	政策所体现的社会公平、公正问题	综合了对政策效率、政策公平性的共同关注
性质	工具导向性	目标导向性	暂时的决策导向性	行为导向性
评估方法	测量	描述	判断	谈判协商
评估技巧	实验室实验	实地实验	社会实验	政策制定
评估范式	实证主义范式	实证主义范式	实证主义范式	建构主义范式
评估实施	主要评估政府社会行动计划是否能够有效解决社会问题，反映特定时空背景下的社会需求	对已执行的政策方案，按照预期的特定目标，对其结果的优劣进行"客观描述"	根据评估者的内在本质和外在的前因后果来判断政策的优劣	重视对利益相关者的利益要求的回应，强调结合评估者和政策相关者，并在彼此互动和相互协商中进行评估

资料来源：〔美〕埃贡·G.古贝、伊冯娜·S.林肯：《第四代评估》，秦霖等译，中国人民大学出版社2008年版，第1—7、14—25页。

政策评估方法

公共政策评估包括四个基本内容：一是确定公共政策评价得以进行的

标准；二是收集有关评价对象的各种信息；三是运用信息和评估方法对政策的价值作出判断；四是利用评估结果提出建议和措施。公共政策评估一般来讲要经过准备、实施和总结三个阶段。政策评估的方法在实践应用中通常具体表现为定性分析方法和定量分析方法。常用的定性分析方法有同行评价、问卷调查、当面访谈、电话采访及案例研究等；常用的定量分析方法有文献计量、专利数据统计分析、经济计量学方法、投入—产出分析、动力学模型分析等。我们可以将政策评估方法主要归纳为综合评估方法、社会实验方法、多元评估方法和三次设计评估方法四大类，而每类中的具体方法都无外乎定量或定性方法。

1. 综合评估方法

德国学者韦唐（Evert Vedung）在《公共政策和项目评估》中把评估模式分为三大类，即效果模式框架、经济模式框架和职业化模式框架。框架不同，其评估标准的侧重点也不同，有些侧重于政策的执行，有些侧重于政策的效果，有些侧重于政策的各利益方。基于韦唐"效果模式"下的"综合评估模式"框架按照"政策制定——政策执行——政策效果"的过程分析模式，评估活动涉及"方案评估"（事前评估）、"执行评估"（事中评估）和"效果评估"（事后评估）各个节点。对于不同的节点，按照前述政策评估标准，可再进一步确定评估的关注点，进而建立评估指标体系框架，确定评估指标和方法。

2. 社会实验评估方法

政策评估的最关键问题，也就是支持社会实验的最关键的理由是，在某些特定条件下，我们可以对某个参与主体在接受或不接受一个项目时的反应作出估计，而这些情景并不一定真实发生（"虚拟情景"）。有许多不同的方法来评估这种虚拟情景，我们给出两种主要的方法：(1) 实验前后比较法。实验前后比较法是一种针对虚拟情景评估的方法，通过比较参与人进入该计划前后的行为，得出计划实施的效果。如在工作培训计划中，我们可以以该计划参与者之前的收入水平为基准，而后评测出参与者推动计划执行的收益，这种方法的好处在于只需要参与人的数据即可。(2) 对比组设计。这种方法要选择那些与参与人尽可能相似的人群，他们不参加该计划。对比组实验前后变化的结果用来表示虚拟情景。最简单的项目评估方法就是用参与人的关键指标实验前后变化减去对比组实验前后的变化,以此来代表该项目或计划的真实影响。

3. 多元评估方法

北京大学宁骚教授提出的公共政策评估方法有:(1)定量评估、定性评估与定量定性结合评估方法;(2)过程评估方法;(3)对比评估方法。过程评估方法又包括政策制定过程评估方法和政策执行过程评估方法。对比评估方法包括"前—后"对比评估法;"目标与结果"对比评估法;"始—终"对比评估法;"有—无"对比评估法。① 此外,定量评估、定性评估与定量定性结合评估方法关注评估的技术手段;过程评估方法关注可行性;对比评估方法关注差异性。谢明在《政策分析概论》中将评估方法分为前后对比法、专家评估法、目标群体评估法、执行群体评估法。这类评估方法主要关注的是相关政策活动者。还有一种多元评估方法是伪评价、正式评价和决策理论评价。其中,伪评价关注事实因素;正式评价关注评估的形式和程序的正当性;决策理论评价关注价值因素。

4. 三次设计评估方法

公共政策同样涉及政策设计、运行、实施的质量问题,提高政策运行质量,需要从政策目标的制定阶段开始,引入系统设计、参数设计和容差设计的理念,从而有效提升公共政策评估的科学性和有效性,这一方法简称"三次设计评估方法"。产品的系统设计要求对整个质量保证的全部环节进行通盘设计,首先政策目标应当具体、明确、可分解,包括阶段分解、局部分解。同时要考虑该项政策的制定必要性和完成可能性,需要通盘考虑环境的复杂性、政策的敏感性、政策的博弈性等各项复杂因素的影响,以及政策总体与局部的关系。政策的参数设计是通过选择系统中所有参数的最佳水平组合,将各个参数设计调整到整体最佳使得政策效率最大。公共政策的容差设计是考察政策在执行过程中的柔韧性、灵活性、适应性,考虑公共政策在满足公平正义条件下的可行性问题。在容差设计过程中,为减少政策代价,需要大致估算出执行政策的预期损失或反对程

---

① 宁骚主编:《公共政策学》(第三版),高等教育出版社2018年版,第429页。

度，以更大的弹性空间保证政策有效执行。①

政策评估标准

政策评估领域还有四个代表性理论，分别是决策变量理论、政策评估逻辑模型、政策评估目的理论、政策评估政治倾向理论。② 这些评估理论分别在经济政策、人口政策、环境政策、交通政策、能源政策、教育政策、医疗政策、外交政策等领域进行了深入的研究，产生了广泛的影响。各种评估方法都有其独特的分析视角，有其适用的具体情况。因此，用单一方法评估可能会产生片面的结论，过分强调定量分析方法或定性分析方法都会有失偏颇。应根据所评估的具体政策的不同而灵活地选取评估方法，用一种或几种评估方法进行综合评估。这些方法的选择与运用都要遵循以下原则或准则：

1. 过程可行性标准

卡尔·帕顿（Carl V. Patton）和大卫·沙维奇（David S. Sawicki）在《政策分析和规划的初步方法》一书中指出："巴尔达奇界定了对政策设计目标会产生较大影响并会如期发挥作用的四种主要制约因素：技术可行性、政治可行性、经济和财政可行性和行政可操作性。我们相信，大部分的评估标准都可归入这四种综合类型，而且分析人员应当在每一种类型中为每一个政策问题确定相关标准。"③ 他们还指出，经济与财政可行性包括净资产变更、经济效率、成本—收益分析、利润率、成本效益等具体指标；政治可行性包括可接受性、适当性、反应、法定、公正等指标；行政可操作性包括权威、制度约定、能力、组织支持等指标。帕顿和沙维奇列出的这四种综合类型标准都基于政策在执行过程中的可行性，属于过程可行性标准。

---

① 叶厚元、曹乐奇：《基于三次设计理念的公共政策评估理论与方法探索》，载岳经纶、朱亚鹏主编：《中国公共政策评论》商务印书馆 2017 年版，第 18 页。

② 邓剑伟、樊晓娇：《国外政策评估研究的发展历程和新进展：理论与实践》，载《云南行政学院学报》2013 年第 2 期。

③〔美〕卡尔·帕顿、大卫·沙维奇：《政策分析和规划的初步方法》，孙兰芝等译，华夏出版社 2001 年版，第 160 页。

2. 结果有效性标准

邓恩（William N. Dunn）在《公共政策分析导论》一书中，将评估标准分为六类：效果、效率、充足性、公平性、回应性和适宜性。① 国内学者也根据结果有效性原则对政策评估标准进行了分类，如效果、效益、效率、社会公正、生产力标准；政策投入、政策效益、政策效率、公平、政策回应度。公共政策评估的常用规范（即标准）有政策绩效、政策效率、公平性和回应度。以上这些评估标准都是从政策结果的角度衡量政策的效率、效益和效果，属于结果有效性标准。

3. 事实与价值标准

谢明认为，政策评估标准包括事实标准和价值标准。事实标准又包括政策投入与产出的比例、目标实现的程度与范围、对社会的影响程度等；价值标准包括是否满足大多数人利益、是否有利于社会生产力发展、是否坚持社会公正等。② 政策评估标准直接决定评估的方向和结果是否正确、是否科学、是否符合实际。合法性标准、投入产出标准、系统功能标准、社会公平与发展标准应是政策评估的主要标准。宁骚也认为，政策评估标准包括事实标准、技术标准和价值标准。③

总之，随着政策评估主体由"一元"向"多元"转变，政策评估标准由"技术导向"向"价值导向"转变，政策评估领域不断增多，政策评估过程不断综合，在提高政策评估科学性的同时，应更加关注民主和公平。政策的多样性和政策过程的复杂性不会改变，只会增加，政策评估标准的认定是一个不断调整变化更新的过程，一套统一的政策评估标准成为学者们苦苦探寻却又一直未果的难题。

党的二十大擘画了以中国式现代化推进中华民族伟大复兴的宏伟蓝图，发出了为全面建设社会主义现代化国家、全面推进中华民族伟大复兴而团结奋斗的伟大号召。"新征程是充满光荣和梦想的远征。蓝图已经绘

---

① 〔美〕威廉·N. 邓恩：《公共政策分析导论》，谢明等译，中国人民大学出版社 2002 年版，第 437 页。
② 谢明：《公共政策分析概论》，中国人民大学出版社 2011 年版，第 331 页。
③ 参见宁骚主编：《公共政策学》（第三版），高等教育出版社 2018 年版，第 383 页。

就,号角已经吹响。"习近平总书记在中国共产党第二十届中央政治局常委同中外记者见面时强调:"我们要踔厉奋发、勇毅前行,努力创造更加灿烂的明天。"从公共政策与政策过程的角度出发,围绕中国式现代化和国家治理等工作,我们应该从以下方面确立思路、开展行动:

第一,政策决策要坚持问题导向,求真务实。习近平总书记强调,"我们中国共产党人干革命、搞建设、抓改革,从来都是为了解决中国的现实问题。"公共政策的创建始于政策科学,拉斯韦尔建立政策科学的初衷就是致力于解决人类社会的重大问题,所以,公共政策学向来就是一门紧贴社会实际、关怀国家治理的学科,政策决策必须坚持问题导向,求真务实。

第二,政策执行要坚持系统观念,守正创新。习近平总书记在二十届中共中央政治局第一次集体学习时强调,空谈误国、实干兴邦,一分部署、九分落实。不注重抓落实,不认真抓好落实,再好的规划和部署都会沦为空中楼阁。在公共政策学语境上,抓落实就是政策执行,在政策执行过程中坚持系统观念就是各地区、各部门贯彻落实中央政策,注意兼顾上下左右,加强协同配合。保证守正创新就是要求各地区、各部门贯彻落实中央政策精神、开展政策行动时,要牢固树立全国一盘棋思想,谋划和推动本地区本部门工作要以贯彻党中央决策部署为前提,创造性开展工作,做到既为一域增光、又为全局添彩。

第三,政策评估要坚持人民至上,科学检验。改善民生、不断增加人民福祉是党和国家一切工作的出发点和落脚点。党和国家政策的好坏、落实得如何,最终只有人民说了算,人民是最好的鉴别者、也是最终的评判者。党的十八大以来,习近平总书记多次强调,以经济建设为中心是兴国之要,发展是党执政兴国的第一要务,是解决我国一切问题的基础和关键。习近平总书记还将政策措施的检验标准具体化为"两个是否"的新标准,把是否促进经济社会发展、是否给人民群众带来实实在在的获得感作为改革成效的评价标准。围绕经济社会发展所制定和执行的各项政策,人民是政策效果的最终检验者,人民群众实实在在的获得感是政策客观效果的重要标准。获得感,既包含物质方面的得到感、拥有感、满足感等,又包含精神方面的幸福感、成就感、荣誉感等,它是人民物质和精神双丰收的喜悦感、自豪感和幸福感等的综合体验。检验党和国家一切工作的成效，最终都要看人民是否真正得到了实惠，人民生活是否真正得到了改善。

习近平总书记强调："出台政策措施要深入调查研究，摸清底数，广泛听取意见，兼顾各方利益。政策实施后要跟踪反馈，发现问题及时调整完善。要加大政策公开力度，让群众知晓政策、理解政策、配合执行好政策。"这是对公共政策在政策制定、执行和评估三大政策过程上的最好评价，在迈进中国式现代化的新征程上，党中央、国务院、全国人大制定出台的政策文件代表着最高中央决策，是一种政治决策，体现国家意志的表达；中央各有关机构和部门、地方各级党委和政府通过深入领会中央精神，制定出台的政策文件代表着行政行为，是一种政策决策，体现国家意志的执行。

在公共政策过程的维度，公共政策学的重大意义是国家意志从表达到执行的全过程链接，是对贯彻落实中央精神的计划和部署，是在把握总目标、总方向、总要求的前提下，对各项目标和任务进行细化，有针对性地拿出落实的具体方案，制定明确的时间表、施工图，扎扎实实向前推进的治理行动。公共政策学意义上的政策过程推进需要做到速度和效益、进度和质量的统一。国家治理的目标任务有近期的、中期的、长期的，各级党委和政府既要全面推进，又要突出重点；既要狠抓当前，又要着眼长远，多办打基础、利长远的事，防止搞形式主义、官僚主义。

第四篇

政治发展

政治发展是现代国家的一个非常重要的议题。快速变化的社会需要国家在政治制度上持续变革，有些国家以前现代的政治制度面对快速变化的社会，特别是经济发展。在这些国家，政治发展更是关键议题。

政治发展概念和理论的发展有着特殊的时代背景。二战结束后，新兴的国家几乎都面临政治不稳定状况和制度发展难题，这种现象引起了西方政治学界特别是美国政治学界的关注。随后，"政治发展"研究逐渐兴起，影响甚巨。

政治发展有很多面相。鲁恂·W. 派伊梳理了政治发展的诸种概念。[①] 在此基础上，他提炼出政治发展三大核心要素：平等、能力和分化，并指出"政治发展的问题与政治文化、权威结构以及一般政治过程及它们之间的关系都是相互联系的"[②]。政治发展可以从心理和制度两个维度加以理解。在心理层面，政治发展的核心议题即政治文化。按照阿尔蒙德的定义，"政治文化是一个国家在特定时期流行的一套政治态度、信仰和感情"[③]。政治文化和政治发展的关系非常密切，不同的政治制度需要相应类型的政治文化支撑，封闭型政治文化不可能支撑民主政治时代的公民参与。

在制度层面，政治发展的重点在权威结构和政治过程的稳定和变迁。在权威结构上，即国家制度结构上，政治发展的重心在于现代国家权力的

---

① 〔美〕鲁恂·W. 派伊：《政治发展面面观》，任晓等译，天津人民出版社2009年版，第47—62页。
② 同上书，第65页。
③ 〔美〕加布里埃尔·A. 阿尔蒙德等：《比较政治学——体系、过程和政策》，曹沛霖等译，东方出版社2007年版，第29页。

理性化。从横向看，就是实现国家权力的职能分工和机构分立；从纵向上看，就是实现国家权力在各政府层次间的合理配置和法定配置。在政治过程上，政治发展的要义在于政治权力运行和政治参与的组织化、规范化。这是现代政治变得可预期、可控的关键。

有了上述政治发展的过程，现代政治的稳定才可以实现，才更持续。政治稳定也是政治学研究的重点议题。

第十四章
政治文化和政治社会化

如果说政治体系是由硬件和软件两大重要元件构成，那么各种制度化和结构化的政治组织、规则和政府机构，可以视为组成政治体系的重要硬件，政治文化则可以视为与政治制度相匹配，并且不可或缺的重要软件。

什么是政治文化？政治文化的含义是什么？政治文化有哪些类型？政治文化研究中会涉及什么问题？在政治文化形塑的过程中，我们应当如何认识政治文化发展所包含的政治现象？这将是本章讨论的核心问题。

第一节 政治文化

> 在我们这里，每一个人所关心的，不仅是他自己的事务，而且也关心国家的事务。
>
> ——伯里克利[①]

政治文化属于政治社会的精神范畴，它是一个社会关于政治体系和政

---

① 〔古希腊〕修昔底德：《伯罗奔尼撒史战争史》（上册），许松岩译注，上海人民出版社2012年版，第132页。

治问题的态度、信念、情绪和价值的总体倾向。① 透过政治文化，我们可以深刻地理解特定政治体系的发展特点，所以在学术界的研究中，政治文化的特征被视为研究政治的重要方法和途径。②

家和万事兴，其背后是家庭成员的相互隐忍和相互关切。家庭是政治社会发展的细胞和缩影，家庭的文化实质上是微缩的社会和政治文化，所以，长期以来，在家庭中形成的以隐忍为特点的政治文化氛围影响了一代又一代的中国人，塑造了中国社会独特的隐忍文化。东方的隐忍与西方强调个性张扬的文化形成强烈对比，形塑了不同的政治文化特质。所以，政治文化并不是一个形而上的、抽象的、遥远的概念，它深刻地影响着我们的价值观念、社会发展和政治发展。

要想理解什么是政治文化，首先要理解什么是文化。如果仅仅将文化理解为"知识""流行歌曲""美国好莱坞大片"，那这样的理解未免过于狭隘，实质上，上述名词仅仅是文化的外衣，从狭义的角度来讲，文化被理解为精神现象或精神产品，如同英国人类学家泰勒所言："文化是一个复杂的总体，包括知识、信仰、道德、法律、风俗，以及人作为社会成员所获得的一切能力和习惯。"③ 所以，文化的形成并非天然，它是人们在改造自然的过程中，通过与社会的亲密接触所获得的精神价值，我们也可以将之称为"精神的文明"④。

所以，如果要解释为什么有人喜欢看美国科幻大片，而有人喜欢欣赏欧洲的文艺经典；为什么有人喜欢轰轰烈烈的西式摇滚，而有人却钟爱高山流水的中国古典音乐；为什么东方人喜欢金庸先生笔下侠肝义胆的英雄豪杰，而西方的观众和读者却热捧天马行空、拥有超能力的奇异博士和蜘蛛侠？除了个人的性格偏好外，我们认为，这实质上是一种文化现象和文化心理的表现，我们可以透过这类现象去分析一个民族独特的文化气质。

与文化概念相比，政治文化则是一个较为狭义的概念。政治文化关注

---

① 燕继荣：《政治学十五讲》，北京大学出版社2004年版，第258页。
② 同上。
③ 同上书，第259页。
④ 同上。

一个社会中人们的政治心态，即人们对社会政治的心理取向，以解释政治生活的种种现象。人们对社会政治生活的认知、情感和评价，不仅影响他们对政治生活的态度，而且决定了他们的行为方式。

当代政治文化的研究起源于美国政治学者阿尔蒙德。1956年，阿尔蒙德在《政治学杂志》上发表论文首次提出了"政治文化"的概念。按照阿尔蒙德的理解，政治文化是一个民族在特定时期流行的一套政治态度、政治信仰和感情，它由本民族的历史和当代社会、经济和政治活动进程所促成。[①] 之后，阿尔蒙德和维巴运用行为主义分析方法，通过民意调查系统研究和分析美国、英国、德国、意大利和墨西哥等国家国民的政治态度，在其专著《公民文化》一书中，他们提出了"政治文化"的基本概念和理论分析框架。

之后，政治文化研究受到越来越多学者的关注，研究的方式和方法也日益增多，如社会调查研究中广泛采用的随机抽样、访谈、数据分析等方法，都被广泛运用到政治文化研究中。到20世纪60—70年代，政治文化的研究逐渐与现代化理论结合起来，成为独树一帜的研究领域，并且延伸至跨国研究和社会转型研究。

继阿尔蒙德之后，学者们关于政治文化又有了新研究和发现。派伊认为，政治文化是政治系统中存在的政治主观因素，包括一个社会的政治传统、政治意识、民族精神和气质、政治心理、个人价值观、公共舆论等，其作用是赋予政治系统以价值取向，规范个人政治行为，使政治系统保持一致。[②] 维巴的贡献在于细致地分析了政治文化的构成和作用，他认为一个社会的政治文化由经验基础上形成的一系列信念、符号和价值所构成，政治文化决定了人们行为的条件，为人们提供了参与政治的主观意向。[③] 政治文化在国民长期生活中形成，它是相对稳定的，突出反映一国国民对生活其中的政治体系和其所承担的政治角色的认知、情感和态度，所以，它被视为与政府机构、政治组织等制度安排相对应的政治体系的主观性

---

① 〔美〕加布里埃尔·A. 阿尔蒙德等：《比较政治学——体系、过程和政策》，曹沛霖等译，东方出版社2007年版，第29页。
② 转引自燕继荣：《政治学十五讲》，北京大学出版社2004年版，第260页。
③ 同上书，第261页。

要素。

在日常的生活中，政治文化并不抽象，它通常以一定的政治认知或政治意识形态、政治价值观念、政治信念、政治情感、政治态度等形式表现出来。不过需要说明的是，它并非我们日常所理解的公共舆论或民意（如果这样理解政治文化未免将问题过于简单化了），因为公共舆论和民意是短时期内形成的关于公众对于某一具体事务或具体问题形成的一时性的认知和态度、反映。而政治文化则相对稳定，是长期积淀后形成的稳定的政治倾向和政治心理。所以，政治文化具有延续性和传承性，它通过政治社会化的过程传播、延续一代又一代。它的延续性使得一国的文化得以世代相传，也使得国家、民族和区域之间的政治文化表现出长时期的差异性和特质性。

第二节 政治文化的类型

> 参与政治系统的民主体制还要求与之相适应的政治文化。
> ——加里布埃尔·A. 阿尔蒙德等①

由于政治文化的分类相当广泛，我们在这里仅仅针对政治文化的类型进行综合性的探讨。概言之，政治文化的类型是根据不同群体、不同地域、不同民族、不同国家或不同政治制度下的政治文化的各自特点和特征，对政治文化所进行的划分。按照阿尔蒙德和维巴的研究，政治文化主要分为三种类型：地域型政治文化、顺从型政治文化和参与型政治文化。②

▶ 地域型政治文化

什么叫地域型政治文化？顾名思义，地域型政治文化形成的起点是一

---

① 〔美〕加布里埃尔·A. 阿尔蒙德、西德尼·维巴：《公民文化：五个国家的政治态度和民主制》，徐湘林等译，华夏出版社1989年版，第5页。
② 燕继荣：《政治学十五讲》，北京大学出版社2004年版，第265页。

个特定的地域、空间，人们在这个地域狭小的空间里过着简单的生活，受地域环境的影响，人们的生活相对封闭、闭塞，而实质上，国家的政策、正式的制度（现代法律规范、政府组织等）也很少影响到这里的人们的生活。所以，在阿尔蒙德看来，地域型政治文化以封闭状态和结构单一的小型社会文化为典型。原始的政治文化、部落酋长和宗教巫师、宗族势力统治下的部落文化是地域型政治文化的代表。

地域型政治文化下人们的生活状态、政治价值观念是什么？这种政治文化如何对人们的日常行为产生影响？我们来讲一个故事。

有一部小说叫《胭脂雪》，它讲述了民国初年在中国江南某镇发生的凄凉故事。江南大户辜家有一座贞节牌坊，辜家女人是镇上妇女的表率。然而，在光鲜靓丽的富家少奶奶生活的背后，辜家女人却在痛苦挣扎，在大婚前夕，刚刚嫁入辜家的大少奶奶默心的丈夫就死了，从未与丈夫谋面的她是作为父亲生意失败后的筹码被迫嫁进辜家的，然而由于丈夫的突然病逝，她被全家人视为"扫帚星"，备受辜家人唾弃。在长期的隐忍和伤痛中，她挣扎、想要逃离，然而在贞节牌坊面前却望而却步。终于有一天，经常出入辜家的小裁缝成为了寡妇默心的精神寄托，他们在一起互诉衷肠，并且相约要逃离辜家。然而，在逃离的当晚，当他们在桥头等待船只时，迎接他们的并不是船只，而是辜氏宗族凶神恶煞的族人们。默心和小裁缝被捆绑到宗族祠堂，等待他们的是残酷的族规——"浸猪笼"（将人关入笼子，丢入河水中活活淹死）。在声嘶力竭的叫喊中，宗族的长老们历数默心的罪行，唾弃她败坏妇德，辱没家风，并且宣布立即执行族规。然而，周围人却抱着事不关己高高挂起的态度，他们冷漠的反应让默心心灰意冷。

我们会发现，现代人与传统社会人的不同的观念实质上缘起于两类不同的政治文化。现代人能够接受默心的行为：一个年轻的少妇，长期得不到爱的呵护，受到家人的鄙视和冷落，她内心的落寞和孤寂是多么地需要爱的弥补。所以，她敢于与现实作抗争，与爱人勇敢地逃离桎梏。这是女性敢于追求新生活、摆脱封建束缚的伟大之举。然而，这样的行为在那个闭塞的小镇是不被接受的，这是典型的地域型政治文化的特点，它尊崇着世俗封建文化，并以之捆绑女人，形成对女人德行的束缚和压力。因此，在那样的社会环境中，女性只能遵循三从四德，女性的德首先就体现为对丈夫的忠贞和坚守。

这种思想植根于传统社会长幼有序、男尊女卑的政治文化中，同时我们在上述故事的细节中还留意到，宗族的长老具有生杀予夺的权力，这个"杀人"的权力并不来自于国家，而是分散于宗族、家族势力，这也是地域型政治文化的突出表现。

那么，随着经济的发展和社会的变迁，地域型政治文化会一直存在吗？在什么样的条件下会发生变化？经济和现代文明是否能够影响地域型政治文化的发展？美国有一部西部题材的电影——《与狼共舞》，影片讲述了白人军官邓巴在南北战争之后支援到西部前线驻守，跟语言不通、文化不同的苏族战士交上朋友的故事。邓巴意外被苏族部落所擒，这是一个传统原始的部落，当工业文明已经发展起来的时候，部落里的人们却仍然过着茹毛饮血的生活，然而，当现代文明汹涌袭来，这些人却勇敢地守护着属于自己的草原，在这种生存的压力和动力背后，是文化的支撑。在这个原始的部落，有信仰与尊崇，有权威与权力的抗衡，威严的部落酋长，神秘的巫师，以及言听计从的部落臣民，俨然一个封闭的等级秩序结构。但是，当外来者强制性地妄图以机枪大炮破坏这个部落时，人们对于本部落的文化信仰和政治认同感瞬间转化为勇敢的斗志，简陋的大刀长矛在现代化的机枪面前不堪一击，但是捍卫文化的尊严和意志却令人钦佩。所以，从某种程度而言，地域型政治文化或许是落后的，但是文化的内核却坚硬无比。这种文化在某种条件下又是可以发展、变换，并且延续的，比如在影片中，当孤身落入部落的邓巴用打火机为苏族人取火时，欣喜若狂的苏族人看到跳动的火苗，纷纷向邓巴索要打火机，他们仔细地把玩着这个神奇的小物件，这也许预示着苏族人对工业文明的接受。

需要说明的是，空间的隔离和地理条件的限制，为地域型政治文化的形成和发展创造了条件，从这个角度看，在今天看来不可思议的现象，过去的人们却司空见惯。所以，理解地域型政治文化，要从其产生的自然环境和空间环境中去分析。

顺从型政治文化

顺从型政治文化的核心词是"顺从"。顺从，是指在他人的直接请求下按照他人要求行动的倾向。要想"顺从"的行为得以实现，就必须要求顺从的客观所指的对象听命于发号施令者的意志。顺从型政治文化产生于一个被动服从的国家或政治管制之下，由于人们认为自己不可能对政府或国家行为产生影响，所以在现实生活中只能听命于政府或国家的安排，他们对政治生活或政治体制没有期望，既不愿意也没有能力或途径去积极地参与到政治生活当中。所以，在这种文化下，我们看到的是一个个被动服从的臣民，而不是拥有独立思维、自主性的现代公民。

在历史发展的过程中，顺从型政治文化一般存在于封建统治、独裁统治的社会中，不过直至今天，在中东、西非地区，依旧存在着以顺从型政治文化为主导的政治体。顺从型政治文化依附于全能体制而生，在德国学者卡尔·施密特看来，全能体制是国家与社会关系的畸态发展。① 在一个正常的国家与社会关系模式中，国家与社会之间是有交集和区隔的，在国家事务与公民活动相交的领域，公民从事政治事务，积极管理和介入到国家的公共和政治事务当中。然而，公民的私人领域是不受侵犯的，公民有个人的生活，所以，国家与公民之间都保持着相对的距离感，正是距离感的存在，使得二者的界限分明，不至于混淆不清。然而，一旦二者的界限发生模糊，国家侵犯到公民私人的生活，全能体制的国家形态就产生了，在这种情况下，公民个人的生活受到国家的干涉，公民不再是独立的个人，而是完全依附于国家、被国家权力牢牢控制的被动执行者。这种情况曾经在法西斯独裁的德国、日本出现。顺从型的政治文化给一些国家和民族带来深重的灾难。

1937 年，中国南京发生了长达六周的惨绝人寰的大屠杀，这起大屠杀是由侵华日军制造的，在南京沦陷后的六周时间里，侵华日军

---

① 李强：《国家能力与国家权力的悖论——兼评王绍光、胡鞍钢〈中国国家能力报告〉》，载《中国书评》1998 年第 11 期。

对手无寸铁的南京无辜百姓进行了有组织、有计划、有预谋的大屠杀和奸淫、放火、抢劫等血腥暴行。大量平民被日军杀害,南京大屠杀的遇难人数超过 30 万,南京城尸横遍野,血流成河。值得关注的是,参与这次大屠杀行动的日本士兵大多是刚刚入伍的年轻人,他们没有政治阅历,很多人甚至对中国没有任何接触,更无从谈及对于中华民族的仇恨。一位日本士兵回忆,当刺刀猛烈地刺向手无寸铁的老弱妇孺的那一刻,他们起初害怕和彷徨,而后来更多地是将这些老弱妇孺视为"支那的猪",而"支那人"是劣等民族,他们所做的一切是效忠日本天皇的光辉之举,他们狂妄地认为大日本帝国终将统治中国,统治世界。

我们感兴趣的是,究竟是什么样的因素,造就了这样一批愚忠的日本士兵,他们何以产生如此卑劣和野蛮的想法,当上级长官一声令下,他们无视良知、背弃善良,将明晃晃的刺刀刺向那些手无寸铁的人?

这一残暴的行为无疑要归因于日本法西斯军国主义文化。第一次世界大战之后,日本经历了战后严重的资本主义世界经济危机的打击,在经济危机之后的几年的时间里,乡村和城市激进主义者采取了暴力的方式应对民众的不满和抗议,帮助政府镇压佃农和工人的罢工,政府还雇用暴徒来大肆破坏工会和相关报纸。1925 年 4 月,政府颁布《和平维持法》,用监禁的措施对付那些想要推翻现有政府制度的社团,同时,教育部还针对学生推行反对"危险思潮"的运动。1923 年 9 月,日本东京发生了地震,随即日本政府逮捕了大批社会主义活动分子,一个宪兵队长亲手掐死了当时著名的劳工领袖和他的妻子及其 7 岁大的外甥。尽管后来这个宪兵队长受到军事法庭的审判,但是仍然被当时的日本人称为民族英雄。日本法西斯强调对外侵略扩张,对内镇压,同时用铁一般的思想舆论控制民众。结果,当时的日本民众几乎整齐划一地对日本天皇充满着"封建式的忠诚",军国主义甚嚣尘上。[①]

我们很好奇,残暴的武力可以控制人的身体,但是它何以控制人的思

[①] 〔美〕巴林顿·摩尔:《专制与民主的社会起源》,王茁等译,上海译文出版社 2013 年版,第 306—307 页。

想？当时的日本政府究竟是依靠什么手段来控制民众？我们发现，在日本政治发展的过程中，军国主义巧妙地将日本传统政治文化中的武士道精神妖魔化了。在传统的武士道精神中，"孝"和"忠"占据着非常重要的地位。在日本，孝道不仅仅是对双亲的尊敬与服从，同时也包含着对天皇的尽忠。日本的政治家将天皇神圣化，使天皇与人间生活完全隔离。通过这样的安排，天皇起到了统一全国国民的作用。在当时日本民众的理解里，天皇是远离一切世俗杂念的"圣父"，所以对天皇尽忠被奉为最高的道德。"天皇是日本国民统一的最高象征"，在这种文化观念的影响下，政治家们的工作就是让全体日本人在思想上对天皇绝对忠诚。

正是日本民众笃信这种忠孝的政治文化信念，使得日本"效忠天皇，服从将军（上级）"的军国主义思想得以在日本国内培育和滋长。在日本人看来，"孝""忠"并不仅仅是义务，更是一种坚定的信仰。

理解日本军国主义的政治文化起源，有助于我们理解顺从型政治文化的特质。概言之，在顺从型政治文化主导的国家中，民众缺乏独立参政的能力和动力，人们是被动的行为者，是原子化的个人，几乎完全依附于国家。社会在强大的国家的面前不堪一击。这种文化常常与独裁统治相伴随，或者可以说，顺从型的政治文化与强国家—弱社会的形态紧密关联。在政治转型的国家，顺从型政治文化较为常见。

▶ 参与型（或公民）政治文化

与前述两类政治文化不同的是，参与型政治文化下的社会成员认为，参与政治不仅是自己的权利，也是维护自己利益的手段。因此，民众会积极参与到政治事务当中，通过各种途径影响政治决策。参与型政治文化与现代民主政治体系相一致。

阿尔蒙德和维巴将参与型（或公民）政治文化定义为参与型复合政治文化。它不是一种现代文化，而是一种复合的、处于现代化过程中的文化。它既带有传统文化的特点，又带有现代文化的特征。参与型（或公民）政治文化是一种建立在交流基础上的多元文化，是一种一致而又多样的文化。它存在于高度发达的政治社会中，人们积极参与政治生活，自觉履行其权利和职责。个人的参政行为不仅取决于政治输入，而且还积极地影响着政治输入的结构和政治输出的结果。

在价值取向上,参与型(公民)政治文化表现为自主自律的主体价值,强调权利本位、主体价值和自由理性的精神;在行为方式上,表现为个性、参与、创造、开拓;在共同体生活中,表现为高度的角色意识,社会责任感和社会主义公共精神。

美国学者帕特南在《使民主运转起来》一书中通过对意大利各地区的研究,探讨了有关公民生活的基本问题。他发现,意大利北方各个地区在历史上大部分时期实行的是城市共和制,这些地区"公民性强",制度绩效高,而与之相反的是,南方地区在历史上大部分时期实行的是君主专制,这些地区"公民性弱",制度绩效低。因此,帕特南的结论是:公民意识和公民文化对于政治体系的建构非常重要,但是,公民意识和公民文化的形成却相当的缓慢和艰难,不可能一蹴而就。

参与型公民文化需要通过公民在长期的民主实践中不断孕育和成长。阿尔蒙德提出了一种思路,他认为:"正规教育不能在时间上完全替代公民文化的其他一些成分的创造。补充正规教育的一种方法,可能是发展政治社会化的其他渠道。同时发展国家认同感、臣民和参与者的能力、社会信任以及公民的合作。"[①] 所以,对于大多数发展中国家而言,在由传统社会向现代化发展的过程中,公民应当树立公民意识,发扬公民精神,并且以此指导政治行为,建立公民文化产生和发展的社会基础。

习近平总书记在第十二届全国人民代表大会第一次会议上对中国梦的阐释,说明了参与型(公民)政治文化的建构对于推进国家治理体系和治理能力现代化所具有的重要意义。

实现中国梦必须凝聚中国力量。这就是中国各族人民大团结的力量。中国梦是民族的梦,也是每个中国人的梦。只要我们紧密团结,万众一心,为实现共同梦想而奋斗,实现梦想的力量就无比强大,我

---

① 〔美〕加布里埃尔·A. 阿尔蒙德、西德尼·维巴:《公民文化:五个国家的政治态度和民主制》,徐湘林等译,华夏出版社1989年版,第550页。

们每个人为实现自己梦想的努力就拥有广阔空间。生活在我们伟大祖国和伟大时代的中国人民，共同享有人生出彩的机会，共同享有梦想成真的机会，共同享有同祖国和时代一起成长与进步的机会。有梦想，有机会，有奋斗，一切美好的东西都能够创造出来。全国各族人民一定要牢记使命，心往一处想，劲往一处使，用13亿人的智慧和力量汇集起不可战胜的磅礴力量。

第三节　政治社会化

我们的勇敢是从我们的生活方式中自然产生的。我们的城市是全希腊的学校。

——伯里克利①

政治文化是如何形成的？又是如何传播的？这是政治社会化研究的主要问题。所谓政治社会化，就是社会成员如何从一个自然人转化为社会政治人的过程。政治社会化的研究立足于政治行为个体，研究人们何时、如何从事政治生活，在此基础上解释政治文化形成和传播的途径。

大致而言，政治社会化的形成主要有三个过程和途径，我们也将之称为政治文化传播的媒介。实质上，在政治社会生活中，特定的社会组织、机构和团体，都有可能传递政治信息，传播政治文化，并且积极影响和塑造社会成员的政治意识和政治情感。②

家庭

家庭是政治社会化的第一场所。个人自出生起，就和家庭密不可分。在家庭环境中，上一代人总会在日常生活中将他们对世界、社会的认知和

---

① 〔古希腊〕修昔底德：《伯罗奔尼撒史战争史》（上册），许松岩译注，上海人民出版社2012年版，第132—133页。
② 燕继荣：《政治学十五讲》，北京大学出版社2004年版，第71页。

看法，对政治体系的态度，对政治事件的评价和价值观念潜移默化地传递给下一代人。许多研究表明，家庭环境，尤其是父母的价值观、世界观以及对事物、事件的认知和态度直接影响着自己的孩子，孩子的认同感的形塑也是在家庭生活中慢慢形成和培养的。

家庭对个人的政治价值、政治态度的影响有多大？美国学者麦克亚当在对20世纪60—70年代美国黑人运动的研究中发现，在争取行使投票权的"自由之夏"（Freedom Summer）运动中，参与者们的参与行动深受家庭成员的影响，他们对此次运动的认同度直接与其家庭成员有关。如果父母参与此次运动，那孩子参与此次运动的概率会大大增加。[①] 在2013国的波士顿爆炸案中，爆炸案的凶手是一名车臣极端分子，但是他年幼的弟弟却是一名在读的中学生，由于和哥哥长期生活在一起，深受哥哥极端主义思想的洗脑，他们仇视美国，仇恨美国人民，弟弟最终沦为哥哥的帮凶，和哥哥一起制造了这起爆炸案。

■ **信息栏：波士顿爆炸案主犯**

波士顿爆炸案主犯之一焦哈尔·察尔纳耶夫，1993年7月22日出生于吉尔吉斯斯坦，从小有俄罗斯国籍。童年生活在动荡的北高加索地区，八岁随父母以难民的身份来到波士顿，于2012年9月11日获得美国国籍，高中就读于坎布里奇林奇和拉丁高中（Cambridge Latin and Rinde），担任高中摔跤队队长，品学兼优，2011年高中毕业，毕业时获得了2500美元奖学金，同年被评为高中的摔跤"全明星"。大学就读于麻省大学达特茅斯分校（UMass Dartmouth），2013年4月15日与哥哥塔梅尔兰一起制造了震惊世界的波士顿爆炸案，于2013年4月19日在沃特敦（Watertown）被捕，被捕时身受重伤。在朋友眼中，焦哈尔十分崇拜哥哥塔梅尔兰，且性格内向、温和，平时很受欢迎，颇有"万人迷"的意味，很难相信竟会犯下如此大案。

焦哈尔的哥哥塔梅尔兰说："我一个美国朋友也没有，我不理解他

---

① Doug McAdam, *Freedom Summer*, Oxford University Press, 1988, p. 49.

们。"塔梅尔兰称自己是穆斯林,"非常虔诚",烟酒不沾。他抱怨,社会"不再有价值标准,人们无法控制自我"。

在培养和塑造家庭成员的政治态度和政治价值时,家庭的影响和作用可能与国家的期待或国家主流意识形态有差异。一般而言,在社会稳定期,家庭的塑造和国家期待的一致性较高,而在社会转型时,两者之间的差异就会大幅度呈现。在美国,共和党家庭的孩子一般选择保守价值观,而民主党家庭传承的是自由价值观。在20世纪20—30年代,中国很多青年人都选择冲破家庭的桎梏,拥护革命的价值观。

▶ 学校

学校是一个人走向社会的专业化的学习场所,是个人系统化的社会化途径。在学校中,学生一方面接受专业的文化知识,并且进行系统的政治教育,形成对政治生活的基本认识。同时,学生在与老师互动中获得了社会政治生活的初步体验。

■ **信息栏:胡适大学生活回忆**

胡适先生在回忆其在美国的学习生活时说:"当我于1910年初到美国的时候,我对美国的政治组织、政党、总统选举和整个选举系统,可以说一无所知。对美国宪法的真义和政府结构,全属茫然……这一年康奈尔大学的政治系新聘了一位教授叫山姆·奥兹,他原是克利夫兰市里的一位革新派律师。他在该市以及其本州内的革新运动中都是重要的领导分子。他讲授美国政府和政党专题。下面是他讲第一堂课的开场白:

今年是大选之年。我要本班每个同学都订三份日报——三份纽约出版的报纸,不是当地小报——《纽约时报》是支持威尔逊的,《纽约论坛报》是支持托虎托的,《纽约晚报》是支持罗斯福的。请诸位把每份订三个月,将来会收获无量。在这三个月内,把每日每条新闻都读一遍。细读各条大选消息后,要做个摘要;再根据摘要作出读报报告交给我。报纸算是本科目的必须参考书,报告便是作业。还有你们也要把联邦四十八州之中违法乱纪的竞选事迹作一番比较研究!"

大众传媒

大众传媒,主要指传统媒体和网络媒体,是现代社会政治社会化的重要途径。它们不仅向公众传递信息,同时还在塑造意识形态,改造政治文化,引导社会舆论、社会政治方向方面发挥着非常重要的作用。通常而言,大众传媒通过两种方式发挥政治社会化的作用:其一,通过舆论的报道、新闻宣传,主导议程设置,吸引公众关注某个问题,增强公众的政治认知感。其二,在宣传报道中,宣传政治观念和政治价值,传递政治感情。所以,大众传媒不仅仅是信息传播的中介,也是政治文化形塑的重要工具。国家要将主导的意识形态和政治文化上升为社会的主体政治文化,必须通过广泛的大众传播。所以,对于舆论的引导和控制权,是国家实现稳定的关键。

要深刻理解大众媒体在政治社会化过程中的作用,要先了解大众媒体如何塑造公众的价值认同,这就需要我们了解大众媒体影响公众认知的理论和过程。

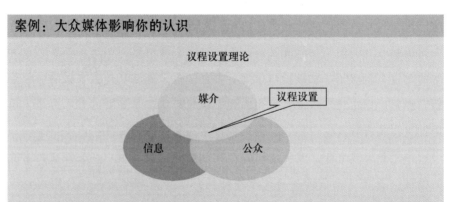

案例:大众媒体影响你的认识

有一个理论叫议程设置理论,它说明了一个道理:媒体就像探照灯,灯照到哪里,人们就关注到哪里。大众媒体只要对一些问题注意,对其他问题忽视,就可以影响公众舆论与公众对事实的判断。就像李普曼说的，新闻媒体影响我们头脑中的图像。你相信媒体有这样的能量吗？做一个简单的实验：

回答一个问题：小小的眼睛，大大的嘴，塌塌的鼻梁，黝黑的皮肤，按照传统中国人的审美观，你觉得这是个美女吗？

在看完下面新闻媒体对她的评价后，你原先的判断是否会发生改变？

——我第一眼看见她，就有震撼的感觉，她的面孔很少见，特别国际化，不同凡响，尤其她身上透出那种同龄女孩少有的自信和坚韧，让人一看就知道这是个超级名模的料。

——吕燕没有欧化的漂亮五官，然而在时尚摄影师的镜头下，我们确实看到一个美女吕燕：微低着头，衬出一个楚楚可怜的尖下巴，大颧骨和厚嘴唇成全了她的表现力，如水墨一样淡色的五官，画着弯弯的细眉，有不知哪个年代的风情。

再来看看公众的反应：
- 有气质，气质美女！
- 越看越美！
- 她的大嘴巴很性感！
- 身材好得没法说！
- 谁说她丑了，比起那些大眼美女，她的美是独一无二的。
- 吕燕，你或许不是中国美女，但你绝对是国际美女。

上面的实验说明，媒体的报道会深深地影响公众的判断，大众媒体只要给予不同的问题以不同的关注度，就可以影响公众舆论。

此外，社会组织、个人的工作场所、生活的社区等也都具有政治社会化的功能，承担着形塑和传播政治文化的作用。

第十五章
政治稳定与政治发展

如果说政治学研究的首要目的是关于良善的国家治理问题，那么，政治稳定则是政治发展的前提，可以被视为实现国家良善治理之道的重要目标。无论是政治稳定，还是政治发展，均可被视为政治秩序建构的一种状态，是社会系统稳定发展的重要维度，任何社会都可能面临政治不稳定和政治发展停滞的危机、压力，因此，如何消解政治发展中的矛盾和问题，维护政治稳定，推动政治发展，是政治体系发展的内在要求，也是国家长治久安的根本保障。我们首先要分析政治稳定的问题，政治社会在发展过程中，需要良善和谐的秩序作为保障，那么，政治稳定对于社会秩序的维护具有什么样的作用和意义，影响政治稳定的因素有哪些？我们将从学理的角度，通过发展中国家的政治发展面临和存在的障碍分析政治稳定与政治发展的问题。

第一节 政治稳定

经济与政治发展的成功主要取决于制度的改善。

——道格拉斯·诺思等[1]

---

[1] 〔美〕道格拉斯·诺思等编著：《暴力的阴影：政治、经济与发展问题》，刘波译，中信出版社2018年版，第1页。

政治稳定是对一个社会政治运行和发展状态的描述，是指一定社会的政治系统保持动态的有序性和连续性。更具体地说，政治稳定意味着：(1) 没有全局性的政治动荡和社会骚乱，政权不发生突发性质变；(2) 既没有公民突破常规的夺权，也没有政府为了维持稳定以暴力或强制方式压制公民的政治行为。简言之，政治稳定意味着社会冲突控制在一定的秩序之内。政治稳定体现在很多方面，包括国家主权稳定、政权稳定、政府稳定、政策稳定、政治生活秩序稳定以及政治心理稳定。有学者认为，政治稳定包含两个基本要素——秩序性和继承性，秩序性即没有政治暴力、政治压抑或者体制的解体；而继承性指未发生政治体系关键要素的改变、政治演进的中断、主要社会力量的消失，以及企图导致政治体系根本改变的政治运动。①

政治稳定与政治体系之间有很大的关系，国与国之间重要的政治分野，不在于其政府的形式，而在于政府的有效程度。那些相对稳定的国家具备强大的、能适应的、有内聚力的政治体制：具备有效的政府机构、组织完善的政党、民众对公共事务的高度参与、文官控制军队的有效系统、政府在经济方面广泛活动、控制领导人更替和约束政治冲突的一套合理而行之有效的程序。因而，这些国家的政府能够享有公民的忠诚，有能力开发资源，创制并贯彻政策。相反，在那些缺乏国民士气和公共精神，以及能够体现和指导公共利益的政治机构，政府的权威性、有效性和合法性遭到破坏。笼罩在这些地区的景象，不是政治稳定和政治发展，而是政治衰朽。②

按照政治学家的观点，评价政治稳定有三个重要的标准：(1) 政治系统具有强大的权威性，社会以其自身的稳定性表示对政治系统的肯定和承认；(2) 政治系统功能齐备，运转正常，表现为政治体系的自身调控能够正常进行，对社会的调控功能能够发挥正常；(3) 政治生活的秩序性，表现为政治活动能够在法治的范围内合法地进行。③大致归纳如下：

(1) 国家的政治制度、国家政治权力主体相对稳定；

---

① 燕继荣：《政治学十五讲》，北京大学出版社 2004 年版，第 317—318 页。
② [美] 塞缪尔·P. 亨廷顿：《变化社会中的政治秩序》，王冠华等译，上海人民出版社 2008 年版，第 1—3 页。
③ 燕继荣：《政治学十五讲》，北京大学出版社 2004 年版，第 317—318 页。

(2) 国民政治生活稳定；

(3) 国家的政策、法律法规等上层建筑相对稳定；

(4) 社会秩序稳定。

讨论政治稳定与国家政治体系的关系会涉及两个基本问题：其一，经济发展与政治稳定的关系；其二，社会稳定与政治稳定的关系。

对于国家而言，经济发展与政治稳定之间是否存在关系？回答是肯定的，经济发展是政治稳定的基础，但是，经济发展并不必然带来政治稳定。有些例子表明，经济发展计划能够促进政治稳定，但是另一些例子则表明，经济发展则可能破坏政治稳定。同样，有些形式的政治稳定会促进经济增长，而另一些形式却会阻碍经济增长。比如，印度在20世纪50年代是世界上最贫穷的国家之一，其经济增长率也不起眼，然而由于国大党的作用，印度获得了高度的政治稳定；阿根廷和委内瑞拉的人均收入是印度的十倍，委内瑞拉的经济增长迅速，但是政治稳定却没有实现。①

在特定的情况下，经济衰败可能会成为诱发政治不稳定的导火索。2010年爆发的突尼斯骚乱便是如此。2010年12月17日，因一青年被暴力执法而自焚，突尼斯南部西迪布吉德爆发抗议并在全国引发大规模骚乱，进而造成严重的流血冲突。2011年1月14日，在全国性的骚乱中，在位23年之久的突尼斯总统本·阿里下台。

突尼斯骚乱的根本原因在于其失衡的经济结构无法得到有效的缓解，而出口和旅游的经济支柱深受不景气的国际经济环境影响。这导致突尼斯国内就业环境日趋恶化，失业率居高不下。根据世界银行的数据，2010年，突尼斯的失业率为13.05%，而年轻人（15—24岁）的失业率更是高达29.55%。②引发全国骚乱的自焚者便是大学毕业后因就业无门而在街头摆摊。发展中国家的政治不稳定除了与经济发展持续低迷、失业率攀升、物资紧缺和通货膨胀等经济因素有直接的关系外，其具体原因还包括：

(1) 社群和族群冲突导致政治不稳定（如中东、东南亚和南亚等地区）。

---

① 〔美〕塞缪尔·P. 亨廷顿：《变化社会中的政治秩序》，王冠华等译，上海人民出版社2008年版，第5页。

② 资料来源：https://data.worldbank.org/country/tunisia? view = chart，2023年4月5日访问。

（2）政治竞争缺乏良好的规则导致政治不稳定（如政党和政治领袖之间的政治竞争，现代法治规则的缺乏，政党之间的相互倾轧，军事政变等）；政治秩序混乱的原因，不在于缺乏现代性，而在于为了实现现代性所进行的努力。①

（3）外部势力的渗透导致政治不稳定（尤其是国外势力干预本国政治，如动荡的利比亚局势、海湾战争后的中东地区政治不稳定，都与外部势力干扰和介入本国政治有很大关系）。

（4）普力夺社会导致政治不稳定。普力夺社会指各种社会势力都干预政治。在缺乏有效机构的普力夺社会里，权力支离破碎，授权有限。控制整个体系的权威是短暂的，政治机构软弱，政治权威流失。在缺乏共同体和有效政治机构的普力夺社会里，随着政治参与的扩大，政坛上的行为体越来越多，他们采取政治行动的方式方法也越来越多，在普力夺社会里，各种社会势力直接相互作用，很难将个人私利和公共利益联系起来。在这样的社会里，政治就是各个小圈子之间的斗争。各种社会势力的规模、力量和差异的扩大使它们之间的紧张关系和冲突不断加剧。结果，社会冲突越来越激烈。②普力夺政权是二战后发展中国家不稳定的政治根源，二战后，在很多发展中国家，军人干政比较普遍，在这些国家内部普遍存在的问题是：社会群体冲突频繁；军队与政府矛盾加深，摩擦不断；严重的腐败问题；在外部势力的介入下，军事干预政治的程度日益加深。

> **关键概念：普力夺社会**
>
> 依据亨廷顿的定义，普力夺社会（praetorian society）是指一种政治参与超前发展的社会状态。在这种社会里，在政治参与制度尚未成型的情况下，未完成政治社会化的各种社会集团已经深度参与政治过程。因此，普力夺社会呈现出高度的政治不稳定。
>
> 依据普力夺社会中参与政治过程的集团性质，亨廷顿细分了"寡头普力夺政体"和"大众普力夺政体"。

第二节　关于政治稳定的理论阐释

依法统治时变得愈益制度化、常规化和透明化。

——弗朗西斯·福山③

---

① 〔美〕塞缪尔·P. 亨廷顿：《变化社会中的政治秩序》，王冠华等译，上海人民出版社2008年版，第31页。
② 同上书，第161—165页。
③ 〔美〕弗朗西斯·福山：《政治秩序与政治衰败：从工业革命到民主全球化》，毛俊杰译，广西师范大学出版社2015年版，第20页。

在发展政治学中，发展中国家的政治稳定研究是一个很重要的议题。政治稳定既涉及政治发展中的政治转型问题，同时也涉及避免转型中的政治不稳定问题。没有政治稳定，政治发展的目标亦很难达成。但是，一味追求政治稳定，政治发展的目标，特别是发展中国家的政治转型亦难实现。

因此，政治学界对政治稳定进行了丰富的研究。接下来，本节将从不同的角度介绍有关政治稳定的诸种理论解释。

▶ 心理学的解释

西方的社会怨恨理论探讨社会不稳定诱发的心理根源。心理学的解释关注人们的心理动机，研究什么样的动机会促使一个人卷入到抗争行动当中。这种研究路径专注于政治不稳定的个人条件而非社会因素。1970 年，美国著名的社会学家特德·罗伯特·格尔（Ted Robert Gurr）出版了影响巨大的著作《人们为什么造反》（Why Men Rebel）。普通人为什么会造反呢？格尔认为，社会变迁、政治危机、经济萧条等社会结构的变化，会影响社会心理。具体而言，就是每个人都有对生活的期望值，期望值越高，人们对社会制度的要求就越高，而实际上，社会制度在满足和实现这些期望方面的能力是有限的，当社会变迁过程中社会制度的价值能力无法满足人们的期望时，人们就会产生落差感。格尔提出了"相对剥夺感"这个解释模型来说明这种落差感给社会带来的影响。相对剥夺感越强，人们抗争的可能性越大，给社会秩序带来的破坏性越强，反之亦然。根据价值期望与价值能力之间的组合关系，可以区分三种类型的相对剥夺感：递减型相对剥夺感、欲望型相对剥夺感和发展型相对剥夺感。如果一个社会中人们的价值期望没有变化，而社会提供某种资源的价值能力降低了，递减型相对剥夺感就会产生；如果社会的价值能力不变，而人们的价值期望变强了，欲望型相对剥夺感就会产生；而如果一个社会的价值能力和价值期望都在提高，但社会的价值能力由于某种原因而有所下降，从而导致价值期望与价值能力之间的落差扩大时，发展型相对剥夺感就会产生。[①]

[①] 谢岳：《社会抗争与民主转型：20 世纪 70 年代以来的威权主义政治》，上海人民出版社 2008 年版，第 4 页。

群体心理研究

除了个人的相对剥夺感，社会学家的研究表明，在群体行为发生的过程中，会形成区别于个体的"群体心理"。对此，法国学者勒庞早在1895年就有过深入的分析。他在《乌合之众》一书中指出，个体一旦参加到群体之中，由于匿名、模仿、感染、暗示、顺从等心理因素的作用，个体就会丧失理性和责任感，表现出冲动而具有攻击性的过激行动。"一个心理群体表现出来的最惊人的特点如下：构成这个群体的个人不管是谁，他们的生活方式、职业、性格或智力不管相同还是不同，他们变成了一个群体这个事实，便使他们获得了一种集体心理，这使他们的感情、思想和行为变得与他们单独一人时颇为不同。"[①]

价值累加理论

价值累加理论的代表人物，是美国学者斯梅尔瑟。他认为集体行动的产生是由以下六个因素共同决定的：有利于社会运动产生的结构性诱因，由社会结构衍生出来的怨恨、剥夺感或压迫感，一般化信念的产生，触发社会运动的因素或事件，有效的动员，社会控制能力的下降。这六个条件都是集体行动发生的必要条件（非充分条件）。随着上述因素的累积，发生集体行动的可能性也在逐渐增加，一旦具备六个因素，集体行动就必然发生。

现代化理论

亨廷顿有一个非常经典的判断："现代性孕育着稳定，现代化滋生动荡。"[②] 现代化是一个从传统社会向现代社会转化的过程，这个转化是多方面的，它涉及人类思想和活动的一切领域，包括都市化、工业化、世俗化、民主化、教育以及传播媒介的参与等。有两大因素影响着政治稳定：

[①]〔法〕勒庞：《乌合之众：读懂心理学的第一本书》，王千石译，中国华侨出版社2012年版，第5页。

[②]〔美〕塞缪尔·P. 亨廷顿：《变化社会中的政治秩序》，王冠华等译，上海人民出版社2008年版，第31页。

一是经济发展。整个社会经济生产活动的发展和总量在增加。二是人们由传统的价值观态度和期望向现代社会所共有的价值观、态度和期望转变。随着人们的期望值和追求的提高，社会要满足这种期望就必须发展经济，以满足人们的期望。

在很多发展中国家，现代化的过程往往与动荡相伴，一方面，发展中国家的经济增长速度不能太高，因为他们经济发展的起点是比较低的，所以经济发展往往是不均衡的，所以经济增长越快，社会问题就越多，政治就越不稳定；另一方面，经济发展提高了人们对生活的期望值，在人们的期望与现实的满足之间，形成了比较尖锐的矛盾，从而引起了人们的受挫感和不满情绪。亨廷顿的理论可以用以下公式来表示：

社会动员/经济发展＝社会颓丧；

社会颓丧/流动机会＝政治参与；

政治参与/政治制度化＝政治不稳定。

转型中的社会就基本上处于这种境况，城市化的发展，社会流动的加强，识字率的提高，通信技术的发展以及新的社会结构的出现，点燃了人们政治参与的热情，然而，由于制度化水平不高，人们政治参与的需要并不能通过现存的制度得到实现，因此，人们对现存制度存在着不满情绪。在这样的社会中，存在着很多不利于社会稳定的因素。按照涂尔干的理解，快速的社会变化所带来的急剧的社会转型打破了原有的平衡，社会对人的约束效力在一段时间内减弱甚至丧失，此时，旧的规范被打破而新的规范尚未建立，人们的基本价值观念产生严重的偏差，社会对既得利益者阶层的约束力减弱，而大众则对这些既得利益者产生强烈的怨恨。与此同时，人们的预期和欲望大大膨胀，此时的社会最需要规范和稳定，但是人及其欲望却在变化迅速的社会中变得难以约束和控制，处在这种境况下的社会最容易不稳定。

国家中心的分析视角

立足于国家与社会关系，托克维尔在《旧制度与大革命》一书中指出，传统的法国是一个三层社会结构：国家—贵族—平民。贵族是三层结构的中间层,它对社会的稳定尤为重要。在当时的法国,贵族是依靠对平民收税而生存的,贵族在对平民收税的过程中也承担着维持地方社会稳定,维护地方社会公正的作用。同时,贵族为了维护地区的利益,会承担地方基础设施建设的义务和责任。可以说,在当时的法国,贵族的特殊地位和社会角色,使他们在社会中发挥着重要的为政权提供合法性的功能。不过,即使如此,地区性的社会矛盾时有发生,农民抗租抗税的行为从未间断。但是,由于贵族代替国王掌管着地区性事务,民众即使对国家政策不满,也只会找某个地区的贵族解决矛盾,所以针对国王的全国性的抗争并不存在。然而,路易十四时期,国王通过弱化贵族特权等做法削弱了贵族权力,在国家权力得到强化之后,贵族丧失了原来的社会功能,为了尽快推行政策,国王向贵族妥协,为他们保留了种种特权,这样贵族就成为彻头彻尾的寄生虫,他们不再发挥社会职能,而只是依附于国家而生活。由于贵族不再交税,国家的财政收入锐减,国家与贵族的关系逐渐淡化,贵族的权力逐渐丧失,民众被原子化,其生活受到国家的直接影响。在这样的情况下,原本属于地区性的问题逐渐转变为全国性的政治问题,人们有怨恨直接找国家,有矛盾直接找国王,就形成了极不稳定的社会状态。这种不稳定的社会状况为法国大革命的爆发埋下了伏笔。

第三节 政治发展理论

政治发展就是政治现代化。

——鲁恂·W. 派伊[①]

▶ 现代化理论

现代化理论是 20 世纪 50 年代兴起的早期的发展研究理论。现代化是

[①] 〔美〕鲁恂·W. 派伊:《政治发展面面观》,任晓等译,天津人民出版社 2009 年版,第 52 页。

人类历史发展的必经阶段,是社会经济、政治体制从传统型向现代型变迁的过程。现代化从17世纪到19世纪发端于西欧和北美,之后随着资本主义的扩张而向其他国家扩展,并在19世纪、20世纪影响到南美、亚洲和非洲大陆。现代化包含了人类思想、制度和行为领域变化的多个方面,是一个革命的、系统的、全球的、长期的、阶段性的、同质化的、不可逆的和进步的进程。①

与传统理论相区别,现代化理论提出了区分现代社会和传统社会的基本标准和指标。

1. 经济指标

现代性是指工业和服务业在社会中占有绝对优势并起着主导作用。现代社会除了用人均国民收入和国内总产值衡量经济发展水平,还包括下列指标②:

- 经济活动从传统环境中分离
- 机械和技术取代手工工具成为主要的生产手段
- 生产、消费和销售等经济活动单位实现专门化
- 经济发展具有持续增长的能力,经济发展产量和消费增长
- 非生命能源取代人力和畜力,作为生产、分配和运输通信的基础

经济的发展为社会的现代化转型提供了坚实的经济支撑。从社会整体而论,经济发展促使了经济重心从农业转向工业、从乡村转向城市,从而使社会实现整体转型。经济发展促进的社会转型使得经济活动从其他活动中分化出来,同时,经济活动内部亦快速分化并形成专业化的趋势和浪潮。这样,社会空间得到了整体的拓展。经济发展带来的社会空间整体拓展也为个体的活动提供了广阔的空间,特别是经济重心向城市转移促进了人口在城市的集中,人口聚集引发了旧有管理体制的危机,进而促使政治制度转型。

简言之,经济现代化的发展为政治的现代化转型奠定了经济基础,特别是税收基础。经济发展拓展的社会空间让现代政治比传统政治更有韧

---

① 燕继荣:《政治学十五讲》,北京大学出版社2004年版,第302页。
② 同上书,第303页。

性。另外，经济现代化的发展也为政治现代化的发展奠定了必要的社会基础。

2. 政治指标

经济发展特别是经济现代化催生了政治转型和政治现代化的需求，政治转型和政治现代化的一个核心内容是权力垄断。权力，特别是政治权力垄断是指由政府/国家掌握所有权力。在传统政治时代，权力并没有完全集中于唯一的政治行动者，而是分属于不同的政治行动者。以限制人身自由的权力为例，在传统政治时代，除了官府拥有此项权力外，奴隶主、宗族和领主等政治行动者也拥有。权力垄断是现代国家出现的标志之一，随着权力垄断现象的出现，权威合理化、大众政治等政治现象逐渐成为现代国家的内在要素。

权威的合理化、结构和功能的分化和专门化、大众参与以及文化的世俗化，是政治现代化的标志。现代政治体系的特征表现为[①]：

- 具有高度差异性和功能专门化的政府组织体制
- 政府结构内部高度一体化，具有高度的内聚力
- 建立以科层制为基础的组织管理体制，通过理性和规范的法律规范政府组织行为，政治决策程序民主、透明
- 政治决策和行政决策高效
- 民众对本国的民族、政府机构具有较高的认同感
- 民众具有广泛的参政兴趣意愿，利益表达渠道顺畅
- 大众传媒发达，社会组织发展空间拓展，民众获取信息的渠道多样且顺畅

现代化的政治指标在现代国家的政治实践中有很多表现。现代国家形成过程中，政府自上而下的设置基本趋同。政府机构设置趋同的特征在单一制国家尤其突出。从表 15-1 可以看出，我国中央和省级政府层面的机构设置，除了直接表现国家主权的部门外，省级政府的设置和中央政府的机构几乎一模一样。

现代国家的政府机构设置趋同，不仅表现在一国之内。在国际政治范

---

① 燕继荣：《政治学十五讲》，北京大学出版社 2004 年版，第 304 页。

畴内，国与国之间的政府机构设置都有相似性，这是由国际交往所驱动的，也使得国际交往变得更容易。例如，各国的政府机构内都设置专司外交的机构，也设有适应经济全球化的贸易机构和协调经贸关系和贸易政策的贸易谈判机构。

表 15-1 中华人民共和国中央政府和地方政府组成部门的设置情况

中华人民共和国中央人民政府（国务院）组成部门	贵州省人民政府组成部门
外交部	外事办公室
国防部	
国家发展和改革委员会	发展和改革委员会
教育部	教育厅
科学技术部	科学技术厅
工业和信息化部	工业和信息化厅
国家民族事务委员会	民族宗教事务委员会
公安部	公安厅
国家安全部	
民政部	民政厅
司法部	司法厅
财政部	财政厅
人力资源和社会保障部	人力资源和社会保障厅
自然资源部	自然资源厅
生态环境部	生态环境厅
住房和城乡建设部	住房和城乡建设厅
交通运输部	交通运输厅
水利部	水利厅
农业农村部	农业农村厅
商务部	商务厅
文化和旅游部	文化和旅游厅
国家卫生健康委员会	卫生健康委员会
退役军人事务部	退役军人事务厅
应急管理部	应急管理厅
中国人民银行	
审计署	审计厅

在现代国家，国家象征物的设置也是一种政治现代化的表征方式。国旗、国歌和国徽是常见的国家象征物，这些象征物的功能在于引导并加强国民对国家的感情认同，强化爱国主义情感。为了达到其象征功能，现代

国家都会对国旗、国歌等象征物制定国民需要遵守的仪式规范。

依附理论

依附理论起源于 20 世纪 60 年代末 70 年代初，该理论关注的重点问题是：为什么有的国家没有实现现代化？依附理论的基本预设是，世界已经构成一个整体，所以不能单独分析某个国家的社会经济发展状况，而应当从世界体系的角度分析国家的问题。同时，由于国与国之间的关联日益紧密，外部因素对一国发展将产生更重要的影响。

依附理论认为，发展中国家与发达国家存在的依附关系是导致这些国家未能实现现代化的重要原因，这种依附关系有三种类型：

- 殖民地型依附：主要是历史早期发展阶段殖民主义通过掠夺和罪恶的殖民主义贸易实现
- 金融型依附：19 世纪开始，宗主国对殖民地的资本统治
- 科技依附：二战后，发达国家的跨国公司通过技术垄断，迫使广大发展中国家成为其产品加工地

发展中国家没有实现现代化的原因可以从以下几个方面分析：

- 发展中国家从未在经济发展上实现独立，对发达国家具有很强的依附性
- 发展中国家实质上与发达国家是依附关系
- 发展中国家虽然在政治上独立，但是殖民关系依然存在
- 发展中国家与发达国家之间的贸易关系不平等
- 发达国家干预发展中国家的政治，它们开出的所谓"药方"并不能解决发展中国家面临的问题

从依附理论的视角看，发展中国家或实力处于劣势的国家主要从政治和经济两个方面依附于发达国家或实力处于优势地位的国家。

在政治依附方面，发展中国家及处于劣势的国家在国际政治交往中一般都受制于发达国家。二战后的日本、韩国等国在外交上总是向美国靠拢，甚至采取一致行动。冷战期间，资本主义阵营绝大部分国家都跟随美国采取围堵社会主义国家的外交政策。海湾战争之后，不少国家对待伊拉克的外交政策都追随美国，以色列的中东政策很大程度上受美国的中东外

交战略的约束。

■ **信息栏：以色列与阿联酋关系正常化**

2020 年 8 月 13 日，阿拉伯联合酋长国（简称"阿联酋"）与以色列宣布两国关系正常化，建立外交关系。由此，阿联酋成为第一个与以色列建交的海湾国家，第三个与以色列建交的阿拉伯国家。

以阿两国建交，美国发挥了重要作用。2020 年 1 月，美国总统特朗普宣布"中东和平计划"。该计划允许以色列完全控制定居点，同时该计划支持巴勒斯坦独立建国，以耶路撒冷东部为首都。虽然有特朗普"中东和平计划"的支持，然而在德国、法国、埃及、约旦和英国等国的反对下，以色列暂停了其"推进对约旦河谷和约旦河西岸犹太人定居点实施主权"的计划。2020 年 8 月，阿联酋阿布扎比王储穆罕默德和以色列总理内塔尼亚胡在美国总统的斡旋下达成两国关系正常化的协议。

在经济依附方面，发展中国家及处于劣势地位的国家因其在产业链的位置而依附于发达国家或处于优势地位的国家。发展中国家在国际经济体系中多处于原始供应地或成品销售地。简言之，发展中国家多处于产业链的中低端。

第四节 政治发展的动力

> 革命是历史的火车头。
>
> ——马克思[①]

政治发展是一国实现现代化的重要内容之一，它具体指传统政治权力

---

① 《马克思恩格斯选集》第 1 卷，人民出版社 2012 年版，第 527 页。

组织方式向现代国家治理制度的转变，包括政治权威的合理化、政府各机构结构功能的分殊化、政治参与扩大化与政治体制对新团体的吸收能力的增强，政治体制在应对外部环境变化时不断增强的弹性和适应能力，等等。毫无疑问，国与国之间的重大分野，不在于政府的形式，而在于政府能否长期保持政治发展。显然，不同国家的政治发展道路存在明显差异，而其政治发展背后的根本推动力是什么？以下列举几个重要的影响因素。

▶ 国家的政治结构

摩尔认为，英国之所以走向议会民主，中世纪欧洲封建制的影响是主要的因素。在罗马帝国崩溃后，很多欧洲国家根本没有财力支撑军队去打仗进而统一欧洲，只能按照封地的方式确立各国管辖的范围，封建体制就形成了。在这种封建体制的影响下，国王的权力受到教会的约束，国王实际上对国家的影响力有限。所以，国王的权力在扩大的过程中会受到不同社会势力的抵制。而英国的光荣革命就可以看作是在新兴中产阶级的抵制下国家集权过程的失败。

▶ 生产关系的变革

还是以英国为例，除了欧洲封建体制的影响，13世纪以后羊毛贸易的兴起也是英国议会民主发展起来的重要因素之一。当时，在国际上，羊毛的贸易规模大幅增长，而英国是一个典型的岛国，水陆运输较为发达，这为开展羊毛贸易提供了便利的条件。在这样的情况下，当时的英国政府通过圈地运动，将原来的公用地圈起来划归己有，并且对绵羊进行大规模、商业化、规模化的饲养。在此之后，英国传统的农业生产发生了根本性的变化，从前的地主变成了资本家，农民变成了产业工人。随着城市规模的迅速扩张，大批失地农民被迫到工厂工作，与此同时，一些资本家转变为新兴的资产阶级，他们随着经济实力的增长，开始对政治提出了新的主张和要求，这毫无疑问会与封建国王产生矛盾，这就是英国光荣革命的背景。光荣革命使英国从此走上了资本主义的道路，不过需要注意的是，在这次革命中，虽然国王查理一世被推上了断头台，但是资产阶级还是保留了国王的名号，实行君主立宪，这为议会民主制打下了基础。为什么要保留王权呢？一些学者认为这是资产阶级革命不彻底的表现，但是在摩尔看来，当时的资产阶级保留王权是形势所逼，因为工业革命之后，国内社会矛盾激增，农民起义暴动持续不断，所以，资产阶级需要借助王权来解决这些社会问题。在光荣革命之后，英国的议会政治制度得以发展，英国通过工业革命走上了资本主义强国的道路。

不过，英国的政治发展历程在一些亚洲国家并未得到复制，典型的国家是日本。日本在1868年明治维新之前也同英国一样，是封建体制。在天皇制下，德川幕府统治日本，在天皇和德川家族之间，有几百个大名和众多武士。不过，与英国不同的是，日本并没有培育和发展起较为强大的中产阶级，所以当时日本大名的实际能力比英国的中产阶级弱得多。到了19世纪中叶，日本受到西方帝国主义侵略，于是日本南部的一些大名发起旨在推翻幕府统治的运动，实行君主立宪，这导致了1868年的明治维新。

虽然明治维新是一场政治革命，但是却改变了日本的政治结构和生产关系，资本主义的生产方式被引入日本。但是，这一次自上而下的革命并未对下层社会产生实质性的影响，农民依然按照传统的生产方式经营土地，而很多大名为了维护自身的利益，并不希望改变现有的生产资料所有制，所以他们也抵制变革，大名和农民的关系并未发生实质性的变化。在明治维新后，政府效仿西方采取了很多西化政策，建立了法律制度，规制市场发展，但是这无疑大大削弱了大名和武士的权利。所以，大名、武士和政府的关系不断恶化，国家经济发展受到阻碍，民众抗议不断，日本在发展资本主义的道路上矛盾重重，为了解决这些问题，日本政府推行民族主义和对外侵略扩张，最终走上了法西斯主义的道路。

民众力量

历史发展表明，人民群众是推动历史车轮前进的重要力量。在政治现代化过程中，民众扮演着重要的作用。我们将以农民革命来论证民众在现代政治发展中的作用。

亨廷顿在分析农民与革命的关系时断言：农村主导集团所起的作用是决定政府稳定或脆弱的关键因素。农村的作用是个变数，它不是稳定的根源,就是革命的根源。① 所谓得农村者得天下,中国新民主主义革命的胜利验证了亨廷顿的推断。毛泽东在湖南的革命运动中敏锐地发现了农民的力量,他说:"在很短的时间内,将有几万万农民从中国中部、南部和北部各省起来,其势如暴风骤雨,迅猛异常,无论什么大的力量都将压抑不住。他们将冲决一切束缚他们的罗网,朝着解放的路上迅跑。一切帝国主义、军阀、贪官污吏、土豪劣绅,都将被他们葬入坟墓……孙中山先生致力国民革命凡四十年,所要做而没有做到的事,农民在几个月内做到了。这是四十年乃至几千年未曾成就过的奇勋。"② 那么,究竟是什么原因将农民由一股保守势力改变为坚定的革命者呢?有两个主要原因:第一,现代化使农民劳动和福利的客观条件恶化③,生活处境的恶化使农民的生活环境发生改变;第二,现代化导致农民的期望值增加,随着时间的推移,城市启蒙思想传到了农村,农民开始意识到自己正在受苦,当他们认识到现在所遭遇的困境是可以通过革命改变的,那么,他们的目标就转变为旨在改善眼前的物质生活和劳动条件的一系列动作。在这种改变现状的强烈意愿下,他们在某种条件下,很可能转变为革命的强大力量。

▶ 政治精英

政治精英往往在政治发展中发挥着舵手的重要作用,他们敢于承担政治责任,挑战政治风险,自上而下地引领政治改革。尤其是在很多政治发展的紧要关头和关键时刻,政治精英能够凸显和强调一些关键性的问题,引起社会民众的关注,进而使改革的理念转变为政策议程并最终付诸实施。如1978年掀起的关于真理标准的大讨论,这场讨论动摇了"两个凡是"的观点,引发了"凡是派"的不满和抵制。在这个关键时刻,邓小平在全军政治工作会议上发表讲话,对这场讨论予以支持。随后,《解放军报》和《人民日报》分别以特约评论员的名义发表了《马克思主义的

---

① 〔美〕塞缪尔·P. 亨廷顿:《变化社会中的政治秩序》,王冠华等译,上海人民出版社2008年版,第241页。
② 《毛泽东选集》第1卷,人民出版社1991年版,第13—16页。
③ 〔美〕塞缪尔·P. 亨廷顿:《变化社会中的政治秩序》,王冠华等译,上海人民出版社2008年版,第240—244页。

一个最基本的原则》和《一切主观世界的东西都要接受实践的检验》两篇文章。接下来，全国各省、自治区、直辖市和各大军区负责人都表态支持对真理标准问题的讨论，邓小平的改革路线在这样的情况下得以确定。1978年12月，中共十一届三中全会召开，会议高度评价有关实践是检验真理唯一标准问题的讨论，决定将全党工作的重点转移到社会主义现代化建设上，正式确立了邓小平的改革开放路线。①

第五节　政治发展和政治稳定实现的途径

> 那些确立并维持代议制政府的人，因此就会有兴趣在司法制度内强制执行协议并解决协议冲突。
>
> ——曼瑟·奥尔森②

政治稳定和政治发展该如何实现？我们深刻地意识到，对于国家治理而言，政治稳定尤为重要，但是要实现却尤为艰难。现实经验表明，建立普遍的政府机构很容易，然而政府的合法性和权威性的确立却可能遭遇障碍。比如在当今世界，亚洲、拉丁美洲的很多国家都建立了民主制度，但是政治腐败依然严重，受贿的警察和逃税的政府官员比比皆是；在非洲一些国家，反政府武装与官僚系统内部的反政府势力相互勾结甚至枪杀总统，无辜民众的权利遭到蹂躏和践踏。由于缺乏法治氛围，这些国家和地区无法以行之有效的规章和程序化解社会冲突，导致这些国家政治衰朽，社会发展和经济建设长期处于停滞状态。从国家治理的角度看，这些国家政治不稳定源于这些国家和地区内部缺乏强大的、有内聚力的国家制度以及高效和组织完备的政府机构。这就是亨廷顿所称的"普力夺社会""普力夺政权"。

---

① 胡伟：《政府过程》，浙江人民出版社1998年版，第198页。
② 〔美〕曼瑟·奥尔森：《权力与繁荣》，苏长和、嵇飞译，上海人民出版社2005年版，第39页。

现代政治的特质和趋势使得大众政治成为政治潮流。大众的政治参与可以推动政治现代化的政治转型，但是它也可能带来政治动荡。对于广大发展中国家而言，要想克服普力夺社会或普力夺政权的不利影响，就必须强化政治制度建设以规范大规模的大众政治参与。因此，在现代政治发展的进程中，发展中国家必须在扩大政治参与的同时，不断建构和完善政治制度，提高政治制度的适应性、复杂性、自主性和内聚力，从而实现政治的稳定。①政治制度化包括众多方面的内容，其中最重要的有两个方面：一是规范权力设置和运行的制度建设；二是规范大众参与政治的制度建设。

在政治制度化的范畴内，强大的政党制度是实现政治稳定的关键。第二次世界大战后，很多在政治上独立的发展中国家却纷纷陷入了政治混乱的局面，原因之一就是缺乏强有力的政党领导，亨廷顿指出："人类可以无自由而有秩序，但不能无秩序而有自由，必须先有权威才能对它加以限制。"② 对于发展中国家而言，法律秩序的建立需要在不断扩大的政治参与和较低水平的政治制度化之间达成某种平衡，而要实现这种平衡，最重要的就是要有强大的政党领导。

强大的政党制度实现政治稳定的有力案例是中国共产党及其政党制度的诞生和发展。由于清王朝的崩溃，中国社会动荡不安，如何重建秩序便成为时代的主题。中国共产党的成立、发展和壮大，并推动中国共产党领导的多党合作和政治协商制度的形成和发展，是中国在近现代史历程中走出政治动荡走向政治稳定的必然选择。

---

① 〔美〕塞缪尔·P. 亨廷顿：《变化社会中的政治秩序》，王冠华等译，上海人民出版社2008年版，第10—16页。

② 同上书，第6页。

第五篇

国际政治

国际政治是当代政治的重要组成部分。随着全球化的深入发展，国际政治日益成为影响世界政治发展的重要面相。我们必须以马克思列宁主义国际政治思想为基础，批判性地借鉴吸收西方当代国际政治思想，去其糟粕，留其精华。

国际体系和国际格局在国际政治中占有重要地位，是认识国际政治规律的重要面相。国际行为体、国际发展动力、国际政治互动形式也是了解国际政治运行规律的重要出发点。

中国的国际政治思想与实践对世界国际政治的发展做出了重大贡献。中国的国际政治思想主要包括中国传统文化中的国际政治思想与中国共产党的国际政治思想。新时代中国特色大国外交是以习近平同志为核心的党中央为推动国际政治朝着更加公平合理方向发展而作出的重大战略抉择，其主要内容包括推动构建人类命运共同体，构建新型国际关系，引领全球治理体系变革，推动"一带一路"建设。

第十六章
国际政治的运行规律

在我们这个时代，研究国际关系就等于探求人类的生存之道。如果说人类文明在未来30年内横遭扼杀的话，那么，凶手不是饥荒，也不是瘟疫，而将是对外政策和国际关系。我们能够战胜饥荒和瘟疫，却无法对付我们自己所铸造的武器的威力和我们作为民族国家所表现出来的行为。

——卡尔·多伊奇[①]

就研究范畴而言，国际政治主要涉及国际体系中各个国际行为体之间的政治关系及其发展变化的一般规律。要把握国际政治运行的规律，首先必须理解国际行为体之间相互联系、相互作用形成有机整体的国际体系，它是作为大系统运行的总体环境；其次要研究主权国家和国际组织、跨国公司和跨国政党等非国家行为体，这些国际行为体是国际政治运行的逻辑起点；最后要探寻国际行为体基于冲突和合作等基本形式产生的各种关系（主要围绕政治关系为中心），这是国际政治互动的主要内容。国际行为体在国际体系下开展国际政治互动，三者彼此联系、紧密相连构成一个整体，共同构成国际政治的运行规律。

---

① 〔美〕卡尔·多伊奇：《国际关系分析》，周启朋等译，世界知识出版社1992年版，第1页。

第一节 基本思想与理论

>不言而喻，在探究国际关系时，需要建立科学的大理论体系。
>
>——罗伯特·迪尔①

在对国际政治的运行规律进行解析之前，有必要对国际政治相关的思想和理论进行阐述。早在 19 世纪下半叶，马克思、恩格斯和列宁等马克思主义经典作家在分析欧洲局势、宗主国和殖民地关系以及大国博弈等问题时展示了丰富的国际政治思想，而西方国际政治的理论体系在第一次世界大战后萌芽，在第二次世界大战后得以系统化。我们要在坚持马克思主义的立场和方法的同时，善于吸收和借鉴西方及其他地区的国际政治理论成果，以推动我国国际政治理论的建设和发展。

▶ 马克思列宁主义国际政治思想

1. 世界历史和世界体系

马克思主义经典作家认为，世界历史发展的重要动力便是生产力的发展，人们变得更为相互依赖以促使世界体系形成，发展的趋势是共产主义的实现。"单是大工业建立了世界市场这一点，就把全球各国人民，尤其是各文明国家的人民，彼此紧紧地联系起来，以致每一国家的人民都受到另一国家发生的事情的影响。"② 于是 "历史也就越是成为世界历史"③。

2. 战争与和平

马克思主义经典作家认为，任何形式的战争都具有政治性功能，他们赞成克劳塞维茨在《战争论》中的观点——战争是政治通过另一种手段的延续。在对待战争态度的问题上，他们认为首先要弄清战争性质，如果战

---

① Robert J. Lieber, *Theory and World Politics*, Winthrop, 1972, p. 4.
② 《马克思恩格斯选集》第 1 卷，人民出版社 2012 年版，第 687 页。
③ 同上书，第 541 页。

争是正义的就要支持,是非正义的要坚决反对。和平斗争是工人阶级解放斗争的重要组成部分,如战争不可避免,则要勇于通过战争实现社会主义的胜利。

3. 政治与经济互动

马克思主义经典作家认为,政治并不是一切历史变动的最终原因,本质上受到物质生活的生产方式的制约。资本主义国家对外经济政策的确定,通常会受到国内政治影响。同样,资本主义政治制度的发展也以资本主义经济为基础。这种政治经济关系必然也具有全球性影响。

4. 民族关系与殖民主义

马克思主义经典作家认为,民族关系一开始就是国际关系中的主要内容,并贯穿于国际社会发展和消亡的全过程。其中,民族平等是马克思主义民族理论的基石。在消灭阶级剥削制度,实现民族平等之时,民族发展最终走向民族融合。马克思主义经典作家在分析这一问题时,还辩证地探究了殖民主义的"双重的使命"[①]:一方面要看到殖民主义给殖民地、半殖民地国家和人民带来的深重灾难,另一方面也要看到其客观上对落后国家经济发展起到的促进作用。

西方主流国际政治理论

1. 自由主义

1914 年 7 月 28 日,第一次世界大战爆发。这一事件使得许多政治家和学者都在思考战争因何而起,如何才能避免战争。当时的社会科学研究深受 18 世纪启蒙主义、19 世纪理性主义思潮的影响,于是出现了所谓的研究国际政治的自由主义学派。随着历史的发展,自由主义细分为以下类别:

(1) 古典自由主义

古典自由主义又称"理想主义学派",代表人物是美国第 28 届总统伍

[①] 1853 年,马克思在《不列颠在印度统治的未来结果》一文中提出:"英国在印度要完成双重的使命:一个是破坏的使命,即消灭旧的亚洲式的社会;另一个是重建的使命,即在亚洲为西方式的社会奠定物质基础。"参见《马克思恩格斯文集》第 2 卷,人民出版社 2009 年版,第 686 页。

德罗·威尔逊，他提出了代表理想主义学派思想的"十四点和平原则"（亦称"十四点计划"）。古典自由主义提倡道德准则和价值观念，主张通过道义和精神的教育唤醒人类的良知；通过加强国际规范，健全对各国都具有普遍约束力的国际法准则；通过建立世界政府或超国家的世界组织来避免战争，维持和平。

■ 知识栏：威尔逊的"十四点和平原则"

1918年1月8日，当第一次世界大战快结束时，美国总统威尔逊在对国会所发表的著名演说中提出了"十四点和平原则"，认为这是促进世界和平的"唯一可行"的计划。其内容包括：(1) 公开订立和平条约，无秘密外交；(2) 无论战时与和平时期，公海航行绝对自由；(3) 取消国家间的经济障碍并建立贸易平等条约；(4) 充分互相保证，各国军备必须减少至保证本国内部安全的最低水平；(5) 调整对殖民地的要求，平等对待殖民地人民；(6) 德国撤出俄国，调整俄国问题；(7) 德军撤出比利时，恢复比利时的独立性；(8) 德军撤出法国，阿尔萨斯-洛林也归还法国；(9) 根据民族性原则，重新调整意大利边界；(10) 奥匈各族自治，允许独立；(11) 同盟国撤出罗马尼亚、塞尔维亚和黑山；(12) 奥斯曼帝国的民族自决；(13) 恢复波兰的独立性；(14) 成立国际联盟以维持世界和平。值得注意的是，尽管威尔逊为创建国联所做的努力使他获得了1919年诺贝尔和平奖，但他没能在入盟一事上获得参议院的支持，美国此后也未加入国联。但是，"十四点和平原则"已充分表明美国妄图凭借日益强大的实力重塑世界权力结构的野心，这在第二次世界大战结束之后逐渐变成了现实。

(2) 商业自由主义

商业自由主义的主要理论体现是贸易和平论，认为自由贸易是实现国家财富增长的一种较为和平的方式，也是国家间发展和平关系的保证。但现实表明，自由贸易有可能诱发国际冲突，它不能独自成为国际和平的保障。

(3) 共和自由主义

共和自由主义的主要理论贡献是民主和平论。主要观点包括："民主国家"之间从来没有（或很少）打仗；"民主国家"之间即使发生战争，也是小概率事件而且有限度；"非民主国家"尤其是专制国家更喜欢打仗，会挑起与"民主国家"之间的战争。

(4) 制度自由主义

制度自由主义又称"新自由制度主义"，认为经济利益与国家安全同样重要，着重研究跨国公司、国际组织等非国家行为体参与建设国际机制对国际合作的促进作用，由于其严谨的研究议程而成为理论化程度最高的自由主义国际政治理论。主要代表人物为罗伯特·基欧汉、约瑟夫·奈和约翰·鲁杰等。

2. 现实主义

二战的爆发使强调道德和伦理的自由主义国际政治理论破产，进而出现了以政治现实主义为基础，强调权力和利益的现实主义国际政治理论。体系更为完整的现实主义学派是二战后对国际关系和国家对外决策影响最大的理论，并使国际政治学真正成为一门相对独立的学科。现实主义可分为：

(1) 古典现实主义

古典现实主义的代表人物是汉斯·摩根索，他于1948年出版了对国际政治学界影响最大的著作——《国家间政治》。他在书中揭示国际政治的本质是权力斗争，并阐释了作为其理论核心的政治现实主义六项原则：政治关系是由深植于人性的客观法则所支配的；以权力界定利益的原则是政治现实主义的主要标志；以权力界定利益的原则是普遍适用的；普遍的道德原则无法抽象地适用于政治领域；具体国家的道义要求与普遍的道德法则不能等同；强调政治领域的独立性和权力政治的作用。

(2) 新现实主义

新现实主义的代表人物是肯尼思·华尔兹，他的《国际政治理论》是当代国际政治领域引用频率最高的著作之一。新现实主义强调国际政治的单位层次（国家）和结构层次（国家按实力的排列组合）两方面的因果分析，重视国际体系对互动单位（国家）的影响。与古典现实主义不同的是，新现实主义认为权力本身不是目的，而是实现国家安全目标的有用手段。

3. 建构主义

建构主义在20世纪90年代初开始产生重大影响，主张用社会学视角看待世界政治，认为事物乃是通过社会建构而存在，主要代表人物是亚历山大·温特。建构主义更注重国际关系中所存在的社会规范结构，而不是经济物质结构；强调机构、规则和认同在国家行为及国家利益形成过程中所具有的重要作用；特别指明国际体系结构最根本的因素是共有知识和文化——三种无政府文化：代表敌人关系的霍布斯文化、代表对手关系的洛克文化以及代表朋友关系的康德文化，它们建构了国际体系的结构并使这种结构具有动力。

■ 知识栏：温特的三种无政府文化

温特对文化的定义是"社会共有知识"，这是社会成员在社会场景中通过互动产生的共有观念，是社会成员共同具有的理解和期望。国际体系文化就是国际社会中这些共有观念的分配。国际体系文化有三种理想类型：霍布斯文化、洛克文化和康德文化。

霍布斯文化，它由敌人的角色结构所确立，其核心内容是"敌意"。国家间的敌对角色使国家表现出以下行为取向：（1）摧毁、消灭或改变对方；（2）把对方的意图往最坏处考虑，任何事件都会与敌意联系在一起；（3）军事实力被视为至关重要的因素；（4）无限制使用暴力，直至消灭对方或被对方消灭。因此，霍布斯文化的逻辑是"所有人反对所有人"的战争状态，亦即霍布斯自然状态，在这种状态中，丛林法则主导一切，暴力是唯一的行为逻辑。

洛克文化，它由竞争对手的角色结构所确立，其核心内容是"竞争"。竞争与敌意有着本质的不同：竞争的双方相互承认生存主权和财产权利。所以，洛克文化中的国家相互承认主权，重视绝对收益和未来效应。军事实力的比重减弱，暴力受到限制。一旦战争爆发，竞争对手会限制暴力的使用程度，不以消灭对方为终极目的。洛克文化的逻辑是"生存和允许生存"，主权制度是洛克文化的标志性印记。

康德文化，它由朋友的角色结构所确立，其核心内容是"友善"。国家之间相互视为朋友，并共同遵守两项基本规则：非暴力规则和互助规则。这两条规则界定了康德文化中国家的基本行为取向：非暴力规则意味着不使用战争和战争威胁方式解决问题，互助规则意味着一方受到威胁的时候另一方将予以帮助。这不是说朋友之间没有利益冲突，而是他们不使用暴力来解决利益冲突问题。康德文化的逻辑是"一人为大家，大家为一人"，亦即集体安全或安全共同体体系。

第二节　国际体系与国际格局

> 如果两个或两个以上国家之间有足够的交往，而且一个国家对其他国家的决策可产生足够的影响，从而促成某种行为，那么国家体系或国际体系就出现了。
>
> ——赫德利·布尔①

国际体系与国际格局在国际政治中占据极其重要的地位，从宏观和整体上认识其演变规律是国际政治理论的重要内容，同时也是把握国际政治运行规律的必然要求。

▶ 国际体系

国际体系包括世界经济体系和世界政治体系，是在国际范围内由各行为主体（主要是国家）之间的相互政治经济联系与作用形成的既矛盾又统一的有机整体。② 具体而言，它主要由以国际分工为基础的世界生产体系、

---

① 〔英〕赫德利·布尔：《无政府社会：世界政治秩序研究》，张小明译，世界知识出版社2003年版，第7页。
② 陈岳：《国际政治学概论》（第三版），中国人民大学出版社2010年版，第58页。

以不平等交换为基础的世界贸易体系、以垄断资本为基础的世界金融体系和以统治剥削为基础的世界殖民体系组成，它使世界上各民族国家"在经济上'处在世界市场的范围内'，在政治上'处在国家体系的范围内'"[①]，它打破了民族壁垒，完全把世界联结成一体。

国际体系变化可分为四个时期：第一，从 19 世纪末到 1917 年俄国十月革命。这一时期是以欧洲为中心的国际体系，欧洲列强通过大规模的殖民扩张在国际体系中发挥着支配性和主导性的作用。第二，从 1917 年俄国十月革命胜利到 1945 年第二次世界大战结束。这一时期的国际体系是凡尔赛—华盛顿体系，是资本主义和社会主义两种政治经济体系并存、斗争的时期，苏联的出现打破了资本主义一统天下的局面，美国和日本崛起使北美和东亚在国际体系中的地位明显提高，欧洲中心地位受到严重削弱。第三，从 1945 年第二次世界大战结束到 20 世纪 90 年代初。这一时期的国际体系是雅尔塔体系，是两大社会体系、多种类型的经济制度在一个统一的国际体系中并存、竞争、共处的时期，社会主义和资本主义两大阵营、两种制度和意识形态的对抗是该时期国际体系的核心特征。第四，冷战后时期。20 世纪 90 年代初，东欧剧变、苏联解体，雅尔塔体系彻底崩溃，多极化趋势逐渐呈现。一球多制、多元并存是当代国际体系最显著的特征。

▶ 国际格局

国际格局是指国际关系中主要国际力量相互联系、相互作用、相互制约而形成的一种关系结构或力量对比状态。国际格局是国际体系的核心构成要素和基本框架，对国际体系起到整体上的稳定和导向作用。

国际格局一般分为三种类型：一是单极格局，指某一个主要的大国（霸权国）或国家集团在国际政治中占据主导地位，在其周围存在着一系列其他国家但并不能成为与之抗衡的政治力量，如自由资本主义初期英国形成的所谓"不列颠治下的和平"。二是两极格局，指两个大国或两大政治军事集团形成对立态势，对整个国际政治产生支配性影响，最为典型的

[①] 《马克思恩格斯选集》第 3 卷，人民出版社 2012 年版，第 368 页。

是二战结束后美苏两极对抗。三是多极格局,指国家或国家集团等多种政治力量彼此制约,相互之间不存在相互支配或被支配关系,20世纪70年代以后,中国等广大发展中国家日益壮大,国际格局出现向多极方向发展趋势。

第三节 国际行为体

> 在我们这个新时代,随着多国公司、跨国社会运动和国际组织等非领土行为体的出现,领土国家的作用在减弱。
> ——罗伯特·基欧汉等①

国际行为体是指能够独立参加国际事务,具有履行国际权利与国际义务的各种实体。它是国际政治运行的逻辑起点,也是最基本的构成要素,既包括主权国家在内的国家行为体,也包括国际组织、跨国公司和跨国性政党等非国家行为体。

▶ 国家行为体

国家行为体通常就是国际社会中独立的主权国家,当前世界共有200多个国家和地区,其中拥有独立主权并成为联合国正式成员国的国家有193个。

依据不同标准和划分方法,国家行为体可分为不同类型,如依据政体分类,可分为君主制国家和共和制国家;依据国家结构分类,可分为单一制国家和联邦制国家;依据综合国力分类,可分为超级大国、大国、中等国家和弱小国家等。

国家行为体具备固定的居民、确定的领土、政府和主权,能够独立自主地行使对内和对外的最高权力,在国际体系中居于最主要的地位并起着最重要的作用,尤其是国家之间综合国力对比的变化推动了国际体系的发展和演变。

---

① 〔美〕罗伯特·基欧汉、约瑟夫·奈:《权力与相互依赖》,门洪华译,北京大学出版社2012年版,第3页。

非国家行为体

非国家行为体是指那些非主权国家的、能够独立地参与国际事务并发挥重要职能作用的政治、经济实体。当前较为典型的非国家行为体主要包括三种类型：政府间国际组织、非政府间国际组织和跨国公司。

政府间国际组织主要是由主权国家的政府为实现特定目的而共同设立的国际机构，如当今世界规模最大的普遍性政府间国际组织——联合国。自第一次世界大战后，国际联盟作为政府间国际组织就在法律上具备国际法主体资格，并能独立参与国际事务。而非政府间国际组织作为不同国家的个人和民间团体等共同设立的国际机构，因其行为能力有限，总体上尚未被公认为具备国际法主体资格。但近年来，非政府间国际组织对国际政治关系发挥越来越重要的影响和作用。

跨国公司又称多国公司、多国企业、国际企业等。它是以一国或数国资本组成的总公司为基础，通过对外直接投资，在国外设立分公司、子公司或合资企业，从事跨国的生产、销售和其他业务活动的国际性公司。跨国公司按照经营项目的性质，可分为三种类型：一是资源开发型跨国公司，以获得母国所短缺的各种资源和原材料为目的，如埃克森美孚公司和英荷壳牌公司。二是加工制造型跨国公司，主要从事机器设备制造和零配件中间产品的加工业务，以巩固和扩大市场份额为主要目的，如美国通用汽车公司。三是服务提供型跨国公司，主要是指向国际市场提供技术、管理、信息、咨询、法律服务以及营销技能等无形产品的公司，包括跨国银行、保险公司、咨询公司、律师事务所以及注册会计师事务所等。随着全球化进程的加快，跨国公司对国际政治日益产生重要影响。

案例：波音公司与中美经贸关系正常化

2001年中美永久性正常贸易关系问题出现以后，美国波音公司为国会通过对华永久性正常贸易关系和促成中国加入世贸组织进行多方面活动。

一是通过公司的高层管理人员领导商业组织对国会议员和政府高层人士进行游说。波音公司时任首席执行官菲利普·康迪特在1999年6月的声明中强调："中美贸易是中美关系稳定的基石，这一关系也为美国在世界上人口最多的国家中获得前所未有的机会。"

> 二是通过公司的民间组织对美国民众进行宣传，改变一些美国人对中国的偏见，以达到利用选民的力量改变议员立场的目的。波音公司领导的商业组织进行了一系列民间活动，主要通过媒体广告和散发宣传品等方式达到改变美国民众中反对者立场的目的。此外，他们还利用电视、广播和互联网进行宣传。
>
> 从上述案例可以明显看出波音公司在通常情况下对美国政府施加影响进而影响中美关系所采取的方式。波音公司充分发挥了它的影响力和主动性，不仅为自己争得市场上的主动权，同时也为中美经济关系的发展做出了贡献，减少了其在华投资的政治风险。

第四节 发 展 动 力

国际政治像一切政治一样，是追逐权力的斗争。

——汉斯·摩根索[1]

国际政治发展动力，是探究国际政治产生、发展及演变的推动力量，主要包括社会生产力发展、国际政治中的利益关系和权力等方面的内容。

▶ 社会生产力发展是根本动力

"历史过程中的决定性因素归根到底是现实生活的生产和再生产"[2]，人类社会的发展受到物质力量即生产力的制约，国际政治作为人类社会发展过程中出现的一种社会关系，其发展也是生产力发展的必然结果。也就是说，社会生产力发展是国际政治产生的基础。

---

[1]〔美〕汉斯·摩根索等：《国家间政治——寻求权力与和平的斗争》，徐昕等译，中国人民公安大学出版社1990年版，第55页。
[2]《马克思恩格斯选集》第4卷，人民出版社2012年版，第604页。

行为体利益博弈是直接动力

行为体利益，指曾经活跃及正活跃在国际舞台的行为体的利益。现代民族国家形成之后，行为体利益实际主要指的是国家行为体的利益。在国际社会中，由于各个国家拥有的实力大小不一，强弱等级不一，国家的利益主张和目标就各不相同。正是利益主张和利益目标的不同，导致不同国家追求的利益具有极大的差异性。行为体利益的实现方式包括非和平方式与和平方式。前者主要表现为暴力方式，最高形式是战争，但战争不可能成为实现国家利益的长效方式；后者是实现行为体利益可持续发展的唯一方式。非国家行为体在特定领域和特定范围也有自己的利益主张，不过一般会受到国家行为体利益的支配。

■ 信息栏：美国国家利益委员会对国家利益的划分[①]

美国国家利益委员会于 1996 年发布的《美国国家利益》研究报告提出了美国国家利益的划分标准，强调国家利益的分层次研究：

(1) 根本利益

——美国生存和延续的基本条件、美国的根本制度与价值观念

——防止核生化武器对美国的威胁

——防止出现敌对的霸权势力

——防止贸易、金融、能源和环境等全球体系出现解体

(2) 极端重要的利益

——会严重影响到美国在世界维护自由、安全和幸福的目的的问题

——防止任何地区核生化武器及其运载工具的扩散以及威胁使用

——鼓励有关国家接受国际法治，推动各种争端的和平解决

(3) 重要利益

——对美国政府维护美国的根本利益的能力产生消极影响的问题

——反对国外出现大规模侵犯人权行为

---

① 倪世雄等：《当代西方国际关系理论》，复旦大学出版社 2001 年版，第 254 页。

——在具有战略重要性的国家推进自由民主

——防止和结束重要战略地区的冲突

(4) 次要利益

——不会对美国的根本利益产生重要影响的问题

——平衡双边贸易赤字

——在世界其他地区扩展民主进程

对国家利益进行层次分析的优点是：

(1) 可以避免使国家利益概念抽象化

(2) 可以区分国家利益轻重缓急的次序

(3) 可以根据国际形势的变化对不同层次的国家利益进行相应的调整

行为体权力关系是重要动力

权力是对他者的意志和行动进行支配的力量。[①] 国际政治中的权力可以理解为某个国际行为体改变其他国际行为体行为的能力，即在一定的国际环境下，行为体在国际交往中将自己的意志强加于其他行为体，控制或改变其他行为体的意志，影响国际事务的综合能力。国际体系中能将潜在的权力转化为实际权力的行为体主要是国家，国家能否通过外交途径实现转化受到领导人的意愿、领导能力和外交技巧，以及国际制度的影响。当前，国际政治行为体特别是强国大国对国际政治权力的追逐主要表现在：一是更加重视"软权力"的运用，扩大软权力范围；二是通过国际机制或国际制度的安排，维护或扩大国际规则的制定权力，或称话语权。三是以科技创新、经济发展为核心，进一步拓展国际政治权力的重要领域。

■ 知识栏：综合国力和克莱恩公式

国家实力是物质力量与精神力量的有机统一。国家实力不是物质要素

[①] 〔美〕汉斯·摩根索等：《国家间政治——寻求权力与和平的斗争》，徐昕等译，中国人民公安大学出版社1990年版，第37页。

和精神要素的简单相加，而是这些要素的有机组合以及达到整体效应的最优化。美国国际关系学者克莱恩提出了用数学方程式对国家力量进行综合计算的公式：

$$P_0 = (C + E + M) \times (S + W)$$

其中，P_0 为被确认的权力、C 为人口加领土、E 为经济实力、M 为军事能力、S 为国家战略、W 为实现国家战略的意志，C + E + M 相当于国家的物质力量，S + W 相当于国家力量的精神因素。

用实力数表示物质力量 C + E + M，其最大值为 500 分；用系数表示精神力量，S 和 W 的取值范围都是 0—1，S + W 的最大值是 2。

第五节　互 动 形 式

> 从一定的意义上来说，没有冲突就没有合作。
> ——罗伯特·基欧汉[①]

国际政治的运行，实质上是国际政治行为体基于生产力、利益和权力而发生互动的过程，其中冲突和合作是最基本的互动形式。

▶ 国际冲突

国际冲突是指国际行为体，主要是主权国家之间的冲突行为或者状态。[②] 从国际冲突的阶段性演变来看，一般包括危机、冲突和战争三个阶段。危机处于临界点，并不必然导致冲突，如 1962 年古巴导弹危机就以和平方式解决；冲突是国家间已经出现了对抗状态，但冲突范围依然可控；战争是指国家间处于全面对抗状态，多国被卷入难以预测走向的境地。

---

① 〔美〕罗伯特·基欧汉：《霸权之后：世界政治经济中的合作与纷争》，苏长和等译，上海人民出版社 2001 年版，第 25 页。
② 《国际政治学》编写组编：《国际政治学》，高等教育出版社 2019 年版，第 134 页。

自美国著名国际关系学者肯尼思·华尔兹于 1959 年出版的著作《人、国家与战争》提出战争起源的人性、国家和体系三个意向后，学界对国际冲突起源的研究开始主要从国际体系、国家和个人三个层次展开。在国际体系层面，现实主义者侧重从权力、结构角度探讨两个问题：单极、两极和多极结构到底更有利于体系稳定和世界和平还是更易于发生冲突？在权力转移的动态时期，国际体系是稳定的还是冲突的？自由主义者侧重探究相互依赖与国际冲突的关联性；建构主义者从霍布斯文化、洛克文化和康德文化等三种无政府文化角度研究国际冲突和合作的具体情形。在国家层面，较为著名的理论学说有前文提到过的民主和平论与列宁的帝国主义理论。列宁认为，在国家间发展不平衡的规律的驱使下，帝国主义必然带来战争。消除帝国主义战争，其解决办法是进行世纪性的无产阶级革命。在个人层面，早期的现实主义和自由主义学者都试图把抽象、普遍的人性（善、恶）作为理论建构的基础；也有学者从最高决策者角度出发，认为决策者的错误知觉可能导致国家间冲突。在国际体系、国家和个人之外，非国家行为体在国际冲突起源中的作用越来越明显。

国际冲突的管理通常有四个阶段。一是更侧重提前预防性质的危机管理。这种手段应当被视为国际冲突管理途径中的优先选择，旨在以不诉诸武力为前提，达成一个能为双方所接受的危机解决方案。但由于危机当事方的主观意愿以及国际危机本身蕴含的复杂性和变动性，危机管理的实现并不容易。二是成本相对较低的协商谈判。不过，这种手段受力量对比、战略意志力的对比、谈判技巧与手段以及道德伦理等因素影响，影响着冲突解决结果，存在不确定性。三是作为应对国际冲突的外部解决方式的国际干预。它主要分为联合国体系内的干预和联合国体系外的干预，但后者的干预行动会越来越激化国家主权与人道主义干涉之间的矛盾。四是建立和平。各行为体为了谋求和平稳定的环境，从国家内部、地区和全球层面共同采取行动维护冲突之后的国内或地区秩序的行为。

▶ 国际合作

国际合作是国家为了适应其他国家的偏好而进行的政策调整。① 国际

---

① 〔美〕罗伯特·基欧汉：《霸权之后：世界政治经济中的合作与纷争》，苏长和等译，上海人民出版社 2001 年版，第 62 页。

合作不同于和谐，不等于没有冲突的状态，而应该视为对冲突或潜在冲突的反应。

依据划分的不同标准，国际合作可以分为以下类型：按照合作参与者的数目分，多边合作可分为双边合作（两个）和多边合作（三个及以上）；按照合作的覆盖范围分，多边合作可分为区域性合作和全球性合作；按照政策协调的基础分，多边合作可分为基于规则（长期）的合作和酌情（特定）展开的合作。

国家在国际合作的过程中要尽可能降低成本，提高收益。要想达成这一目标，不仅依赖于国家的决策过程，还取决于国家所掌握的信息。除此之外，在决定是否进行国际合作时，国家更要考虑收益分配，不仅考虑自己是否从合作中获得绝对收益（从合作中获得的收益本身），而且在许多情况下需要考虑相对收益（从合作中获得的收益超出合作伙伴收益的部分），两者谁更重要取决于国家所处的环境与条件。另外，认知在国际政治决策中具有重要作用，由于错误知觉的阻碍，国际合作也会受到限制。

国家间的相互依赖的存在及其深化是国际合作的基础，同时外部性的存在产生了国际合作需求。一般而言，国家间主要通过非正式的国际协议①、国际条约、正式国际组织等多种不同的形式共同构建国际制度，以推进国际合作。国际合作使国家间减少了冲突的可能性，推动了共同利益的实现，维持了国际体系的稳定和发展。

■ 知识栏：柠檬市场

"柠檬市场"是一种典型的信息不对称情境，即一方知道某一信息而另一方不知道，甚至第三方也无法验证，即使能验证，也需要耗费大量资源，在经济上不划算。在这种情况下，局外人担心局内人会利用信息的优势对其欺诈，往往达不成协议。具体的情形是：某些汽车的质量、性能等

---

① 非正式的国际协议是国际制度的一种常见形式，包括默契、口头协议、行政协议、非约束性条约、联合声明、最后公报、商定记录、谅解备忘录和准立法协议等。国家在非正式协议中所作的承诺不具备正式的国际法效力，这些协议也并不要求复杂的批准程序，不需国内立法机构批准即可生效。参见《国际政治学》编写组编：《国际政治学》，高等教育出版社2019年版，第182页。

比另一些汽车差,但相关缺陷直到车主使用它们一段时间以后才会显露出来。这些有缺陷的汽车被称为次品车。次品车的主人为了获利都想尽快将汽车转卖给别人,其中那些缺陷较严重的次品车的主人更为迫切,而缺陷较轻的次品车的主人在车的价格下降时更倾向于将车留作自己使用。在这种情况下,市场上出售汽车的平均质量下降了。也就是说,旧车的卖主比买主天然地知道旧车更多的信息,而买主却很难区分出好车和次品车,有时宁可不买也不愿意冒风险,这种信息不对称会阻碍合作的实现。

第十七章
中国的国际政治思想与实践

中国有着古老而辉煌的文明历史，中国一直以来都是地区国际政治和世界政治的主要参与者和贡献者。中国在古代就形成了独具中国特色的以"仁义"和"和合"为核心观念的国际政治思想。中国在东亚创立了独具特色的具有"厚往薄来"属性的东亚朝贡体系。鸦片战争以来，在西方帝国主义列强的侵略之下，中国和中华民族遭遇了前所未有的危机与苦难。东亚朝贡体系瓦解，中国被迫纳入由西方帝国主义国家所构建的以西方利益为主导的不平等的国际政治体系。中华人民共和国成立后，中国摆脱了近代以来一百多年的民族危机，以一个独立大国的身份再次成为国际政治的重要参与者。党的十八大以来，以习近平同志为核心的党中央，顺应时代潮流和世界大势，提出了一系列富有中国特色、体现时代精神、引领人类进步潮流的新理念新主张新倡议，形成了习近平外交思想，开创了新时代中国特色大国外交，打破了西方话语对国际政治的垄断，为人类文明的发展提供中国智慧，贡献中国方案。中国已成为推动国际政治发展和变革的重要力量。

第一节 中国的国际政治思想理论

要高举和平、发展、合作、共赢的旗帜，统筹国内国际两个大局，统筹发展安全两件大事，牢牢把握坚持和平发展、促进民族复兴这条主线，维护国家主权、安全、发展利益，为和平发展营造更加有利的国际环境，维护和延长我国发展的重要战略机遇期，为实现"两个一百年"奋斗目标、实现中华民族伟大复兴的中国梦提供有力保障。①

▶ 中国传统文化中的国际政治思想

中国有着几千年的文明发展史，在中国的历史发展中，中国古代思想家形成了独具中国特色的国际政治思想。这些国际政治思想所包含的政治经验、政治智慧、政治思维等，是全人类政治文明的重要思想宝库。不仅如此，中国传统的国际政治思想对于当前人类国际政治的建构与发展仍然具有十分重要的启示意义，中国的国际政治思想与理论的构建与发展，应当继承和发扬中华民族的优秀政治思想，推陈出新，从中国古代先哲的智慧中汲取养分，丰富现有的国际政治思想。中国传统文化中的国际政治思想可以概括为以下几个方面：

（1）和谐思想。中国古人认为和谐是一种理想的社会状态，把和谐作为一种重要的价值追求。《尚书·尧典》说："八音克谐，无相夺伦，神人以和。"《周易》说："饱和太和，乃利贞。"《荀子·天论》说："万物各得其和以生，各得其养以成。"《吕氏春秋》说："天地和合，生之大经也。"《淮南子》说："阴阳和合而万物生。"《后汉书·仲长统列传》也提出："和谐则太平之所兴也。"中国传统文化强调"以和为贵""协和万邦""和而不同""求同存异""化干戈为玉帛""睦邻友邦""和衷共济""和合共生"。这与当代西方霸权国家主张的"同我即对，非我即错""零和博弈""赢者通吃""以强凌弱"的以自我为中心的价值体系完全不同。

中华文化崇尚和谐，和谐是中华文明优秀传统的重要价值取向，也是人类社会共同的价值取向。中华民族是一个爱好和平的民族。《周易·乾·彖传》说："首出庶物，万国咸宁。"主张万邦团结，和睦共处，不要战争。孔子说："远人不服，则修文德以来之。"孟子推崇"以德服人"

---

① 《习近平谈治国理政》第 2 卷，外文出版社 2017 年版，第 441 页。

的王道思想，反对"以力服人"的霸道思想。中国传统儒家主张以文德和仁心仁政来感化敌人，而不是通过武力征服强制敌人。《司马法·仁本》说："国虽大，好战必亡。"孔子指出："己所不欲，勿施于人。"老子说："兵者不祥之器，非君子之器，不得已而用之。"中华文明始终崇尚和平。现在我们坚持走和平发展的道路，是对几千年来中华民族热爱和平的文化传统的继承和发扬。

(2) 天下大同思想。中国传统文化追求"天下大同"的政治理想。《礼记·礼运》提出了"天下为公"的大同思想。《礼记·礼运》说："大道之行也，天下为公。选贤与能，讲信修睦，故人不独亲其亲，不独子其子，使老有所终，壮有所用，幼有所长，鳏寡孤独废疾者皆有所养，男有分，女有归。货恶其弃于地也，不必藏于己；力恶其不出于身也，不必为己。是故谋闭而不兴，盗窃乱贼而不作，故外户而不闭，是谓大同。"《墨子·兼爱下》说："视人之国若视其国，视人之家若视其家，视人之身若视其身……天下之人皆相爱，强不执弱，众不劫寡，富不侮贫，贵不傲贱，诈不欺愚。"这种大同思想主张是中华民族孜孜以求的理想社会状态。《孟子·滕文公下》说："居天下之广居，立天下之正位，行天下之大道。"《孟子·公孙丑上》说："以不忍人之心，行不忍人之政，治天下可运之掌上。"《孟子·梁惠王上》说："老吾老以及人之老，幼吾幼以及人之幼，天下可运于掌。"王阳明说："大人者，以天地万物为一体者也。其视天下犹一家，中国犹一人焉。"这都指出中国人是从天下正道与"仁心"的角度看待世界，将整个世界作为一个共同体，显示了中华文明包容开放的气质，反映了中国人对世界秩序和人类福祉的终极关怀。"国泰民安""天下太平""天下大同"等理念在中国的文化中世代相传。当前，中国提出推动构建人类命运共同体，也符合中华民族历来秉持的天下大同理念，符合中国人怀柔远人、和谐万邦的天下观，占据了国际道义制高点。

(3) 义利统一思想。中国传统文化强调义利统一，以义为主。孔子言："不义而富且贵，于我如浮云。""己所不欲，勿施于人。"孟子提出："王何必曰利？亦有仁义而已矣。""生亦我所欲也，义亦我所欲也，二者不可得兼，舍生而取义者也。"荀子指出："先义而后利者荣，先利而后义者辱。"颜元提出："正其谊以谋其利，明其道而计其功。"中国传统文化强调，以仁义治理天下是一种最高的境界。中国传统文化强调推己及人、舍生取义、兼济天下，反映了中国人的共同体观念。这跟西方国家通过殖民侵略压迫其他国家获取私利形成了鲜明的对比，具有更高的道义优势。当前，践行正确的义利观，是中国特色大国外交的核心价值方向。践行正确的义利观，就是要在国际交往中用道义、正义、信义、情义、仁义等价值标尺来衡量自身行为，追求惠及全体人类的大利大义。我们主张捍卫国家核心利益和底线，同时将本国利益与他国利益有机结合，实现利己利人的美好局面。

总之，几千年来形成的中国传统国际政治思想不仅是中华民族的重要思想结晶，也是全人类重要的思想宝库，对推动改变当前不公平的以西方为主导的国际体系，构建具有中国特色的国际政治理论具有重要的意义。

中国共产党的国际政治思想

中国共产党的国际政治思想是指历代中国共产党领导集体关于国际问题的思想。中华人民共和国成立以来，党的中央领导集体立足中国，面向世界，以中国的视角观察和判断世界局势的变化，始终把国家主权、国家利益、国家安全放在第一位，但同时又体现出放眼世界、关注全人类命运的关怀，始终把中国的前途命运与人类的共同命运结合在一起，人类命运共同体就是中国共产党领导人关注人类共同命运的集中体现。习近平总书记指出："中国共产党是为中国人民谋幸福的党，也是为人类进步事业而奋斗的党。中国共产党是世界上最大的政党。我说过，大就要有大的样子。中国共产党所做的一切，就是为中国人民谋幸福、为中华民族谋复兴、为人类谋和平与发展。"[①] 习近平进一步指出："中国共产党从人民中走来、依靠人民发展壮大，历来有着深厚的人民情怀，不仅对中国人民有着深厚情怀，而且也对世界各国人民有着深厚情怀，不仅愿意为中国人民造福，也愿意为世界各国人民造福。"[②] 中国共产党的国际政治思想主要

[①] 《习近平谈治国理政》第3卷，外文出版社2020年版，第436页。
[②] 同上书，第437页。

体现在以下几个方面：

（1）倡导和平思想。和平是国家发展的基础，也是人类发展的终极追求。中国共产党始终奉行和平共处五项原则，提出和平与发展是世界主题、中国和平发展、和谐世界等战略思想。① 毛泽东指出："我们现在需要几十年的和平，至少几十年的和平，以便开发国内的生产，改善人民的生活。我们不愿打仗。"② "我们认为，不同的制度是可以和平共处的。"③ "不应该再打大战，应该长期和平。"④ "我们应该共同努力来防止战争，争取持久和平。"⑤ 邓小平指出："中国对外政策的目标是争取世界和平。"⑥ 江泽民指出："我国先秦思想家就提出了'亲仁善邻，国之宝也'的思想，反映了自古以来中国人民就希望天下太平、同各国人民友好相处……我国的对外政策，是以和平为宗旨的。我们坚持在和平共处五项原则特别是在互相尊重、平等互利、互不干涉内政的原则基础上，同世界各国建立和发展友好合作关系。"⑦ 胡锦涛指出："中国外交政策的宗旨是维护世界和平、促进共同发展。"⑧ 习近平指出："走和平发展道路，是我们党根据时代发展潮流和我国根本利益作出的战略抉择。我们要更好统筹国内国际两个大局，坚持开放的发展、合作的发展、共赢的发展，通过争取和平国际环境发展自己，又以自身发展维护和促进世界和平，不断提高我国综合国力，不断让广大人民群众享受到和平发展带来的利益，不断夯实走和平发展道路的物质基础和社会基础。"⑨

（2）强调国家利益与人类利益的结合，奉行正确的义利观，发展共同利益。中华人民共和国成立以来，中国共产党领导集体倍加珍惜国家的独立自主，确立以国家利益作为处理国家间关系的依据的战略思想，同时党

---

① 《国际政治学》编写组编：《国际政治学》，高等教育出版社2019年版，第32页。
② 《毛泽东文集》第6卷，人民出版社1999年版，第365页。
③ 同上书，第339页。
④ 同上书，第368页。
⑤ 同上书，第370页。
⑥ 《邓小平文选》第3卷，人民出版社1993年版，第57页。
⑦ 《江泽民文选》第2卷，人民出版社2006年版，第61页。
⑧ 《胡锦涛文选》第3卷，人民出版社2016年版，第542页。
⑨ 《习近平谈治国理政》第1卷，外文出版社2018年版，第247页。

的中央领导集体又关注人类共同利益，谋求互利共赢。江泽民指出："我们主张顺应历史潮流，维护全人类的共同利益。"① 胡锦涛指出："要把中国人民根本利益同各国人民共同利益结合起来，把我国对外政策主张同各国人民进步意愿结合起来，妥善处理同外部世界的利益关系，以合作谋和平，以合作促发展，以合作解争端，扩大同各国共同利益的汇合点。"② 习近平指出："我们要把中国发展与世界发展联系起来，把中国人民利益同各国人民共同利益结合起来，不断扩大同各国的互利合作。"③ 在推进"一带一路"建设工作中，习近平强调："我们要在发展自己利益的同时，更多考虑和照顾其他国家的利益。要坚持正确义利观，以义为先、义利并举，不急功近利，不搞短期行为。要统筹我国同沿线国家的共同利益和具有差异性的利益关切，寻找更多利益交汇点，调动沿线国家积极性。"④

（3）反对霸权与强权政治。中国近代以来饱受西方国家所实行的殖民主义、霸权主义和强权政治之苦。党的中央领导集体一贯珍视自己的独立自主，并强调尊重他国的独立主权，始终坚持反对霸权主义和强权政治，并将之作为中国外交的重要任务。毛泽东在同印度总理尼赫鲁的谈话中指出："尽管我们在思想上、社会制度上有不同，但是我们有一个很大的共同点，那就是我们都要对付帝国主义。"⑤ 邓小平指出："中国的对外政策，主要是两句话。一句话是反对霸权主义，维护世界和平，另一句话是中国永远属于第三世界。"⑥ "社会主义中国应该用实践向世界表明，中国反对霸权主义、强权政治，永不称霸。"⑦ 江泽民指出："国与国之间应通过协商和平解决彼此的纠纷和争端，不应诉诸武力或者以武力相威胁，不能以任何借口干涉他国内政，更不能恃强凌弱，侵略、欺负和颠覆别的国家。我们不把自己的社会制度和意识形态强加于人，也决不允许别国把他

---

① 《江泽民文选》第 3 卷，人民出版社 2006 年版，第 566 页。
② 《胡锦涛文选》第 2 卷，人民出版社 2016 年版，第 512—513 页。
③ 《习近平谈治国理政》第 4 卷，外文出版社 2022 年版，第 466 页。
④ 《习近平谈治国理政》第 2 卷，外文出版社 2017 年版，第 501 页。
⑤ 《毛泽东文集》第 6 卷，人民出版社 1999 年版，第 361 页。
⑥ 《邓小平文选》第 3 卷，人民出版社 1993 年版，第 56 页。
⑦ 同上书，第 383 页。

们的社会制度和意识形态强加于我们。"① 胡锦涛指出:"中国反对各种形式的霸权主义和强权政治,不干涉别国内政,永远不称霸,永远不搞扩张。"② 习近平强调:"中国多次公开宣示,中国反对各种形式的霸权主义和强权政治,不干涉别国内政,永远不称霸,永远不搞扩张。"③ "中国不认同'国强必霸'的陈旧逻辑。当今世界,殖民主义、霸权主义的老路还能走得通吗? 答案是否定的。不仅走不通,而且一定会碰得头破血流。"④

■ 知识栏

1974年2月12日,毛泽东在同赞比亚总统卡翁达谈话时,初次提出关于"三个世界"划分的观点。按照这个观点,第一世界,指美国和苏联两个拥有最强的军事和经济力量,在世界范围推行霸权主义的超级大国;第三世界,指亚洲、非洲、拉丁美洲和其他地区的发展中国家;第二世界,指处于这两者之间的发达国家。

(4) 高度重视国际合作。中国共产党始终强调中国是国际社会的重要组成部分,中国的发展离不开世界,世界的发展也离不开中国。和平、发展、合作、共赢是人类发展的潮流。中国也尤其强调与发展中国家的合作,毛泽东指出:"中国愿意同所有的国家友好合作。"⑤ "就是西方国家,只要它们愿意,我们也愿同他们合作。我们愿意用和平的方法来解决存在的问题。打仗总是不好的。"⑥ 中国的发展离不开世界,世界的发展也离不开中国。和平、发展、合作、共赢是人类发展的潮流。中国尤其重视与发展中国家的合作。20世纪70年代,毛泽东同志提出了关于三个世界划分的战略思想,高度评价第三世界国家的战略作用和地位。1974年,邓

---

① 《江泽民文选》第2卷,人民出版社2006年版,第40页。
② 《胡锦涛文选》第3卷,人民出版社2016年版,第652页。
③ 《习近平谈治国理政》第1卷,外文出版社2018年版,第267页。
④ 同上书,第266页。
⑤ 《毛泽东文集》第6卷,人民出版社1999年版,第409页。
⑥ 同上书,第411页。

小平同志出席联合国大会第六届特别会议时,向国际社会全面介绍了这一战略思想。改革开放后,邓小平强调要全面加强对第三世界国家的工作,高度重视南南合作。冷战结束之后,江泽民提出要从战略高度加强同第三世界国家的团结合作。第三世界国家是我国在国际事务中的主要依靠力量。我们必须从战略高度,从中国外交全局和国家整体利益出发,思考怎样加强同第三世界国家的合作问题,进一步提高对第三世界国家工作重要性的认识。① 党的十八大以来,新一代的中央领导集体提出了"一带一路"倡议,将其视为国际合作新的平台,进一步推动中国国际合作迈上新台阶。

(5)推动国际政治经济秩序的变革与发展。二战后的国际政治经济秩序是以西方国家利益为核心的,是西方国家主导的不公平的国际政治经济秩序,一直损害着发展中国家的利益。中华人民共和国成立后,党的中央领导集体主张变革旧的国际政治经济秩序,建立新的更加公平的国际政治经济秩序。邓小平指出:"世界上现在有两件事情要同时做,一个是建立国际政治新秩序,一个是建立国际经济新秩序。"② 西方国家是战后全球化的最大受益者,经济全球化的发展,也使得南北之间的差距越来越大,富者愈富,穷者愈穷。发展中国家要求建立公正合理的国际政治经济新秩序的呼声也日益强烈。③ 胡锦涛指出:"西方发达国家在多边领域占据主导地位,极力维护和扩展自己的既得利益。由于各国利益交织和冲突,要建立公正合理的国家政治经济新秩序任重道远。"④ 党的十八大以来,以习近平同志为核心的党中央提出要深入参与全球治理,积极引导国际秩序变革方向。在新时代,中国已经成为变革和推动国际政治经济秩序发展的重要力量。

(6)为国际社会做出中国的贡献。面对国际社会的各种难题与挑战,党的中央领导集体强调要积极为国际社会的发展做出中国的贡献。毛泽东强调中华民族要为人类做出较大的贡献。邓小平指出,中国首先做好自己

---

① 《江泽民文选》第 2 卷,人民出版社 2006 年版,第 373 页。
② 《邓小平文选》第 3 卷,人民出版社 1993 年版,第 282 页。
③ 《江泽民文选》第 2 卷,人民出版社 2006 年版,第 200 页。
④ 《胡锦涛文选》第 2 卷,人民出版社 2016 年版,第 507 页。

的事情，把中国发展好、建设好，显示出中国特色社会主义制度的优越性，这样才能更多地尽国际主义义务，为人类做出更大的贡献。冷战结束以来，中国从过去专注于自身发展演进为推动世界共同发展。随着中国国力的增强，中国愿意为国际社会、人类发展做出更多的贡献。[①] 党的十八大以来，新一代的中央领导集体提出了诸多新理念，如提出构建人类命运共同体、构建新型国际关系、推动建设"一带一路"、深入参与全球治理改革等新方案。为促进国际和平发展与国际争端的解决，中国相继提出全球发展倡议、全球安全倡议、全球文明倡议等重要的全球发展倡议。这些倡议，为解决当前人类所面临的发展问题、安全问题、文明交流问题提供了中国智慧，贡献了中国方案。

■ 知识栏

全球发展倡议：

2021年9月，习近平主席在北京以视频方式出席第76届联合国大会一般性辩论时提出全球发展倡议概念，倡议强调以人民为中心、以实干为途径，充分聚焦具体重点领域，为解决当今世界难题和匡正全球发展新征程提供了一份立足时代特征和中国发展实际、饱含中国智慧、浓缩新时代治国理政精华的中国方案。全球发展倡议的主要内容为"六个坚持"，即坚持发展优先、坚持以人民为中心、坚持普惠包容、坚持创新驱动、坚持人与自然和谐共生、坚持行动导向。[②]

全球安全倡议：

习近平在博鳌亚洲论坛2022年年会开幕式上发表了题为《携手迎接挑战，合作开创未来》的主旨演讲，深刻剖析了当今世界面临的安全挑战，从人类前途命运出发郑重提出全球安全倡议。全球安全倡议的主要内容包括：坚持共同、综合、合作、可持续的安全观，共同维护世界和平和安全；坚持尊重各国主权、领土完整，不干涉别国内政，尊重各国人民自主选择的发展道路和社会制度；坚持遵守联合国宪章宗旨和原则，摒弃冷

[①] 《国际政治学》编写组编：《国际政治学》，高等教育出版社2019年版，第35页。
[②] 《习近平谈治国理政》第4卷，外文出版社2022年版，第468—469页。

战思维，反对单边主义，不搞集团政治和阵营对抗；坚持重视各国合理安全关切，秉持安全不可分割原则，构建均衡、有效、可持续的安全架构，反对把本国安全建立在他国不安全的基础之上；坚持通过对话协商以和平方式解决国家间的分歧和争端，支持一切有利于和平解决危机的努力，不能搞双重标准，反对滥用单边制裁和"长臂管辖"；坚持统筹维护传统领域和非传统领域安全，共同应对地区争端和恐怖主义、气候变化、网络安全、生物安全等全球性问题。①

全球文明倡议：

2023年3月15日，习近平主席在中国共产党和世界政党高层对话会上发表主旨讲话，首次提出全球文明倡议，即共同倡导尊重世界文明多样性；共同倡导弘扬全人类共同价值；共同倡导重视文明传承和创新；共同倡导加强国际人文交流合作。习近平主席的倡议，维护了全世界人民的共同利益，表达了全世界人民的共同心声，擘画了全世界人民的共同愿景，为人类文明发展贡献了中国智慧和中国方案。②

第二节　中国对外政策的基本原则

中国共产党所做的一切，就是为中国人民谋幸福、为中华民族谋复兴、为人类谋和平与发展。我们要把自己的事情做好，这本身就是对构建人类命运共同体的贡献。我们也要通过推动中国发展给世界创造更多机遇，通过深化自身实践探索人类社会发展规律并同世界各国分享。

——习近平③

---

① 《习近平谈治国理政》第4卷，外文出版社2022年版，第451页。
② 资料来源：https：//www.gov.cn/xinwen/2023-03/16/content_5747103.htm，2023年4月20日访问。
③ 习近平：《加强政党合作　共谋人民幸福——在中国共产党与世界政党领导人峰会上的主旨讲话》，http：//cpc.people.com.cn/n1/2021/0706/c64094-32150529.html，2022年5月30日访问。

中华人民共和国成立 70 多年以来，中国对外政策随着国际和国内形势的变化而不断调整，经历了不同的发展阶段，但是，中国对外政策的基本原则却是一以贯之的。习近平指出："中国坚持走和平发展道路，奉行独立自主的和平外交政策，实行互利共赢的对外开放战略，着力点之一就是积极参与全球治理，构建互利合作格局，承担国际责任义务，扩大同各国利益汇合，打造人类命运共同体。"① 中国对外政策的基本原则主要包括以下四个方面：

（1）坚持独立自主原则。独立自主原则就是国家主权独立原则，在对内对外事务中反对任何外来势力的干涉。坚持中国的事情按照中国的情况来办、依靠中国人民自己的力量来办，坚定不移走自己的路，决不能放弃我们的正当权益，决不能牺牲国家核心利益；对于一切国际事务，坚持从中国人民的根本利益和各国人民的共同利益出发，根据事情本身的是非曲直确定我们的立场和政策，秉持公道、伸张正义，不屈从于任何外来压力；坚持各国的事务应由本国政府和人民决定，世界上的事情应由各国政府和人民平等协商，反对任何形式的殖民主义、霸权主义和强权政治。独立自主是中国人民近代历史斗争经验的结晶，也是中华人民共和国成立以来对外关系中的经验总结，是中国对外政策一以贯之的基本原则。中华人民共和国成立以来，中国内政外交面临各种复杂的局面，但是我们始终坚持独立自主原则，不允许任何国家染指中国的主权，干涉中国的内政。

只有坚持独立自主原则，才能真正有效地维护和实现国家根本利益；只有坚持独立自主原则，才能维护和实现国家主权；只有坚持独立自主原则，才能实现和平发展。坚持独立自主原则不是闭关自守，不是盲目排外。邓小平指出："中国的对外政策是独立自主的，是真正的不结盟。"② 习近平指出："中国坚定奉行独立自主的和平外交政策，努力以对话弥合分歧、以谈判化解争端，在互相尊重、平等互利基础上，积极发展同各国友好合作关系。"③

---

① 《习近平谈治国理政》第 2 卷，外文出版社 2017 年版，第 461 页。
② 《邓小平文选》第 3 卷，人民出版社 1993 年版，第 57 页。
③ 《习近平谈治国理政》第 4 卷，外文出版社 2022 年版，第 465—466 页。

（2）坚持和平发展道路。和平发展道路是一条和平与发展互相依存、内政与外交有机统一、本国利益与人类共同利益密切结合的新型发展道路。中国是维护世界和平和地区稳定的坚定力量，中国的发展不会对任何国家构成威胁。中国人民曾经长期遭受列强侵略、压迫和欺凌，永远不会把这种痛苦加之于人。习近平指出："中国早就向世界郑重宣示：中国坚定不移走和平发展道路，既通过维护世界和平发展自己，又通过自身发展维护世界和平。走和平发展道路，是中国对国际社会关注中国发展走向的回应，更是中国人民对实现自身发展目标的自信与自觉。"[1]

走和平发展道路，是中华民族优秀传统文化的继承和发展，也是中国人民从近代的民族苦难中得出的历史结论。中华文明历来崇尚"以和邦国""和而不同""以和为贵"。几千年来，和平早已融入中华民族的血脉，刻进了中国人民的基因里。1840年鸦片战争之后的100多年里，中国人民频遭侵略和践踏之害，饱受战祸和动乱之苦。中国人民深信，只有和平安宁才能繁荣发展。中国主张和平解决各种国际争端和热点问题，反对动辄诉诸武力或以武力相威胁，反对颠覆别国的合法政权，反对一切形式的恐怖主义。走和平发展道路，对中国有利、对世界有利。中国将始终坚持走和平发展道路。无论中国发展到哪一步，中国永不称霸、永不扩张、永不谋求势力范围。

（3）坚持和平共处五项原则。互相尊重主权和领土完整、互不侵犯、互不干涉内政、平等互利、和平共处五项基本原则自20世纪50年代提出后，成为中国对外政策长期恪守的指导原则。毛泽东指出："我们认为，五项原则是一个长期方针，不是为了临时应付的。这五项原则是适合我国的情况的，我国需要长期的和平环境。"[2]"应当把五项原则推广到所有国家的关系中去。"[3]邓小平指出："处理国与国之间的关系，和平共处五项原则是最好的方式。其他方式，如'大家庭'方式，'集团政治'方式，'势力范围'方式，都会带来矛盾，激化国际局势。总结国际关系的实践，

---

[1]《习近平谈治国理政》第1卷，外文出版社2018年版，第265页。
[2]《毛泽东文集》第6卷，人民出版社1999年版，第374页。
[3] 同上书，第362页。

最具有强大生命力的就是和平共处五项原则。"① "我们应当用和平共处五项原则作为指导国际关系的准则。我们向国际社会推荐这些原则来指导国际关系。"②

■ 知识栏

和平共处五项原则，包括互相尊重领土主权、互不侵犯、互不干涉内政、平等互利、和平共处。1953年12月至1954年4月，中国政府代表团同印度政府代表团就两国在中国西藏地方的关系问题在北京举行谈判。这五项原则是谈判开始时周恩来总理在同印度代表团的谈话中提出的，周恩来总理说："新中国成立后就确立了处理中印两国关系的原则，那就是互相尊重领土主权、互不侵犯、互不干涉内政、平等互惠和和平共处的原则。"这一原则被正式写入《关于中国西藏地方和印度之间的通商和交通协定》的序言中。1954年6月，周恩来总理和印度尼赫鲁总理的联合声明以及此后的许多国际性文件都采用了和平共处五项原则的提法。和平共处五项原则作为国与国之间关系的准则，已在世界上得到广泛的承认和使用。

互相尊重主权和领土完整是国际政治最根本的准则，因为主权独立和领土完整是一个国家存在的首要前提，也是一个国家自立于国际政治舞台、对外交往的基础。互不侵犯是尊重国家主权的领土完整的重要保证，要求禁止使用武力侵犯他国的主权独立和领土完整。互不干涉内政要求禁止任何国家以任何借口干涉他国的内政。平等互利要求各国在交往中坚持平等原则，互相尊重，平等相处，不以大欺小、倚强凌弱。和平共处是指各国无论社会制度、意识形态和价值观念、经济发展水平如何，都应该和平地共存，友好往来，用和平的方式解决彼此间的争端与问题。中国不仅是和平共处五项原则的倡导者，也是忠实的维护者和执行者。

---

① 《邓小平文选》第3卷，人民出版社1993年版，第96页。
② 同上书，第283页。

（4）坚持同发展中国家的团结与合作。中国是发展中的大国，同广大的亚非拉发展中国家有着共同的历史遭遇，都长期遭受外来侵略和奴役，都曾经为民族独立进行过长期的斗争。当前发展中国家都面临着发展本国经济、改善人民生活水平的现实任务。为此，发展中国家都需要和平的发展环境，需要共同反对外来势力的干涉和强权政治，都需要为改善国际政治格局而努力。中国的命运同广大发展中国家的命运紧紧联系在一起。发展中国家的优势在于团结，中国始终重视同发展中国家的合作，一贯支持发展中国家争取和维护主权独立，支持发展中国家改革旧有的国际政治经济秩序，建立更加公平的国际政治经济新秩序。毛泽东指出："在西方国家面前，我们的问题是团结起来，保卫自己，而不是互相打主意，彼此损害。我们的关系不是相互损害，而是互利，不仅在商业上和文化上如此，在政治上也进行合作。"① 邓小平提出："中国的对外政策是一贯的，有三句话，第一句话是反对霸权主义，第二句话是维护世界和平，第三句话是加强同第三世界的团结和合作，或者叫联合和合作。"② "中国政府提出，所有发展中国家应该改善互相之间的关系，加强互相之间的合作。"③ 习近平指出："作为发展中国家的坚定一员，中国将不断深化南南合作，为发展中国家消除贫困、缓解债务压力、实现经济增长做出贡献。中国将更加积极地参与全球经济治理，推动经济全球化朝着更加开放、包容、普惠、平衡、共赢的方向发展。"④

第三节　新时代中国特色大国外交

新的征程上，我们必须高举和平、发展、合作、共赢旗帜，奉行独立自主的和平外交政策，坚持走和平发展道路，推动建设新型国际关系，推动构建人类命运共同体，推动共建"一带一路"高质量发

---

① 《毛泽东文集》第 6 卷，人民出版社 1999 年版，第 410 页。
② 《邓小平文选》第 3 卷，人民出版社 1993 年版，第 415 页。
③ 同上书，第 282 页。
④ 《习近平谈治国理政》第 4 卷，外文出版社 2022 年版，第 466 页。

展，以中国的新发展为世界提供新机遇。中国共产党将继续同一切爱好和平的国家和人民一道，弘扬和平、发展、公平、正义、民主、自由的全人类共同价值，坚持合作、不搞对抗，坚持开放、不搞封闭，坚持互利共赢、不搞零和博弈，反对霸权主义和强权政治，推动历史车轮向着光明的目标前进！

——习近平①

党的十八大以来，以习近平同志为核心的党中央，准确把握人类社会发展规律，全面判断国际走势和中国历史方位，提出了一系列富有中国特色、体现时代精神、引领人类进步潮流的新理念新主张新倡议，旗帜鲜明地回答了新时代中国应当推动建设什么样的世界、构建什么样的国际关系，以及中国需要什么样的外交、怎样办好新时代外交等一系列重大理论与实践问题，形成了习近平外交思想。

习近平外交思想主要包括以下内容：一是坚持以维护党中央权威为统领加强党对对外工作的集中统一领导。这是做好对外工作的根本保证。二是坚持以实现中华民族伟大复兴为使命推进中国特色大国外交。这是新时代赋予对外工作的历史使命。三是坚持以维护世界和平、促进共同发展为宗旨推动构建人类命运共同体。这是新时代对外工作的总目标。四是坚持以中国特色社会主义为根本增强战略自信。这是新时代对外工作必须遵循的根本要求。五是坚持以共商共建共享为原则推动"一带一路"建设。这是中国今后相当长时期对外开放和对外合作的总规划，也是人类命运共同体理念的重要实践平台。六是坚持以相互尊重、合作共赢为基础走和平发展道路。这是中国外交必须长期坚持的基本原则。七是坚持以深化外交布局为依托打造全球伙伴关系。这是新时代中国外交的重要内涵。八是坚持以公平正义为理念引领全球治理体系改革。这是新时代中国外交的重要努力方向。九是坚持以国家核心利益为底线维护国家主权、安全、发展利益。这是对外工作的出发点和落脚点。十是坚持以对外工作优良传统和时

---

① 习近平：《在庆祝中国共产党成立100周年大会上的讲话》，载《求是》2021年第14期。

代特征相结合为方向塑造中国外交独特风范。这是中国外交的精神标识。①

今天的中国，比历史上任何时期都更加靠近世界舞台的中央，比历史上任何时期都更加接近民族复兴的目标。世界那么多，问题那么多，国际社会期待听到中国声音、看到中国方案。习近平指出："中国必须有自己特色的大国外交。我们要在总结实践经验的基础上，丰富和发展对外工作理念，使我国对外工作有鲜明的中国特色、中国风格、中国气派。"② "大国外交"意味着中国在对外交往中要突出作为一个新兴发展中大国的责任与担当，"中国特色"意味着我们必须走出一条与传统大国不同的道路，彰显中国外交秉持和平、发展、合作、共赢的鲜明特色。新时代中国特色大国外交的主要实践内容包括以下几个方面：

（1）构建人类命运共同体。党的二十大报告指出："中国始终坚持维护世界和平、促进共同发展的外交政策宗旨，致力于推动构建人类命运共同体。"③ 构建人类命运共同体是习近平外交思想的核心内容。当今世界，各国互相联系、互相依存的程度空前加深，人类生活在同一个地球村里，生活在历史和现实交汇的同一个时空里，越来越成为你中有我、我中有你的命运共同体。人类命运共同体，顾名思义，就是每个民族、每个国家的前途命运都紧紧联系在一起，应该风雨同舟、荣辱与共，努力把这个星球建成一个和睦的大家庭，把世界各国人民对美好生活的向往变成现实。

构建人类命运共同体，核心就是建设持久和平、普遍安全、共同繁荣、开放包容、清洁美丽的世界。党的二十大报告指出："构建人类命运共同体是世界各国人民前途所在。万物并育而不相害，道并行而不相悖。只有各国行天下之大道，和睦相处、合作共赢，繁荣才能持久，安全才有保障。中国提出了全球发展倡议、全球安全倡议，愿同国际社会一道努力落实。中国坚持对话协商，推动建设一个持久和平的世界；坚持共建共享，推动建设一个普遍安全的世界；坚持合作共赢，推动建设一个共同繁

---

① 《习近平谈治国理政》第 3 卷，外文出版社 2020 年版，第 427 页。
② 《习近平谈治国理政》第 2 卷，外文出版社 2017 年版，第 443 页。
③ 资料来源：https://www.gov.cn/xinwen/2022-10/25/content_5721685.htm，2023 年 4 月 20 日访问。

荣的世界；坚持交流互鉴，推动建设一个开放包容的世界；坚持绿色低碳，推动建设一个清洁美丽的世界。"①

构建人类命运共同体思想倡导人类共同营造人人免于匮乏、获得发展、享有尊严的光明前景。它超越了传统的西方国际关系和外交理论，占据了时代发展和人类道义的制高点，全面提升了中国外交的目标地位，必将对推动人类社会的进步、推动世界和平与繁荣产生深远影响。构建人类命运共同体思想顺应了历史潮流，回应了时代要求，凝聚了各国共识，为人类社会实现共同发展、持续繁荣、长治久安绘制了蓝图。对中国和平发展、世界繁荣进步都具有重大和深远的意义。

（2）构建新型国际关系。构建新型国际关系是新时代中国特色大国外交的蓝图。党的十九大报告指出："中国将高举和平、发展、合作、共赢的旗帜，恪守维护世界和平、促进共同发展的外交政策宗旨，坚定不移在和平共处五项原则基础上发展同各国的友好合作，推动建设相互尊重、公平正义、合作共赢的新型国际关系。"

■ **信息栏**

2014年3月27日，习近平总书记在中法建交50周年纪念大会上的讲话中指出："实现中国梦给世界带来的是机遇不是威胁，是和平不是动荡，是进步不是倒退。拿破仑说过，中国是一头沉睡的狮子，当这头睡狮醒来时，世界都会为之发抖。中国这头狮子已经醒了，但这是一只和平的、可亲的、文明的狮子。"

2021年1月25日，习近平在世界经济论坛"达沃斯议程"对话会的特别致辞中强调，中国将继续推动构建新型国际关系。你输我赢、赢者通吃不是中国人的处世哲学。

新型国际关系不同于过去以西方为主导的国际关系，西方主导的国际

---

① 《习近平谈治国理政》第2卷，外文出版社2017年版，第443页。

关系强调国强必霸、弱肉强食、零和博弈、霸权欺凌、强权政治、赢者通吃等。中国提出的新型国际关系，"新"在互相尊重，"新"在公平正义，特别是"新"在合作共赢。习近平指出："面对国际形势的深刻变化和世界各国同舟共济的客观要求，各国应该共同推动建立以合作共赢为核心的新型国际关系，各国人民应该一起来维护世界和平、促进共同发展。"①

新型国际关系，核心是维护联合国宪章宗旨和原则，维护不干涉别国内政和尊重国家主权、独立、领土完整等国际关系基本准则，维护联合国及其安理会对世界和平承担的首要责任，开展对话、合作而不是对抗，实现双赢、共赢而不是单赢。互相尊重，主张国家不分大小、强弱、贫富一律平等，反对以大欺小、以强凌弱、以富压贫，反对干涉别国内政，不同制度、宗教、文明一视同仁，一国事情由本国人民做主，国际上的事情由各国商量着办；公平正义，强调反对弱肉强食的丛林法则，维护世界各国尤其是发展中国家的正当合法权益；合作共赢，指的是超越传统的零和博弈思维，倡导共谋发展、互利互惠的新思路。

（3）引领全球治理体系变革。党的二十大报告提出："中国积极参与全球治理体系改革和建设，践行共商共建共享的全球治理观，坚持真正的多边主义，推进国际关系民主化，推动全球治理朝着更加公正合理的方向发展。"② 习近平指出："不管全球治理体系如何变革，中国都要积极参与，发挥建设性作用，推动国际秩序朝着更加公平合理的方向发展，为世界和平稳定提供制度保障。"③

■ **信息栏**

2021年9月21日，习近平在第七十六届联合国大会一般性辩论上的讲话中强调，我们必须完善全球治理，践行真正的多边主义。世界只有一个体系，就是以联合国为核心的国际体系。只有一个秩序，就是以国际法

---

① 《习近平谈治国理政》第1卷，外文出版社2018年版，第273页。
② 《习近平谈治国理政》第2卷，外文出版社2017年版，第443页。
③ 《习近平谈治国理政》第1卷，外文出版社2018年版，第324页。

为基础的国际秩序。只有一套规则，就是以联合国宪章宗旨和原则为基础的国际关系基本准则。

联合国应该高举真正的多边主义旗帜，成为各国共同维护普遍安全、共同分享发展成果、共同掌握世界命运的核心平台。要致力于稳定国际秩序，提升广大发展中国家在国际事务中的代表性和发言权，在推动国际关系民主化和法治化方面走在前列。要平衡推进安全、发展、人权三大领域工作，制定共同议程，聚焦突出问题，重在采取行动，把各方对多边主义的承诺落到实处。①

党的十八大以来，中国抓住机遇、主动作为，坚决维护以联合国宪章宗旨和原则为核心的国际秩序，坚决维护中国人民以巨大民族牺牲换来的第二次世界大战胜利成果，提出"一带一路"倡议，发起成立亚洲基础设施投资银行等新型多边金融机构，促成国际货币基金组织完成份额和治理机制改革，积极参与制定海洋、极地、网络、外空、核安全、反腐败、气候变化等新兴领域治理规则，推动改革全球治理体系中不公正不合理的安排。

党的十八大以来，我们提出践行正确义利观，推动构建以合作共赢为核心的新型国际关系、打造人类命运共同体、打造遍布全球的伙伴关系网络，倡导共同、综合、合作、可持续的安全观等。这些理念得到国际社会的广泛欢迎。未来要继续向国际社会阐释我们关于推动全球治理体系变革的理念，坚持要合作而不要对抗，要双赢、多赢、共赢而不要单赢，不断寻求最大公约数、扩大合作面，引导各方形成共识，加强协调合作，共同推动全球治理体系变革。

当前中国不仅仅是全球治理的积极参与者、建设者和贡献者，而且已经成为全球治理体系变革的引领者，中国将以更加进取的姿态、更加有力的举措，推动全球治理体系朝着更加公平合理的方向发展。

---

① 《习近平谈治国理政》第4卷，外文出版社2022年版，第470—471页。

（4）提出"一带一路"倡议。"一带一路"倡议顺应了全球治理体系变革的内在要求，彰显了同舟共济、权责共担的命运共同体意识，为完善全球治理体系变革提供了新思路新方案。我们要坚持对话协商、共建共享、合作共赢、交流互鉴，同沿线国家谋求合作的最大公约数，推动各国加强政治互信、经济互融、人文互通，造福沿线国家人民，推动构建人类命运共同体。"一带一路"倡议源于中国，但机遇和成果属于世界。"一带一路"倡议跨越不同地域、不同发展阶段、不同文明，是一个开放包容的合作平台，是各方共同打造的全球公共产品。"一带一路"倡议既是中国扩大和深化改革开放的需要，也是加强同世界各国互利合作的需要，符合国际社会的共同利益，彰显人类社会共同理想和美好追求，是国际合作与全球治理新模式的积极探索。

中国提出的"一带一路"倡议是一种中国版的全球化倡议，它不同于过去由西方所主导的以西方利益为核心，以发展中国家为代价的全球化，是一种互利共赢的全球化。中国提出"一带一路"倡议，不打地缘博弈小算盘，不搞封闭排他小圈子，一切都在阳光下运行，目标是实现合作共赢、共同发展。"一带一路"倡议不是"马歇尔计划"，也不是地缘政治战略，实际上是推动经济全球化的中国方案，是人类命运共同体理念的生动实践。[1] "一带一路"倡议不是另起炉灶、推倒重来，而是实现战略对接、优势互补。[2]

中国致力于将"一带一路"建成和平之路、繁荣之路、开放之路、创新之路、文明之路。建设"一带一路"，我们秉持共商共建共享原则，推动政策沟通、设施联通、贸易畅通、资金融通、民心相通，得到了国际社

---

[1] 中共中央宣传部、外交部：《习近平外交思想学习纲要》，人民出版社2021年版，第98页。
[2] 我们同有关国家协调政策，包括俄罗斯提出的欧亚经济联盟、东盟提出的互联互通总体规划、哈萨克斯坦提出的"光明之路"、土耳其提出的"中间走廊"、蒙古国提出的"发展之路"、越南提出的"两廊一圈"、英国提出的"英格兰北方经济中心"、波兰提出的"琥珀之路"等。中国同老挝、柬埔寨、缅甸、匈牙利等国的规划对接工作也全面展开。当前中国已同40多个国家和国际组织签署了合作协议，同30多个国家开展机制化产能合作。参见《习近平谈治国理政》第2卷，外文出版社2017年版，第509页。

会的广泛支持和积极参与。本质上,"一带一路"倡议是国际政治经济合作新模式,是通往人类命运共同体的道路。它以经济合作为先导,以政治合作为推手,以人文交流为基础,将国内发展战略与国际战略贯通起来,将自身利益与其他国家利益协调起来,以一种"穷则独善其身,达则兼济天下"的中国式哲学,努力构建中国与沿线国家乃至世界各国共同圆梦、追求美好愿景的宏伟蓝图。

当前世界正处于百年未有之大变局,中国发展仍处于并将长期处于重要战略机遇期。无论是中国古代国际政治思想,还是中国共产党的国际政治思想以及新时代中国特色大国外交实践,中国都一以贯之秉持"世界大同"的原则。新时代中国特色大国外交始终坚持独立自主和平发展原则,推动构建人类命运共同体,必将为实现"两个一百年"奋斗目标和中华民族伟大复兴的中国梦做出贡献,也必将为世界的发展和人类事业的进步做出更大贡献。

后　记

关于政治学的教材和通识性著作已经很多了，要再写并出版一本类似的书，不仅需要勇气，也需要理由。对于我们这群身处偏远贵州的教书匠来说，勇气是有的。可理由呢？主要有两点。

一是满足教学需求。本教材是贵州省一流课程建设项目和贵州省一流专业建设项目的成果，为了更好地推动政治学与行政学专业和"政治学原理"课程的建设，贵州大学政治学教学团队申报了相应的项目，并获批立项。为此，写一本政治学原理类的教材便顺理成章地被确定为工作内容。

二是实现团队愿望。本教材所有的编写人员均从事政治学与公共管理领域的教学工作，在我们的学术生涯中，阅读了大量的国内外政治学教材或通识性著作，这些著作有的有板着面孔说教之嫌，有的有水土不服之感。因此，当确定项目建设任务时，写一本有点自己感受的政治学教材被一致通过。

说起来容易，要真正实现它，其困难程度远远超出所有成员的预料。如何兼顾教材的知识性与可读性、如何平衡教材的通识性与个人理解等问题便成为一次次讨论的话题。虽然我们付出了极大的热情和激情，但不得不坦诚地说，囿于自身才学等原因，最终呈现出的作品还有不足之处，难以让人十分满意。

本教材是集体合作完成的。本教材共四篇十七章，团队集体讨论确定了写作框架，并决定了写作分工，具体的分工如下：前言，黄其松、胡赣栋；第一、二、五章，黄其松；第三、四、十二章，徐健；第六、七、

八、九、十、十一章,胡赣栋;第十三章,杨志军;第十四、十五章,罗筊;第十六章,王勇;第十七章,王九龙。在写作任务完成后,经过修改完善,最终由团队讨论定稿。尽管团队成员努力使教材的写作风格趋于一致,但是最终成稿仍保留了一定的多样写作风格。受限于本教材写作者的能力,教材框架和内容离最初的愿望还有一定的距离。

在书稿即将付印出版之际,有太多的感谢需要表达。首先,感谢贵州省教育厅的项目经费资助;其次,感谢在教材写作和修改过程中提供帮助的魏德伟、刘广菲和刘欣怡等同学,尤其是云南大学何阳老师的大力支持;最后,衷心感谢北京大学出版社的朱梅全编辑以及参与本教材编审工作的所有人员。当然,文责由本书作者承担!

写作是一门缺憾的艺术,本教材的编写亦是如此。我们诚心期盼得到使用者和阅读者的批评指正。

编者

2023 年 2 月